妳的輕熟時代

| 歲月鎖不住的美麗
| 在職場和愛情中的優雅修練

即使青春退場，也要繼續從容美麗　　陶尚芸 著

女性如同一杯醇厚的紅酒，
隨著歲月的沉澱，
在輕熟時代綻放自信與美麗。

妳的輕熟時代
即使青春退場，也要繼續從容美麗

目錄

前言

第一章
美麗心理學——芬芳女人的精彩之燈

　　第一節　美麗與年齡無關　　　　　　　11
　　第二節　表情是女人最美的妝容　　　　14
　　第三節　讓秀髮再次飄逸　　　　　　　17
　　第四節　讓首飾與穿搭相得益彰　　　　19
　　第五節　打扮出十足女人味　　　　　　22
　　第六節　開啟妳的優雅生活　　　　　　24
　　第七節　好姿態勝過好妝容　　　　　　26
　　第八節　儀態萬方的美麗學堂　　　　　29
　　第九節　輕熟女人也可成為美麗焦點　　32

第二章
氣質心理學——知性女人永遠的信仰

　　第一節　微笑，輕熟女人的動人樂章　　36
　　第二節　——成為氣質脫俗的女人　　　39
　　第三節　打點自己，讓氣質脫穎而出　　41

妳的輕熟時代
即使青春退場,也要繼續從容美麗

第四節	自信是女人穿不破的衣裳	43
第五節	幽默的女人很迷人	47
第六節	風情獨具的萬般才情	50
第七節	發自內心的良好涵養	53
第八節	做內外兼修的極品女人	56
第九節	用快樂裝點妳的幸福氣質	59

第三章
品味心理學——包裝妳的自信和美麗

第一節	女人要書香悅己	63
第二節	美女請學習,才女請打扮	66
第三節	關注自己的情調和格調	69
第四節	自信女人為品味加分	75
第五節	品味女人要懂得寬容	78
第六節	戴上妳的人格面具	81
第七節	做個一笑泯恩仇的大氣女子	84
第八節	韻味、品味和女人味	88
第九節	讓品味成為每天的習慣	91

第四章
健康心理學——打造熟女的魅力存摺

第一節	面對人生的「多事之秋」	94
第二節	做個優質睡美人	98
第三節	尋找美食裡的「不老仙丹」	101
第四節	善用護膚大「膜」咒	104

目錄

　　第五節　喝水有學問，做個「水美人」　　　　106
　　第六節　補血，讓衰老來得慢一些吧　　　　　110
　　第七節　科學運動讓妳更健康　　　　　　　　113
　　第八節　呵護妳的身體器官　　　　　　　　　116
　　第九節　排毒養顏，美體其實很簡單　　　　　119

第五章
性格心理學——走進她的心靈百草園

　　第一節　好女人的性格魅力　　　　　　　　　123
　　第二節　溫柔是女人的魅力武器　　　　　　　126
　　第三節　堅強讓美麗的妳更有魅力　　　　　　129
　　第四節　豁達，輕熟女人的必備品　　　　　　133
　　第五節　為性格潤色，做「多情」女人　　　　136
　　第六節　告別「被憤青」的年代　　　　　　　139
　　第七節　性格調味罐：自戀總比自卑好　　　　142
　　第八節　細緻入微的性格戀曲　　　　　　　　145
　　第九節　女人好性格，生活好幸福　　　　　　148
　　第十節　樂觀的女人，燦爛的人生　　　　　　152

第六章
情感心理學——滋養妳的生命和幸福

　　第一節　做個懂愛的「小女人」　　　　　　　157
　　第二節　愛情需要玲瓏之心　　　　　　　　　160
　　第三節　為妳的婚姻把脈　　　　　　　　　　164
　　第四節　保鮮自己，保養愛情，保衛婚姻　　　168

妳的輕熟時代
即使青春退場,也要繼續從容美麗

第五節	夫妻之道,別以愛的名義黏著他	171
第六節	為他點亮愛的明燈	175
第七節	事業好搭檔,生活好伴侶	177
第八節	讓妳的老公「提升」妳	179
第九節	丟什麼都不能丟浪漫	181

第七章
事業心理學──輕熟女人不做弱女子

第一節	看準方向再開船	184
第二節	成為完美的女主管	187
第三節	激情是工作的靈魂	192
第四節	收穫心理:事業女人的心靈雞湯	195
第五節	輕熟女人的成功關鍵字	198
第六節	別出心裁的女人價值千萬	201
第七節	女人天生會策劃	203
第八節	好人緣成就妳的升遷	205
第九節	擁抱妳的競爭對手	208

第八章
交際心理學──輕熟女人成就好人氣

第一節	交際需要良好的禮儀	212
第二節	為他人智慧圓場	215
第三節	不要拿別人的隱私開玩笑	219
第四節	拒絕要委婉,否定要婉轉	222
第五節	用「吸引力法則」改善人際關係	225

第六節	做職場達人，展交際魅力	229
第七節	在男人的世界裡奔跑	231
第八節	學會彎腰，收穫尊貴	234
第九節	多放人情債，建立好人脈	237

第九章
智慧心理學——讓妳的魅力不再空洞

第一節	低調一點也無妨	241
第二節	獨立的女人最光彩	244
第三節	生活智慧：越簡單越快樂	247
第四節	聰明女人以理服人，以情感人	250
第五節	真誠不是實話實說	253
第六節	減壓智慧：與自己散步	256
第七節	知性美女魅力無極限	257
第八節	敞開心扉，學會分享學會愛	260
第九節	美麗讓男人停下，智慧讓男人留下	263

第十章
幸福心理學——平淡中感悟愛的真諦

第一節	快樂是女人的資本	266
第二節	常懷感恩的心	270
第三節	輕熟女人，需要陽光心情	272
第四節	接受生活，妳才不覺得累	275
第五節	對人寬一寸，見利退一步	278
第六節	會放手的女人最幸運	281

妳的輕熟時代
即使青春退場，也要繼續從容美麗

第七節	貪念少一點，灑脫多一點	284
第八節	吃虧是福，心態平和	286
第九節	喜歡自己，寵愛自己，徜徉幸福	288

前言

女人一定要幸福

　　什麼讓輕熟女人幸福？有人說是財富，有人說是愛情，還有人說是美貌，所有這些都與女人的幸福有關，但又都不是決定性的因素，真正能決定女人幸福的應該是心理。只要心理健康，就會過得愉快，就會認為自己幸福。

　　輕熟女人，真誠待人就是幸福。和人打交道，首先是用一顆真心去待人，不管別人怎麼樣，自己心安，問心無愧，心安的人就擁有幸福。

　　輕熟女人，寵愛自己就是幸福。人人都渴望得到愛，女人要多寵愛自己，多關心自己，好好呵護自己。知道愛自己的女人，才是最懂得快樂的女人。

　　女人的幸福其實就是女人的心態，只要心態陽光，就會活得愉快，就會感到自己幸福。

　　輕熟女人，寧靜以致淡泊、閒適如溪水緩流，散發著清盈潔靜的光輝，能從積極的角度吸取昔日的教訓，收穫人生的豐碩果實。

　　輕熟女人，儀態雍容華貴，歲月熔鑄為經驗，知識積聚為智慧，心態轉化為氣質，帶給周圍人溫馨、安寧與美麗。

　　女人的幸福其實就是女人的心情，只要心情雀躍，就會感到歡快，就會覺得自己幸福。

妳的輕熟時代
即使青春退場，也要繼續從容美麗

　　輕熟女人，用心感知生活的平淡，感知溫暖寫就浪漫，用自己的眼睛發現身邊的美，不要讓無聊的事情來破壞心靈的寧靜。

　　輕熟女人，需要保持樂觀自信的生活態度，讓生活每一天都嶄新，都充實而快樂。

　　只要輕熟女人能駕馭自己的心靈，做自己命運的舵手，幸福的畫卷將從此打開，人生將充滿快樂的色彩。

　　輕熟女人，一定要找到幸福。幸福在哪裡？幸福就在本書。

　　本書專為廣大輕熟女性量身訂製，告訴她們：

　　美麗心理學──芬芳女人的精彩之燈；氣質心理學──知性女人永遠的信仰；品味心理學──包裝妳的自信和美麗；健康心理學──打造熟女的魅力存摺；性格心理學──走進她的心靈百草園；情感心理學──滋養妳的生命和幸福；事業心理學──輕熟女人不做弱女子；交際心理學──輕熟女人成就好人氣；智慧心理學──讓妳的魅力不再空洞；幸福心理學──平淡中感悟愛的真諦。

　　本書力求探索輕熟女人的心理和幸福，全面呵護她們的輕熟美，那是紅酒的醇香，是隨著歲月的累積而慢慢散發出高貴與永不流失的美麗。

　　輕熟女人，是一個風情萬種的年齡，當自己的愛情、親情、友情都能滿足的時候，就會迸發出超越常人的毅力，促使她們飛躍生命，超越自我的束縛，創造屬於自己的神奇和幸福。

　　輕熟女人，歲月奪不走妳眼中的睿智善良，擋不住心中的寬厚從容，這些都會因歲月的淘洗而綻放出耀眼的光華，會因歲月的深藏而散發出醉人的醇香。

　　輕熟女人，為了幸福，妳一定要關注自己的心靈。只有心靈平和豐滿，才能感受到幸福的滋味。

第一章
美麗心理學——芬芳女人的精彩之燈

　　玫瑰的美麗，不在於花瓣嬌豔，而在於香氣幽幽；女人的美麗，不在於容顏流光，而在於心靈芬芳。

　　輕熟女人，三十歲的風韻，二十歲的身材，帶著美好的心情，不斷修飾自己，從內在到外在，那是女人青春永駐的傳說。

第一節　美麗與年齡無關

◊ 輕熟有約

　　輕熟女人，心底往往會湧出一股莫名的悲哀。

　　曾經飄逸的黑髮開始乾枯變白，曾經青春的面孔開始失去光澤，曾經流光溢彩的美目不再左顧右盼，曾經亭亭玉立的身段開始發福發胖。青春不再來，激情不再有，活力消退，衝動消減，越來越多的失落感和危機感。

　　輕熟女人走在街上，不敢遇見熟人，因為一句「妳看起來一點都不老，一點也不像快要中年的人」，會讓妳酸楚半天、淒涼多日。因為妳知道，對方已經把妳歸入中年人的行列，說妳不老，只是一句安慰話罷了。

妳的輕熟時代
即使青春退場，也要繼續從容美麗

輕熟女人開始顯老，這是不爭的事實，輕熟女人開始心慌，這是常有的現象，其實，臉上的幾條皺紋並不可怕，可怕的是心裡長滿了皺紋。

輕熟女人，已經不再擁有超短裙的清純和荷葉邊的可愛。青春要走，誰也留不住，但青春帶不走專屬於輕熟的美麗，輕熟的美麗、寧靜的美麗、優雅的美麗、智慧的美麗。

輕熟女人，請記住妳的美麗，那種美麗不是光彩奪目，而是神韻不絕。那無比清澈的眼眸，洋溢智慧的笑容，蘊含故事的臉龐，是熱愛生活和渴望生命所綻放出的美麗光環。

女人的美麗與年齡無關，只要妳願意，妳就是蒙娜麗莎，用微笑傳遞溫柔的夢想。

輕熟女人，請不要害怕，心靈深處的滿足才是最終的擁有。

♪ 心理課堂

社會不斷賦予輕熟女人多姿多彩的角色，做個好女兒、好妻子和好媽媽，是女人終身的職責。此外，輕熟女人，還要擁有好工作、好人緣、好心態等。歲月不斷塑造和裝扮著女人，而健康的心理和澄澈的心靈，讓輕熟女人走向極致美麗。

（1）輕熟的女人最美麗

輕熟女人，經歷過太多的挫折，每一次挫折都是一段感悟，每一段痛楚都是一份收穫。輕熟女人，絢爛之後要敢於面對平靜，盛開之後要懂得適當內斂，要學會拋開年齡的羈絆，成熟的欣賞形形色色的社會人生。

那份厚重和深沉的美，是輕熟女人的人生亮點。

第一章 美麗心理學——芬芳女人的精彩之燈
第一節 美麗與年齡無關

（2）寵愛自己，妳最美麗

當二十歲的女孩變成輕熟女人，從父母疼愛的女兒，到為人妻，再到為人母，熱愛奉獻的女性通常會無意識的放棄美麗。

白小姐有一個幸福的家庭，臉上總是洋溢著微笑，因為她的老公事業有成，兒子學習優異，可是她卻不太講究外表。好朋友王小姐勸她打扮自己，她卻說：「哪裡有時間打扮？工作、家事、孩子、老公，哪一個不用操心？再說，已經這個歲數了，如果每天再花心思化妝、買衣服，別人會笑話，老公和孩子也會覺得我不正經。」

白小姐的話被老公聽到了，老公又告訴兒子，結果在白小姐的生日晚會上，老公和兒子一起送給她一套精品化妝品和一套時尚的衣服，祝福她一天比一天美麗。

從此，白小姐開始了自己的美麗計畫，變得越來越美麗優雅。

第二年的生日晚會上，老公鼓起勇氣對她說：「妳知道嗎？以前妳常常蓬頭垢面送兒子上學，大聲呵斥兒子，讓兒子有點沒面子的。妳以前和朋友聊天也不注意形象，其實我去年又升遷了，慶祝會上我都不敢帶妳去！明天我們公司有個晚會，我希望妳能一起去！」

美國著名的女權運動家貝蒂強調：「不自愛的女人，永遠得不到真正的愛。」女人愛家庭，愛老公，愛孩子，愛朋友，愛工作，這些都無可非議，但也不要忘了寵愛自己。

美麗是女人永恆的話題，而自愛是女人美麗的根源，沒有人可以剝奪女人追求美麗的權利。只要妳願意，妳就能擁有最獨特的美麗。

（3）智慧使妳有女人味

輕熟女人，沉穩而深情，最有女人味。三十多年的歲月，歷盡千山萬水，成就女人的婆娑搖曳。

輕熟女人，智慧是美麗的源泉，「腹有詩書氣自華」，內在的智

妳的輕熟時代
即使青春退場，也要繼續從容美麗

慧折射出令人陶醉的吸引力。

♪ 美麗小叮嚀

輕熟女人最美麗。

輕熟女人，不需濃妝豔抹，不需流行髮型，不需奇裝異服，不需矯揉造作。輕熟女人，只需要展現妳沉澱的閱歷和踏實的質感，歲月的靈性和舉止的風情。

輕熟女人，像夏天裡的清茶，淡泊中夾著甘甜；像冬天裡的紅日，溫暖中透出幽香；像剛上色的國畫，唯美蘊在朦朧中；像剛完稿的小說，情感藏在文字裡，讓妳領略那抑揚中的美感。

第二節　表情是女人最美的妝容

♪ 輕熟有約

表情是心態的鏡子，輕熟女人的表情最耐人尋味，讓人一見傾心。

輕熟女人應該注意自己的表情，有的女人臉上寫著欲望，有的女人臉上寫著幻想，有的女人臉上寫著幽怨，有的女人臉上寫著心酸，有的女人臉上寫著刻薄，有的女人臉上寫著尊嚴；而最美的女人，會把微笑寫在臉上，洋溢著輕熟女人的滿足感、安全感和幸福感。

輕熟女人，不管是在生活中，還是工作中，都要盡可能讓自己善良、寬容、勤奮，以獲得端莊、高雅、快樂的表情。這樣的女人就像永不凋零的百合，永遠散發出淡淡清香，成熟而高貴，樸素而自然，得體而大方。

♪ 心理課堂

輕熟女人，一個眼神勝過千言萬語，一個微笑可以重塑迷人的魅

第一章 美麗心理學——芬芳女人的精彩之燈
第二節　表情是女人最美的妝容

力。

（1）眼神是心靈的焦點

女人的眼神是心靈之窗，靈動而迷人，讓人久久不能忘懷。

快四十歲的曹小姐在一家高級珠寶店銷售珠寶。一天，一名滿臉悲愁、衣衫襤褸的年輕人來到店裡，曹小姐熱情招待他，他卻不說話，只是死死盯著那些珠寶。

曹小姐沒有再跟他說話，只是對他點頭微笑，意思是讓他自己好好挑選。這時，電話鈴響了，曹小姐去接電話的時候，一不小心碰翻了一個珠寶碟，裡面的寶石戒指滾到地上，她連忙彎腰去撿，卻發現有一顆藍色珠寶不翼而飛。她觀察周圍，只見那青年匆匆向門口走去。

「對不起，先生！」她慌忙叫住那個年輕人。

「什麼事？」年輕人轉過身來，曹小姐看到他的臉在抽搐。

「你挑選好你要的珠寶了嗎？」曹小姐的眼神透露出寬容真誠。

「我——我沒有！」年輕人看到曹小姐的表情後，開始放鬆下來，他折回了店裡。

「可是，我還是要祝福你，對嗎？」曹小姐伸出手去，年輕人也伸出手來。

就在年輕人與曹小姐握手的那一瞬間，年輕人手中的戒指滑落到曹小姐的手中，曹小姐攥住戒指，微笑著鼓勵年輕人說：「祝你好運，謝謝你！」

「也謝謝妳！」年輕人很感激，「也祝妳好運！」

一年後，珠寶店的老闆收到一份來自某某大學的信，信裡這麼寫的：「感謝貴店那位小姐，是她用寬容和真誠感動了我，我永遠記得她的表情。是她鼓勵的眼神讓我有勇氣向我的女朋友坦白，我現在買不起珠寶和戒指，但我會努力。我的女朋友說，我給她戒指，不如讓

妳的輕熟時代
即使青春退場，也要繼續從容美麗

她看到希望，我現在在財經大學讀研究所，我與我女朋友依然相愛。」

曹小姐用她的真誠和尊重，挽救了一個年輕人的前途和命運，這是一位擁有美麗心靈的輕熟女人表情所產生的影響力。

（2）微笑是女人最美的化妝品

女人的微笑最美麗，輕熟女人的微笑最有吸引力。

有的時候，遇到尷尬和不快，只要微笑，立刻就能讓烏雲變成彩虹，化解敵對，讓氣氛變得和諧幸福。有的時候，遇到困難和無奈，只要微笑，立刻就能讓問題變成答案，消除人生的萬難，讓痛苦變成快樂和甜蜜。微笑可以拉近人與人之間的距離。那麼，輕熟女人，怎樣做才能笑口常開呢？

輕熟的女人要養成微笑的習慣。心情好的時候，可以笑口常開、談笑風生；心情不好的時候，也應該保持微笑，不要用自己的壞心情影響別人的好情緒，這樣做妳會贏得關注與掌聲，恢復好心情。

輕熟的女人要學會對自己笑，要懂得與人分享微笑，妳的微笑才能感染周圍的人，他們才會喜歡妳，與妳打成一片，生活將變得更加愉悅。

輕熟的女人要學會多想一些輕鬆愉快的事情，也可以把快樂寫下來。例如，今天老公送我一本美容養顏的書；今天發薪水，發獎金了；今天照鏡子，發現自己又苗條一點；今天早上，我扶了一位老奶奶過馬路等，所有這些都會讓妳開始一天的好心情。

輕熟的女人還要懂得訓練自己的表情，每天早上照鏡子的時候，可以練習微笑，一開始可能會覺得不太自然，慢慢就會開始習慣。只要妳擁有樂觀的心態，一切都會顯得遊刃有餘。

第一章 美麗心理學——芬芳女人的精彩之燈
第三節 讓秀髮再次飄逸

⸎ 美麗小叮嚀

臉部大約有三十種表情肌肉，為保持女人肌肉的活力和青春，每天都要按摩臉部肌肉；否則，隨著年齡的成長，表情就會變得呆板僵硬。如果每天在眼睛、鼻子、嘴巴、下巴等地方按摩，就可以改善肌肉的新陳代謝，保持肌膚健康，恢復臉部的柔韌，重塑生動的表情。

第三節　讓秀髮再次飄逸

⸎ 輕熟有約

秀髮芳香是評價女人之美的重要標準，輕熟的女人，髮質種種，有的粗有的細，有的剛有的柔，有的韌有的弱，有的烏黑有的乾澀，有的亮澤有的枯黃。女人的頭髮可塑性也強，可以挽、束、盤，可以剪、削、剃，可以可以捲、燙、染。

輕熟的女人，無論是長髮、短髮、直髮、燙髮，都應該搖曳多姿。長髮靈動飄逸，短髮乾淨俐落，直髮光彩奪目，燙髮嫵媚妖嬈，染髮楚楚動人，每一種髮型都有著動人的詩意，讓輕熟女人風情萬種。

髮型帶有文化性、審美性，屬於情感、心理性的元素。總之，頭髮是女人美麗的一方舞台，在這個舞台上，美麗的不僅是秀髮，還有心情的花朵。

⸎ 心理課堂

輕熟女人高雅，髮型應該與氣質協調。聰明的女人會綜合自己的髮質、臉型、體型等因素，選擇最適合自己的髮型。

（1）髮型與髮質

柔軟的髮質較容易梳理，也比較服貼，只要巧妙修剪，就能使髮

妳的輕熟時代
即使青春退場，也要繼續從容美麗

根線條清新。

　　堅韌的髮質比較適合修剪，最好能將髮根稍微打薄，給人以乾淨俐落之感，還能充分表現個性女人的輕熟美。

　　自然捲的髮質比較適合留長髮，這樣才能顯示其捲曲美。

　　頭髮細少的女人可以留長髮，並梳成髮髻。如果梳在頭頂上，適合正式場合；如果梳在腦後，則是居家式；如果梳在後頸，便顯得高貴典雅；如果是逆梳，可以塑造蓬鬆感的髮型；如果營造凌亂感，可以展現女人味。

　　（2）髮型與臉型

　　輕熟的女人塑造髮型的重要依據，是髮型與臉型恰當搭配，令整個人煥然一新。

　　先說說鵝蛋臉的女人，鵝蛋臉什麼髮型都可以，長髮秀美、短髮明媚。

　　圓臉的女人比較可愛，但同時也略嫌圓潤。可以將頭頂的頭髮梳高，使臉部顯長；還可以梳理成短髮，兩側的頭髮以可以看得見耳垂為宜，給人青春活力的印象。

　　如果妳是四方臉的女人，捲髮最適合妳。可以將頭髮捲成波浪，從頭頂正中分開，披至於肩，將下巴旁兩邊突出的稜角掩蓋。有時候，也可以梳理出較低的髮髻。這樣的髮型給人一種端莊、秀麗、優雅的感覺。

　　如果妳是長臉的女人，不必為過長的臉型擔憂，可以留瀏海，使臉蛋顯得豐滿，還可以選擇橫線條的髮型，把頭髮剪得有層次感，讓側面兩頰的頭髮留稍厚一點，以掩蓋瘦削的臉龐。

　　如果妳是菱形臉的女人，不要為過硬的線條而煩惱。可以做出蓬鬆的大波浪，然後用頭髮遮住顴骨，髮線側分，自眉上斜伸向外，這

樣可以使臉部的線條顯得柔美一些。

如果妳是前額窄的女人，無須為妳的額窄而苦悶。可以向上逆梳，讓額部充分展示，然後將靠近兩頰的頭髮燙捲，梳至耳後，這樣就不會顯得上面窄、下面寬了。

（3）髮型與體型

女人的身材高矮、胖瘦等也是決定髮型的一項因素。

瘦高的女人，如果留長髮，打薄一點，容易使人感到肩部兩側空虛，人也更顯瘦長，太過骨感，不夠柔美。

矮小的女人，如果留長髮，就會使身體顯得更矮，如果再披髮，那就更加不協調了。

高胖的女人，如果頭髮梳成規則的平波浪，身體就會更顯發胖。矮胖的女人，能以俐落的直髮來遮掩身材的缺陷。

♪ 美麗小叮嚀

女人的秀髮需要護理，記得經常梳理和清洗，清洗時要用護髮素，它是保持頭髮健康的重要環節，因為濕髮易亂、易扯傷。護髮素也要經常更新不同的品牌，為頭髮增加不同的營養。還要記住，護髮素要塗滿頭髮，髮根與髮梢最好使用不同的護髮素，以平衡營養。

第四節　讓首飾與穿搭相得益彰

♪ 輕熟有約

法國服裝大師皮爾卡登說過「生活不能沒有藝術」；美國社會預測學家約翰・奈思比在《大趨勢》一書中說：「服飾藝術無疑在這一時代藝術的形勢下首當其衝，服裝潮流迅速發展，服裝有豐富的表現

妳的輕熟時代
即使青春退場，也要繼續從容美麗

內容和風格，服裝款式更迅速普及的更新。」

輕熟女人，都是服飾大師，因為她們懂得美麗的服飾勝過一切。漂亮新潮的穿著使人眼前一亮，高雅脫俗的裝扮令人心旌蕩漾。服裝與她個人融為一體，讓她成為眾人羨慕的焦點。

輕熟女人，她們懂得：紅花尚需綠葉扶，「紅花」是穿搭，「綠葉」就是首飾。輕熟女性要想達到最高的美人境界，必須懂得協調陪襯、組合搭配。

輕熟女人，她們明白：首飾是女人的靈性，融合了女人的美麗、情趣與智慧，它配合著女人的臉型、體態與服裝，使她愈發有魅力。

♪ 心理課堂

輕熟女人，不論高矮胖瘦都有權利讓自己顯得美麗。如果妳想要等待瘦下來的那一天才開始打扮的話，那妳可能永遠都要穿得像個老太婆。而在妳變瘦、變完美之前，不如先來學習穿搭和首飾的技巧吧！

（1）輕熟女人，穿搭哲學

輕熟的女人要懂得，穿搭其實也是一種心理學問，穿搭就是要掩飾缺點、展示優點。穿搭之前，要先分析自己身材的優缺點，再選擇適當的裝扮。

嬌小的女性應該選擇明暗度相似的色彩組合，例如，襪子的顏色與裙子的顏色相似，這樣有拉長腿部的感覺；如果上衣及外套採用同一種中性色，那麼裙子、襪子和鞋子最好用同一種深色；如果妳愛穿淺色外套，裡面要穿上相似色的上衣和長裙；如果妳的外套與裙子都是深色，請配上淺色的上衣；如果上衣與外套是同樣的淡色，那麼裙子就應該是深色。

矮胖的女性應該選擇簡潔的服裝，比如，可以多買一些高領毛衣、

第一章 美麗心理學——芬芳女人的精彩之燈
第四節 讓首飾與穿搭相得益彰

直筒褲、A字裙，衣服線條簡潔，偏深色系，質料無閃光，就能顯得更高挑內斂。

高大的女性應該選擇合身的服裝。比如，外套可以深色為底色、以淺色為圖案色，質料輕薄一些；也可以選擇遮蓋住肩骨或小肩幅的款式；還可以選擇高圓領、圓高捲領與捲袖口，這樣可以緩和肩幅與肩骨的突出感。

圓臉的女性可以選擇開領設計的服裝，露出美麗的鎖骨。平常穿搭最好以能展示脖子的V字領、U形領及方領為宜，肩膀處也不能太單薄，這樣可以改變視覺比例，讓臉看上去有縮小的效果。

脖子粗的女性，可以選擇領口較大的衣服，如V字領，不建議穿套頭和配戴飾品。

（2）輕熟美女，飾物點綴

不同的飾品可以在不同的搭配中塑造豐富的藝術效果和視覺功能，賦予女人更豐富的情感體驗和更深刻的審美享受。

例如戴項鍊：長臉的女性戴單串短項鍊，臉部就不會顯得太瘦，頸部也不會顯得太長。圓臉的女性戴細長的項鍊，項鍊中間有一個顯眼的大型吊墜，效果會更好。橢圓臉的女性戴中等長度的項鍊，在頸部形成橢圓形狀，能夠更好烘托臉部的優美輪廓。

又如戴耳環：方型臉的女性可以佩戴圓形或捲曲線條垂墜耳環，緩和臉部的稜角。圓型臉的女性可以佩戴葉片形的垂墜耳環，在視覺上造成修長感。三角型臉最好戴上窄下寬的垂墜耳環，使瘦尖的下頜更豐滿柔和。

又如包包：包包是輕熟女人儀態優雅必不可少的點睛之筆，出門旅行不妨選用軟皮大包包或牛仔包，或草編的大提包，背在肩上瀟灑自如。參加舞會時，穿一件合身的禮服，配上小巧的包包，不但可愛，

妳的輕熟時代
即使青春退場,也要繼續從容美麗

而且頗具韻味,盡顯雍容華貴。

再如戴首飾:女人選擇首飾,要考慮自己的膚色。黃皮膚的女性,適宜佩戴暖色調的珠寶首飾,例如紅色、橘黃色的寶石,或者濃綠色的翡翠和綠寶石。白皮膚的女性,可以佩戴冷色調的珠寶首飾,例如鑽石、紅寶石、藍寶石、粉紅色的芙蓉石、翡翠、孔雀石等製作的首飾,襯托皮膚的白嫩。

美麗小叮嚀

沒有哪個女人的身材是十全十美的,胖瘦也不過只是幾公斤的差別,穿衣服一定要有自信。輕熟女人,學會針對自己身材的缺點選擇不同的穿搭技巧,當妳得心應手時,就是從醜小鴨蛻變成美麗的白天鵝的時刻。

第五節　打扮出十足女人味

輕熟有約

美麗動人的女人不一定有「女人味」,但有「女人味」的女人一定會美麗動人。

輕熟女人的女人味只可意會不可言傳,它有時潛藏於舉手投足之間,有時又隱沒於一顰一笑之中,盡顯女人的獨特味道。

輕熟女人,女人味是一種品味。有品味的輕熟女人,興趣廣泛,樂於學習,心靈內斂,憑內在的美麗令人一見傾心。

輕熟女人,女人味是一種情味。有情趣的輕熟女人有著揮之不去的情調,會把家布置得玲瓏有致,窗明几淨。

輕熟女人,女人味是一種香味。輕熟的女人靈性十足、親切隨和,

第一章 美麗心理學——芬芳女人的精彩之燈
第五節　打扮出十足女人味

散發一種來自內心深處的迷人氣息。

輕熟女人，女人味是一種雅味。化著淡淡的妝，談著恰當的話，洋溢著溫和的笑，懷揣著慈善的愛，無論在何時何地，她都能讓自己秀色可餐。

輕熟女人，女人味是一種韻味。輕熟的女人是春天的雨水，潤物細無聲；是秋天的和風，輕拂妳的心靈。她以特有的韻味去擁抱整個世界。

♪ 心理課堂

女人味是春天姹紫嫣紅的花，每一朵花都有一種美麗，是一種千姿百態的美麗。

輕熟女人的女人味首先來自她的身體之美，寧靜如湖水的眼波、嬌美如玫瑰的笑容都會讓她的女人味撲面而來。其次，女人味來自女人的內心深處，它是一個輕熟女人自身的善良溫柔、體貼愛心的真實流露。

什麼是女人味？一位工作狂女上司，在聚餐上一展柔美舞姿，聲情並茂，溫情脈脈，讓大家驚喜不已，這就是女人味；一位慈愛的母親半夜悄悄披衣下床，躡手躡腳走進兒子的臥室，把他踢掉的被子蓋好，然後又躡手躡腳離開，這就是女人味。

輕熟女人培養女人味應從提升自己的內心素養開始，這一點需要長期修練，並注意生活中的小細節。

（1）添一抹紅

輕熟的女人往往喜歡穿黑色的衣服，增添神祕的魅力；但如果妳能塗上唇膏，那魅力就會更上一層樓。

妳的輕熟時代
即使青春退場，也要繼續從容美麗

（2）噴香水

如果妳有體味，請不要急著消除，某些體味也是女人味的表現。如果妳沒有香汗，那妳可以挑選一款引發幽思的淡香水。

🎀 美麗小叮嚀

女人味其實就是女人的韻味，有韻味的女人應該擁有身體曲線的玲瓏、豐盈優美的體態和適宜的衣著，以及由內而外散發出來的一種氣質、精神和修養。輕熟的女人最有女人味，因為她是一個晶瑩剔透的女人，一個善解人意的女人，一個柔情善良的女人，一個儀態萬千的女人。

第六節　開啟妳的優雅生活

🎀 輕熟有約

一個女人可能會擁有華服妝扮，可能會擁有美麗容貌，卻不一定擁有優雅的風度。有優雅風度的輕熟女人，才是最出色的女人。因為外在美隨風易逝，膚淺無法耐人尋味，而優雅則是以豐富心靈來包裝的永恆美麗。

優雅的女人不是不照鏡子，而是以回頭率當作檢驗自己美麗的鏡子，回頭率高代表妳的與眾不同，回頭率低則象徵妳其實平庸無奇。

輕熟女人，請做個優雅的女人。優雅像一幅難以描摹的風景畫，悄悄潛入人們心裡。優雅是女人的文化修養、審美觀念和精神世界的完美體現，它所折射出來的光輝讓人流連忘返。

輕熟女人，請擁有優雅的風度。這不是矯揉造作，不是一種可以刻意表現出來的東西，更不是一件炫耀自己的展品，而是一種不經意

第一章 美麗心理學——芬芳女人的精彩之燈
第六節　開啟妳的優雅生活

間的女性魅力，是誰也無法竊取的永久財富。

輕熟女人，妳可以沒有絕世之美，但必須有端莊秀麗的舉止、款款而來的信步、情調別致的裝束，這些都是輕熟女人的持久魅力。

♪ 心理課堂

人們都欣賞優雅女人，她是很多男人心中的嚮往，也是很多女人自我的追求。

優雅是一種風度，優雅也是一個女人獨特的風格。優雅裝不出來，舉手投足微笑也許不會出賣妳，但是言談行為和思想決定妳是否能被別人認可為優雅的女性。

優雅是一種感覺，這感覺來源於豐富的內心和博愛的智慧，是理性與感性的完美結合。

一個優雅的輕熟女人，她的智慧和大度讓妳欣賞，她的體貼與關愛讓妳舒適。而這智慧、這大度、這體貼、這關愛，妳會從她的舉手投足、一顰一笑間體味到，是一種沁人心脾的美麗。

一個輕熟的優雅女人，對美有著獨到的見解和執著的追求。她的穿搭富有格調而不張揚，感覺清遠又沁人心脾，一個整日不修邊幅的女人，絕對與「優雅」二字無緣。當然，精心裝扮並不意味著費盡心思濃妝豔抹，而是從簡單樸質的外表下捕捉不凡的感覺。

那麼，怎樣才能開啟妳的優雅生活，做個優雅的女人呢？

（1）讀書學習，成長知識

輕熟的女人要將優雅之樹的根深扎在讀書的沃土之中，才能使它枝繁葉茂。優雅的女人，必定是心靈純淨的人。知識能夠改變命運，同樣，知識也可以培養女人的優雅儀態。

輕熟女人，要想做一個優雅的女人，就要多讀一些書，不斷充實、

妳的輕熟時代
即使青春退場，也要繼續從容美麗

完善自己。讀書可以提升一個人的品味。一個喜歡讀書的女人，永遠都是不凡俗的女人；而只有不凡俗的女人，才有資格做優雅的女人。

（2）熱愛工作，提升事業

優雅的女人不是攀岩的凌霄花，也不是依附的小鳥。優雅的女人是一棵參天的大樹，是一隻展翅高飛的鵬鳥，擁有獨立事業支持她的優雅。

輕熟女人，要做一個優雅的女人，必須熱愛自己的工作。從事自己所熱愛的工作是一種幸運，熱愛自己所從事的工作是一種幸福。不是每個女人都能擁有幸運，但每個女人都有權利追求幸福。輕熟女人追求優雅，就是追求幸福。

◊ 美麗小叮嚀

優雅的女人一定要善良、慈愛、安靜、寬容、通情達理、善解人意。善良和有愛心是女人的特質；安靜寬容使女人更具母性風采，更受歡迎；通情達理和善解人意可以使一切美好的意念萌芽。

第七節　好姿態勝過好妝容

◊ 輕熟有約

姿態往往最能反映一個女人的本質，那些有魅力的女性常常不是在學識、容貌上有多大的優勢，而是她們能夠注意姿態，在細微處顯出她們與眾不同的風度。

李漁在《閑情偶記》裡記錄過這樣一個故事：

一次郊遊中遇到急雨，眾人都到一小亭中避雨，這時有個三十幾歲、衣裳寒酸的婦人，看到亭中人滿，就站在亭簷下，衣衫濕了卻落

第一章 美麗心理學——芬芳女人的精彩之燈
第七節　好姿態勝過好妝容

落大方的站在雨中。雨停後，眾人都散去，只有她不離開，一會兒又下起了大雨，眾人返回後，她自動退在亭子的一角，幫助別人整理被雨打濕的衣衫。

亭子裡也許有很多光鮮的貴婦和美麗的少女，但她們與那位婦人比起來，都失了顏色。

輕熟女人，她的魅力往往就是從這些微不足道的小姿態體現。外表的美麗是虛浮的，總有一天會被歲月磨滅，也會隨著時間的推移而讓人感到審美疲勞；而體現在細節之處的魅力，則會在歲月的流淌中不時閃爍光芒。

♪ 心理課堂

女人的美，既包括形體的外在美，還有來自各種「無形」美的優化組合，即抽象的內在美。而女人的內在美則能出詩情、入畫意，具有扭轉乾坤的巨大力量，可以使姿色平常的女子變得楚楚動人，這就是女人的魅力所在。這種魅力不是天生的，而是來自美好的姿態，這些需要輕熟的女人用心去琢磨、去體會。

（1）坐姿要溫柔嫻雅

輕熟的女人入座動作要輕緩。落座後，應該盡量端正，脊柱向上伸直，胸部前挺，兩腳平行放好，眼睛自然向前平視，給人以落落大方的美感。

值得提醒的是，夏天穿裙子不要使內褲外露，也不要使大腿根裸露，這樣顯得輕佻。當然，更不可將裙子當作扇子扇風，不夠雅觀。

（2）站姿要亭亭玉立

輕熟的女人要有優美典雅的站姿，這是動態美的起點。站立時，應該是身體自然直立，挺胸收腹，也即讓肢體各部位盡量舒展，做到

妳的輕熟時代
即使青春退場，也要繼續從容美麗

站立時腰挺直，頭不偏歪，脖不前伸、肩不聳、胸不窩、背不駝、胯不鬆、膝不彎。

輕熟的女人還要經常注意立腰，就是要經常保持脊柱端正的姿勢，端正的脊柱是構成女子形體曲線美的根本。站立時下腹微收，胸脯挺起，只有這樣，女子特有的曲線美才會顯露無遺。

值得注意的是，站立時還要收腹收臀，提氣正腰，使身體的重心盡量向上拔高。重心向上的女子，就顯得精神飽滿；重心偏低的女子，就會顯得衰老懶散，無精打采。

(3) 步態要輕盈飄逸

輕熟女人的步態應該有著神韻之美。走路時頭部要端正，不宜抬得過高，目光平和，直視前方，胸部挺直，收腹，讓胸脯隨著輕盈的步態和呼吸起伏，產生一種有韻律感的微小顫動。邁步時，雙臂自然而協調的擺動。

兩腿提起時要自然、輕柔、飄逸、輕盈、勻稱，兩腿併攏，走路時膝蓋正對前方，兩腳落地時腳跟先著地，雙腿幾乎踏在同一條直線上，給人一種輕、靈、巧的美感。

♪ 美麗小叮嚀

女人的姿態所體現出來的魅力具有感染力，能打動人心。輕熟女人要想有好的姿態，就必須注重平時修養。姿態的美好因人而異，有的女人沉默矜持，有的性感嫵媚，有的善解人意，有的活潑開朗，有的睿智冷靜，只要能夠保持自己的特色，各種姿態都是美麗的。

第八節　儀態萬方的美麗學堂

♪ 輕熟有約

女人的外在美不是機械的、單純的，而是可以透過後天培養慢慢改變。

輕熟女人，可以讓自己儀態高雅、散發魅力，可以透過化妝展示自己，更可以隨著季節、心情的變換更改髮型，讓自己從「頭」開始。衣櫃裡款式各異的服飾經過搭配，就可以使自己變成一道迷人的風景線，還有那些看似不起眼的小配飾，卻是全身的「點睛之筆」。

輕熟女人，請做一個對生活充滿希望，處處留意美麗的輕熟女性，即使沒有傲人的身材和絕美的容貌，一樣可以塑造出令女人嫉妒、男人心動的脫俗氣質。

♪ 心理課堂

小曹是一間中學的國文老師，她的性格很孤僻，又因為長相不漂亮，自卑心理很嚴重，沒有多少朋友，直到三十五歲還是孤身一人。

小曹讀過很多書，也寫過很多文章，甚至還在雜誌上發表過。有一天，一家雜誌社的編輯找到了小曹，希望她能在他們雜誌上開闢專欄，可是對方有個要求，就是希望每一期都要有一張她的照片放在專欄的首頁。

於是，小曹鼓起勇氣去了一家相館，平生第一次化妝，換上時尚的衣服。照片出來後，大家都說小曹拍得好看，第一次被別人誇好看，小曹激動得一夜失眠。從那之後，她開始慢慢改變，化素雅的淡妝，穿一些穩重又不失活潑的衣服。

外在形象的改變不但改變了小曹的生活態度，也改變了她看生活

妳的輕熟時代
即使青春退場，也要繼續從容美麗

的眼光。以前小曹總認為自己周圍的世界是暗色的，沒有生機，穿的衣服也選擇暗色。她不喜歡交朋友，就連寫出的文字也總是帶著憂傷。而現在的小曹，臉上的笑容變多，說話聲音也明亮許多，更常讚美生活的美好，讓人們樂觀積極的生活，發現生活中的美，創造生活中的美，並寫成美麗的文字，愉悅廣大的讀者。

其實，在我們的日常生活中，女性的化妝很容易，實際操作起來也比較快。化妝並不是一種虛假心理的表現，而是一種為自然增輝的積極心態。化妝作為女人用來完善面部形象的一門藝術，有必要追求最佳的藝術效果。

輕熟的女人的化妝基本上有如下步驟：

（1）清潔皮膚

女人在清潔皮膚之前，要將頭髮固定，最好用頭巾包住。清潔面部可以用洗面乳，用溫水沖洗面部和頸部，接著用緊膚水自上而下塗抹，最後用化妝棉沾化妝水，正式從下而上塗抹一遍，也可用蒸面法或面膜清潔皮膚。

（2）塗抹粉底

女人潔面後，可以開始上粉底了。將粉底在額、鼻、兩頰、顎等處各點一個點，然後用指尖或粉撲均勻、全面塗抹。塗完後以粉撲取乾粉抹勻，最後再撲蜜粉，稍停一下，再用刷子把多餘的粉刷落。

（3）修飾眼睛

女人的眼睛是傳神之作，必須非常重視。眼影塗在不同的眼瞼部位，效果也不一樣。深色眼影塗在雙眼皮的褶皺中，能擴大眼的輪廓；亮色眼影塗在淚溝中，能突出雙眼皮；眼影塗在眼角處，內眼角塗深色眼影，並與鼻側影相接，可突出眼睛的深邃；深色眼影塗在外眼角，能改變眼型。

第一章 美麗心理學——芬芳女人的精彩之燈
第八節　儀態萬方的美麗學堂

（4）修飾睫毛

女人要善於修飾睫毛，在修飾之前，要先用睫毛夾夾睫毛，此時眼睛應該往下看；然後塗上睫毛膏，使睫毛又黑又深；若要染睫毛，則眼睛朝下看，睫毛刷由睫毛根向睫毛梢滾刷，睫毛的修飾更多體現在一些技巧的處理上。

（5）修飾眉毛

女人修飾眉毛的方法有多種，不同的女人可以根據自己的習慣、眉形特徵，運用不同的修飾方法，其中，描眉是日常化妝中常使用的一種方法和步驟。普通的方法是，臉稍向下眼睛向上看，這樣上眼皮即顯示出一條自然的弧經線，可按照這條弧線描出平行的眉。畫的時候要按自然生長的規律一根一根畫，濃淡、粗細要與原來的眉毛吻合，才能達到以假亂真的效果。

（6）修飾鼻子

女人要學會關注細節、修飾鼻子。修飾鼻子的關鍵是畫鼻影。鼻影可使鼻部增高，鼻梁直挺，還可與眼瞼顏色相襯，使眼妝更有神。

鼻妝常用的顏色為褐色、暗色、紫褐色等。化妝中應注意兩條側影均勻對稱，沿鼻梁平直輕掃，避免出現歪斜，移位或錯位；鼻梁兩邊側影的間距一般為一到一點五公分，太寬太窄都不自然；側影的起始應呈弧形，避免直角狀；側影的內側平直，外側應暈染，勿呈線條狀。

（7）修飾嘴唇

嘴唇是女人面部最性感的部分，可先用唇線筆在唇部勾出一個理想的輪廓，唇線筆的顏色比唇膏顏色稍深一點。塗好唇膏後，用唇筆把唇線和唇膏抹勻，不要留下分界線，然後在唇珠打亮，增加光澤。

妳的輕熟時代
即使青春退場，也要繼續從容美麗

§ 美麗小叮嚀

輕熟女人的外在美，表現在從容的舉止和得體的服飾。首先，站就一定要抬頭挺胸收腹，坐就一定要雙腿併攏，走就一定要抬頭挺胸。其次，服飾是提升女人外在美的不可或缺的手段，穿搭不一定非要穿名牌，最重要的是選擇的衣服要適合自己的年齡、身材或者職業，更主要是穿出自己的個性。服裝顏色的選擇上也要根據自己的膚色和穿上的效果決定，不要執著認為自己喜歡的顏色就一定最適合自己。

第九節　輕熟女人也可成為美麗焦點

§ 輕熟有約

「妳是一個美麗的女人」，這大概是每位女性都喜歡聽到的話，沒有一位女性想要被別人稱作醜女人。

輕熟女人，追求美麗，不是刻意，而是自然。這個世界上，成就女性美麗的技術越來越高明。生活在這樣一個美容技術發達的時代，誰還擔心自己是一個醜陋的女人呢？然而，美麗是一回事，刻意追求又是另一回事。

輕熟女人，追求美麗，不是短暫，而是永恆。每個女人都擁有追求美麗的權利，但追求美麗也是有限度，而且，維持女性長久美麗的方法並不是化妝，也不是整形，而是不斷豐富內涵。

§ 心理課堂

女性的美麗並不一定是表面的，很多讓別人印象深刻的、有魅力的女性，往往是因為她們擁有內在美和自然美。自然美是指女性能夠按照自己的形象、氣質以及一些外在因素，比如職業、身分等對自己

第一章 美麗心理學——芬芳女人的精彩之燈
第九節 輕熟女人也可成為美麗焦點

進行一些必要的修飾。

一位女白領去向朋友諮詢：「我很煩，為什麼我的工作總是不順利？為什麼我的上司總是找我麻煩？」

朋友問：「妳可不可以詳細說這些情形呢？」

女白領說：「我每天打扮得漂漂亮亮去上班，但是一進辦公室，就看見我的上司皺著眉頭看著我。每天過五分鐘，他就會走到我的身邊問：『我昨天交代給妳的工作妳都做完了嗎？』我回答說：『還沒有，但只要給我十分鐘，我就一定會做完。』上司很不高興問我：『妳把時間都用在什麼地方？看妳這精緻的妝，就知道妳完全有時間在昨天將這些事情做完。』」

女白領不知道的是，她自己認為的完美，恰恰在別人眼中是那麼不合時宜。公司的女同事大都穿灰色或是黑色的套裝，化淡妝，步履匆匆的去做自己的事情，而她濃妝豔抹的走在同事中間，顯得非常突兀。

朋友聽完女白領的描述後，溫和的對她說：「妳不用擔心自己不夠美麗，即使不濃妝豔抹，妳也是一個美麗的女孩。妳知性、大方、知道很多道理，有高學歷。除去偽裝，讓他們看到一個自然且玲瓏剔透的妳。」

女白領對朋友的話將信將疑，不過還是接受了建議。隔天，同事都發現了女白領的改變，從上司贊許的眼神中，女白領真正認識到這樣的自己才是被喜歡、被接受。

刻意追求完美不但不會讓身邊的人在意，反而會讓身邊的人覺得不舒服。生活中人們更欣賞自然美。

有很多女性因為工作性質的需要，每天不得不在臉上塗上厚厚的粉底，這一代表性的職業就是藝人。藝人在聚光燈下需要呈現完美的

妳的輕熟時代
即使青春退場，也要繼續從容美麗

一面，這本身就是他們工作的一部分。然而作為一個生活在普通空間裡的女性，更應該推崇的還是健康的自然之美。

輕熟女人，要想成為美麗的焦點，必須在以下幾個方面進行修練：

（1）開朗自信

自信的女人永遠是男人生活中的一道風景，開朗的女人喜歡熱鬧的生活，以施展她社交明星的魅力。

（2）溫淑平和

溫和的女人外表質樸、自然、浪漫，不事雕琢，與世無爭，強調個性卻不張揚。只有能夠進她內心的人才能真正了解她，也才能為她所欣賞。這樣的女人的氣質和教養是她豐富內心的流露，也是與別人親密無間的原因。

（3）安詳親善

安詳的女人溫柔、內斂、善解人意，安靜、沉著、細膩，注重生活細節。

（4）奔放瀟灑

奔放的女人讓你聯想起一切濃烈和快節奏的感受，她簡潔明快的作風容不得半點拖延。

（5）睿智理性

睿智的女人從不因為物質的滿足而放棄精神的追求，相反是物質基礎使她更有實力建構自己的精神世界。

理性的女人意志堅強、說一不二，喜歡把握局面，聰明而善用頭腦，很少感情用事，不會因衝動而鑄錯。這樣的女人獨立、自信，懂得適度施展屬於輕熟女人的獨特魅力。

第一章 美麗心理學——芬芳女人的精彩之燈
第九節　輕熟女人也可成為美麗焦點

⸙ 美麗小叮嚀

　　輕熟的女人要善於修飾外表，修飾的目的自然是讓別人賞心悅目，同時也讓自己感到舒服，沒有負擔。每個人都不是舞台上的演員，所以如果不是特別的需要，沒有必要花費很多精力修飾外表。而且，如果這些修飾和自己的形象、氣質或者職業不搭，那麼很可能就會適得其反。

妳的輕熟時代
即使青春退場,也要繼續從容美麗

第二章
氣質心理學──知性女人永遠的信仰

　　輕熟女人,不是青春的終點,而是新生活的起點,有屬於她的精緻。
　　即使沒有有傲人身材和絕美容貌,一樣可以塑造出令女人嫉妒、男人心動的脫俗氣質,而所有的這一切都需要女性內在氣質的修練。

第一節　微笑,輕熟女人的動人樂章

♪ 輕熟有約

　　輕熟女人,學會微笑,是一種自信、自愛、自尊的展示和展現,還是一種對別人的禮遇。
　　當別人失敗時,女人一個熱情洋溢的微笑,能使對方走出頹廢的低谷;當朋友離別時,女人不捨的微笑,蘊含著美好的祝願與悠長的牽掛。
　　輕熟的笑容最美麗。當妳被幸福、快樂和溫和包圍時,眼睛就會微笑,這種微笑是真誠的;當妳心中有感激、慈愛、體貼的感情時,臉龐就會洋溢著微笑,這種微笑是動人的,這時候的妳是最美麗的。

第二章 氣質心理學——知性女人永遠的信仰
第一節　微笑，輕熟女人的動人樂章

♪ 心理課堂

美國心理學家研究：眼睛能透露人的感情，笑容卻可以預測人生。輕熟女人的真誠微笑傳遞著寬容、善意、愛意、溫柔、自信和力量，讓她的魅力脫穎而出。當然，最有魅力的微笑，是雙眼中綻放出愉悅光彩的微笑。

鄭欣是一家廣告公司的部門經理，是一位事業有成、家庭幸福的白領女性。可生日剛過沒幾天，一個晴天霹靂的消息就打亂了她所有的生活：她得了乳腺癌。她為了保住性命，只有犧牲掉相伴自己快四十年的乳房。

在她最脆弱無助的時候，她的老公又漸漸疏離、冷淡她，終於在一年後離開。接踵而來的打擊，擊潰了鄭欣最後的防線，她整日以淚洗面，對生活也沒有了信心，化妝、服飾、健身、美容等等被她阻隔在生活之外，這樣的生活持續了一年多。

後來有一天，她看了一眼鏡中的自己。這一看嚇了她一跳，鏡子裡那個面容憔悴、眼睛無神、穿著邋遢的女人就是自己嗎，以前那個充滿自信和活力的鄭欣哪裡去了？

從那天之後，她就在手提包裡帶了一面小鏡子，有事沒事的時候，總會對著鏡子中的自己笑；久而久之，她也慢慢從抱怨和愁苦中走出，開始樂觀生活。

後來，她又進了一家廣告公司，不僅用微笑結交了很多好友，也把自己的快樂傳遞給了其他人。同事總是喜歡和她一起工作，因為疲憊工作後，總能看到鄭欣溫暖貼心的微笑，而她也在重新出發的生活中遇到屬於自己的愛情。

微笑是女性最有力的武器，真誠的微笑會讓一個女性魅力大增，即使是一個談不上美麗的女性，會心的微笑也能讓她魅力四射。

妳的輕熟時代
即使青春退場，也要繼續從容美麗

（1）練就動人的微笑

心理學家告訴我們，外在的體驗越豐富，內心的感受越深刻。也就是說，有了外在的「微笑」也就有了內心的「快樂」。

輕熟女人，妳不妨每天晚上對鏡子微笑幾分鐘，然後含笑而眠，早上起來，繼續保持著微笑，妳會擁有一天的好心情。

輕熟女人，妳可以經常照一照鏡子，觀察一下自己微笑時的樣子。妳可以觀察幾個關鍵部位，它們是眼角、口型和牙齒。妳要注意眼角的紋路，嘴角的形狀，還有牙齒露出來多少，然後定格出幾種笑容，經常對著鏡子這樣練習，就會收到理想的效果。

（2）懂得微笑待人

輕熟的女人要有大海般寬闊的胸襟，要永遠以微笑從容面對生活中的一切困境。這樣的女人能為他人著想，善待他人，成就自己，在一份寧靜的微笑中享受生活的饋贈。

「笑看花開花落，閒看雲舒雲卷。」輕熟女人，要努力微笑待人，在助人中獲得快樂。女人的微笑越坦誠，就越甜蜜。臉上掛上快樂，心中種著幸福，她的生活就會燦爛而美麗。

輕熟女人，微笑流淌出的是生活的蜜意，微笑沉澱著的是時光的珍珠，微笑綻放著的是幸福的禮花，微笑珍藏著的是真愛的歌謠。

輕熟女人，請善用一顆溫柔的心，用一份真情的微笑去對待他人，妳就是快樂的使者，收穫的將是一生的幸福和無限的快樂。

♪ 氣質小提示

微笑的女人是一朵永不凋謝的花，永遠帶著青春的氣息，裝著情愛的芳香，載著愜意的分享。輕熟的女人懂得用心去培育，用愛去滋養，用情去呵護自己的微笑。這樣的微笑猶如潤物無聲的春夜細雨，

第二章 氣質心理學——知性女人永遠的信仰
第二節——成為氣質脫俗的女人

宛如沁人心脾的夏夜涼風，也如喜悅豐收的秋日金果，更如溫潤心房的冬日暖陽。

第二節——成為氣質脫俗的女人

輕熟有約

脫俗女人的特點在於：俐落的外表，雅潔的化妝，動聽的談吐，大方的態度和高尚的情趣。輕熟女人，要讓自己氣質脫俗，使自己從外到內的美麗。

輕熟女人，不要刻意追求貴重浮華，只要經常保持整潔的儀表，就能給人端莊大方的印象。

輕熟女人，雅緻的化妝與恰到好處的美容，能增加幾分韻味。

輕熟女人，和人談話，要和藹可親，避免那些使人不快或難堪的字眼。為了豐富談話的內容，需要多閱讀報紙、雜誌、書籍，提高自己的學識。

輕熟女人，要有從容、端莊和熱情的姿態，尤其是在一個陌生的場所遇見新朋友時，落落大方和溫柔嫵媚，能獲得更多的好感。

輕熟女人，能培養一些興趣，如練就一副甜美的歌喉，彈一手好鋼琴，或對某一類才藝或者手藝情有獨鍾，這些都能使女人變得更可愛。

心理課堂

在所有的形容詞中，「俗氣」一定是不受歡迎的一個，即使是美若天仙，一旦沾上了「俗氣」二字，這個人的魅力也就所剩無幾了。一個完美的女性應該是脫俗的，即使每天生活在柴米油鹽中，也應具

妳的輕熟時代
即使青春退場，也要繼續從容美麗

有與眾不同的清麗。

脫俗的女人很美也很特別，無論如何，在她們身上感覺不到塵世煙火，彷彿是來自另一個世界的精靈。

脫俗的女人能夠從容應對世界的一切，卻又不會被日常瑣事牽絆，她們不會計較，常常吃虧，但總有自己的原則。脫俗的女人不是不問世事，她們對世界往往看得更清楚，但是她們選擇了一些平靜的處理方法，計較當然會讓自己獲得更多，但是她們會選擇安靜。

怡君在一家房地產公司當銷售員，因為外表出眾，很多客戶都願意買她的單。雖然工作突出，但是怡君似乎並沒有太放在心上，別的業務遇到合適的客戶後，會積極聯繫他們，還經常請客戶吃飯。但怡君從來沒有這麼做，她堅信工作是工作，生活是生活，吃飯屬於她生活的一部分，但不應該被工作打擾，別的人覺得她有點傻，但是怡君堅持自己的原則。

凡遇見怡君的人都說她非常特別，有一個即將結婚的女孩和父母來看完房後對她的朋友說：「那個銷售小姐真漂亮，而且這種漂亮跟其他人不同，真是太有氣質了。」

俗氣不是與生俱來的，而是在社會的薰陶中得來。孩子不俗氣，他們都很可愛，有自己的個性；但是一旦長大進入社會，有的女孩就變得俗氣。也許有人會說，每個人都生活在社會中，誰能保證自己不變得俗氣呢？那妳去看看荷花吧，它的根扎在最骯髒的汙泥之中，卻能出淤泥而不染。

世界上有很多事情都不像我們想像中那麼美好，該怎麼面對？是怨恨憤怒，還是自暴自棄？憤怒是沒有用的，因為世界不會因為妳的憤怒而改變；自暴自棄也不對，因為儘管面對著不完美的世界，我們最起碼還能獨善其身。脫俗的女人冷靜觀察一切，用自己的美麗擁抱

第二章 氣質心理學——知性女人永遠的信仰
第三節　打點自己，讓氣質脫穎而出

這個世界，即使有時候活得很艱難，但是她們的姿態非常獨特。

氣質小提示

輕熟的女人，是善解人意的女人，她的心中始終充滿仁慈和寬容。脫俗的女人，是熱愛生活的女人，她的眼裡一切都新鮮生動。輕熟女人，請做個脫俗、與眾不同的女人，做個真正可愛的女人，走到哪裡都充滿自信。

第三節　打點自己，讓氣質脫穎而出

輕熟有約

生活中有這麼一種女人，她們已經有些熟透，身上卻散發著一種沁人心脾的氣質，讓人為之沉醉。

輕熟女人，不一定要長得漂亮，但絕對要有一種屬於自己的獨特氣質，令人回味無窮。

輕熟女人，要熱愛生活，更要懂得享受生活，要將工作、家庭安排得有條不紊，還要不斷修練自己的優雅情趣，提升自己的高雅品味。

輕熟女人，不要矯揉造作，不要虛偽矯情，不要遮遮掩掩，不要故作姿態，要落落大方、心態平和、思維開闊、簡單快樂，舉手投足間散發一種自然的坦蕩。

輕熟女人的氣質在於她們已經歷經風雨滄桑，深知人情世故，洞悉人生的意義，清楚自己的所需所求。她們像一本內容豐富的書，越看越有趣，越品越有味。

輕熟女人的氣質在於她們善於營造迷人的氣氛，散發柔情嫵媚，用氣質吸引他人。

妳的輕熟時代
即使青春退場，也要繼續從容美麗

輕熟女人的氣質在於她們的智慧和靈性，她們身上慈祥的氣息、冷靜的氣度、迷人的高貴，像詩歌一樣溫柔婉約，像茉莉一樣清香四溢，像湖水一樣清澈深邃。

§ 心理課堂

生活中有這樣一些女性，乍看美若天仙，但一接觸便索然無味。為什麼？就是沒有氣質。

女人的氣質包括先天的成分，但更多的還是後天的養成。

生活中也有這樣一些女性，她們彷彿高貴而神聖不可侵犯。為什麼？就是因為有氣質。

輕熟的女人注意妝扮自己的同時，更應注重培養自己的氣質。修練內在的氣質可以使輕熟女人的魅力永駐，值得用心揣摩。

（1）把話說得動聽

日常生活中，人們可以透過語言交流了解對方的性格和內心感受，所以，輕熟的女人在說話時能真切表達自己的感受，是體現自我魅力、提升個人氣質的好方法。生動的詞彙往往會讓人受到很強的衝擊，而音調往往使人感動而難以忘懷。輕熟的女人不妨在平時做個有心人，從措辭和音調兩個細節入手，使語言更有味道、更富感染力。

（2）把情表達得感人

有氣質的輕熟女性一定不是感情貧乏的人。輕熟女人，越了解感情，就應該越有效控制它，學著恰如其分表達它。輕熟的女人一定會將自己的感情有效表達，產生更大的魅力。

（3）開發自身的潛能

女性的氣質不應該只有一種，輕熟的女人往往集多種氣質於一身。每個女人都可以開發出更多的潛在氣質。

時代潮流是一種時代承認的氣質,輕熟的女人不能游離在社會之外,而應該對新鮮事物保持開放的心態,讓它們為自己帶來新變化,讓氣質的火花迸發。

(4) 做個有品格的女人

輕熟女人在為人處世時,需要有一個心理原則約束自己,讓它適時提醒妳「不可以這樣做」或「不應該那樣做」。這種潛在的自我制約,不管有沒有人監督、還是身邊有很多東西誘惑,都能保有品格之上的自我。

(5) 摒棄不良的儀態

作為輕熟女性,妳必須要知道搔癢是不雅觀的動作,搔癢會令人認為妳是不是患了皮膚病?

作為優秀女人,要時刻注意自己有沒有不良的抽菸習慣。例如,一邊走路一邊抽菸,燙壞了擦身而過路人的衣服;又如,隨處點煙、隨手滅菸頭、隨處扔煙蒂,往往會損壞地毯和地板,使環境受到汙染。

氣質小提示

女人的外表美是獲取成功人生與事業的一種資本,但這是個曇花一現的資本。「花無百日紅」,女人的容顏會隨著歲月的流逝而逐漸風化,但是女人的內在魅力卻能隨著時間的流逝而變得更加豐滿。輕熟的女人要修練好自己的內在氣質,獲得一生幸福的資本。

第四節　自信是女人穿不破的衣裳

輕熟有約

平凡的仙杜瑞拉為什麼能成為王子舞會上最耀眼的那個女人?如

妳的輕熟時代
即使青春退場，也要繼續從容美麗

果不是仙女給了她一件華麗的衣服，還有一雙耀眼的水晶鞋；如果不是讓她從灰姑娘變身為美麗高雅的公主，她不可能得到王子的垂青，也不會得到幸福。

輕熟女人，無一不希望自己繼續光彩照人，但是歲月在臉上刻劃的痕跡，不會隨著心中的渴望而消失。女人的美麗容顏或許能夠依靠現在高科技手段恢復，但是終究不是長久之計，唯有從心中散發出那種恆久不變的自信，才能讓一個女人保持永恆的魅力。

輕熟女人，自信是由內而外的魅力體現；自信是一個輕熟女人事業成功的基礎；自信是一個輕熟女人生活幸福的前提。

輕熟的女人因美麗而自信，因自信而更美麗，這就像一個良性循環，輕熟的女人用美麗和自信為自己創造了不一樣的絢麗天空。

心理課堂

有人說：每一個女人都有灰姑娘情結，都希望用仙女的魔杖，為自己帶來想像中的幸福。其實，這根魔杖每一個女人都有能力擁有，而且一生都不會消失，那就是打扮。透過美麗得體的裝扮，就能從不自信的灰姑娘變身高雅的公主，找到屬於自己的幸福。

瑞雪是一個很普通的女人，除了工作、家務和閒聊外，基本沒有什麼追求，看上去顯得有點老，不到四十就像個小老太婆了，但是她也沒有要打扮自己的意思。

直到有一天，瑞雪去見了自己的好友欣瑜，才改變了自己的想法。她看到比她還大兩歲的欣瑜，看起來就像二十多歲的女孩，衣服鮮豔亮麗，臉上的皮膚光滑白嫩，最重要的是，原先有些自卑害羞的欣瑜，臉上洋溢著自信的笑容，無論是言行還是舉止都比以往她看到的欣瑜更端莊優雅。

瑞雪十分不解，只是短短兩三個月沒見，欣瑜怎麼從一個三十多

第二章 氣質心理學——知性女人永遠的信仰
第四節　自信是女人穿不破的衣裳

歲的自卑女人變身為一個充滿自信的二十多歲「年輕女孩」。欣瑜說自己的轉變，要從三個月前的一次舞會講起。當時臨近元旦，欣瑜的公司準備舉辦一場晚會，而且要求所有的員工必須表演節目，實在沒有特長的，也要參加最後的舞會，上場跳舞。

以前大學的時候，欣瑜學過一段時間的舞蹈，後來因為自卑和害羞就不再去社團了。她總認為自己的舞姿笨拙，跳起來感覺也沒有別的女孩那麼優美，所以從此之後只一個人偷偷在家裡練習，孤芳自賞。後來結了婚，就更沒有信心和閒情跳舞了。

就在元旦舞會的前一個星期，和欣瑜私下關係最好的公司同事鼓勵欣瑜參加舞會，並且讓她教其他幾個不怎麼會跳舞的女同事簡單的舞步，欣瑜推託再三，只好答應。但是第一天欣瑜就打退堂鼓，當她站在那些年輕又打扮時尚的女同事面前時，總覺得自己看起來像個鄉巴佬，哪有「醜小鴨」去教時髦的「白天鵝」呢？最後同事說服了她，並且帶她去了一家專業的美容中心，重新為她設計一個時尚又適宜的髮型，做了護膚，並且在美容師的建議下，去服裝店選了幾件搭配起來能展示身材的衣服，最後又去鞋店選了一雙高跟鞋。

經過一番精心的裝扮，欣瑜整個人都變得不同了，看著鏡子裡那個完全不一樣的自己，欣瑜竟然有一股想哭的衝動，沒想到自己還可以如此的美麗。改變形象，走在大街上的時候，她覺得每一個人的目光都在她的身上停留，女人眼中的羨慕和男人眼中的欣賞，無形中給她注入了一股力量，以前總是低著頭匆匆行走的欣瑜，此時勇敢抬起頭，露出自信的笑容，如女王一般優雅往前。

元旦舞會上，欣瑜的驚豔亮相，著實讓她在公司裡出盡風頭，成為了當晚舞會上最受關注的女人，而她自信的翩翩起舞，又讓人們的眼光無法從她的身上移開。舞會結束之後，很多同事都問欣瑜，她以

妳的輕熟時代
即使青春退場，也要繼續從容美麗

前是不是專業舞蹈演員，因為她的舞步看起來那麼專業優雅，充滿情感和自信。欣瑜只是神祕一笑，沒有回答。

從那之後，欣瑜開始重視自己的外在形象，不但會去聽一些專業的美容課，還買了幾本色彩搭配和養顏方面的書。每天晚上睡覺前，她都會敷面膜。她的皮膚越來越好，早上出門的時候，她看著鏡子裡那個穿著時尚、越來越年輕的女人時，會情不自禁露出自信的笑容。

瑞雪沒有想到外在形象的改變，竟然可以讓一個女人變化這麼大，不但讓欣瑜從自卑變得自信，也間接改變了她的生活態度。

回到家之後，瑞雪也開始試著改變自己的外在形象，她特意請教欣瑜怎樣選擇適合自己的衣服、化妝品等，並且去剪了一個更適合自己、更年輕的髮型。

以前，瑞雪不喜歡參加公司活動，但是經過外在形象的改變之後，瑞雪覺得和同事的關係變得好多了，還有很多女同事會請教她買哪一些化妝品。現在的瑞雪比以前過得更加充實開心，做什麼事情都有自信。

上面的故事告訴我們，自信能提供給女人所需要的能量，無論最初的自信來自哪裡。

♪ 氣質小提示

輕熟女人的美麗也許就是來自一件漂亮的衣服、一支散發著美麗光澤的唇膏，或者一雙盡顯女人味的高跟鞋。即使生活已經將女人侵蝕得面目全非，她們依然可以打扮自己，重新奏起美麗的樂章，煥發生命中的自信光輝，然後讓這自信再次激起幸福和成功的音符，開始一段美麗而又充滿活力的新生活。

第五節　幽默的女人很迷人

♪ 輕熟有約

輕熟女人的幽默是一種豁達的智慧，一種備受別人青睞的資本，它還是一種愉悅他人的品格，一種積極進取的心態。

幽默感有助於女人的身體健康。有幽默感的女人，心胸開闊，不為挫折和困難而苦惱，而達觀的個性會提升女人的生理免疫力。幽默的女人還愛笑，而笑能促進全身的肌肉運動和心肺活動，有利於身體的健康。

幽默感能是女人建立良好的人際關係。在現代社會中的個人事業必須要借助眾人之力，而幽默感會提升妳的人際吸引力，讓大家喜歡接近妳，願意了解妳，在妳遇到困難時，別人更願幫助妳，而不是離妳而去。

幽默感能提升女人的競爭力和風度。競爭是嚴肅而又緊張的，而女人的幽默感會化解這種緊張情緒，提升競爭的柔韌性，使妳保持一種輕鬆平和的心態，還會使妳大放光彩，贏得大家的喜愛和支持。

幽默能為女人樹立一個良好的社會形象。輕熟的女人絕不會放過透過幽默來表現自我的機會。幽默能表現出一個輕熟女人修養深厚和智力優越，小小的幽默會給無數的人留下難以忘懷的美好印象，讓妳魅力無限。

♪ 心理課堂

幽默是輕熟女人的精神武器，也是她們在人際交往中的緩衝劑。有人說，一個沒有幽默感的女人，就像鮮花沒有香味。確實，不懂幽默的女人，沒有神，只有形，即使再光鮮的外表，也還是讓人感覺少

妳的輕熟時代
即使青春退場，也要繼續從容美麗

了一點靈氣。

在公眾場合和家庭裡，當存在一種不協調或對一方不利的現象時，超然灑脫的幽默態度往往可以使窘迫尷尬的場面在笑語歡聲中消失。因此，女人要學會幽默，使生活更多姿，工作更順利，人際更融洽，家庭更和諧。

夫妻間的幽默還有特殊的功能，那就是一個得體的小幽默常常能使對方轉怒為喜、破涕為笑。下面故事中的年輕夫妻就是以幽默的方式解決了即將爆發的矛盾。

張先生和孫小姐是一對年輕夫婦，有一天因為一點小事吵了起來。由於年輕氣盛，大家又都在氣頭上，彼此都不肯讓步講和。氣急之下，孫小姐一邊拿出包收拾自己的東西，一邊說要回娘家。張先生也沒有過多理睬，只是在一旁生悶氣。

孫小姐收拾完衣物後，氣鼓鼓的向張先生要交通費，張先生什麼也沒有說，便站到了孫小姐的身邊，孫小姐驚訝的看著張先生，並沒有走的意思。

過了很長一段時間，孫小姐終於忍不住生氣的說：「交通費你到底要不要給我啊！」張先生看了看孫小姐，慢條斯理的說：「帶著我這麼大一個錢包回娘家，還怕沒有交通費？」孫小姐聽了，立刻破涕為笑。

輕熟的女人要明白，幽默不是舌根下無聊的笑話，也不是餐桌上低級的逗樂，而是一種尺度適當的智慧型娛樂。輕熟女人的幽默往往是有知識、有修養的表現，是一種高雅的風度。善於幽默的輕熟女人，大多是思維敏捷、知識淵博、辯才傑出的優秀女人。

一名不學無術的年輕人想在一家餐廳吃霸王餐。他狼吞虎嚥的吃完後，把女經理蘇小姐叫到跟前，說：「對不起，我現在不能付錢，

第二章 氣質心理學——知性女人永遠的信仰
第五節　幽默的女人很迷人

因為我的皮夾放在家裡了。」蘇小姐一聽就知道是怎麼回事，她不慌不忙說：「那好吧！我相信你。但是為了記住此事，必須把你的名字和你欠款的數目寫在門口的黑板上，請報上你的姓名。」

年輕人慌了：「那不是每個人都會看到我的名字嗎？這樣的話，我不是太難堪了嗎？」蘇小姐微笑著說：「不必擔心，你的名字上會有東西覆蓋，那就是你的皮大衣。」

蘇小姐的言外之意，就是年輕人的皮大衣還得留下來當抵押，這位年輕人只好拿出錢如數付清，夾著尾巴離開了。

上面的故事中，蘇小姐幾乎沒費什麼力氣，用幽默的方式維護了餐廳的權益。一個懂得幽默的女人，不一定美麗，但一定有智慧，而且善解人意。這樣的女人喜歡生活，懂得面對難解之情，懂得用智慧的花香把自己薰陶得更加富有魅力。

一個輕熟的女人要想培養幽默感，就得有一定的文化知識、思想修養，多學習詼諧、風趣的人開玩笑的方式。女人要培養和提高幽默的能力，需要注意以下幾點：

（1）善於觀察生活

現代女性要經常觀察生活，尋找喜劇素材，這就需要輕熟女人善於變換視角，去發掘和使用這些素材。

（2）敢於表達幽默

幽默的能力只有在實踐過程中才能逐漸提高，因而積極實踐至關重要。輕熟的女人要選擇適當的場合，針對適當的對象，敢於表達幽默的語言。

（3）勤於學習技巧

幽默不是無師自通，許多幽默的書籍和先人的經驗，都為我們提供了不少範例，值得輕熟的女人廣泛借鑑。

妳的輕熟時代
即使青春退場,也要繼續從容美麗

氣質小提示

一個善於理解幽默的女人,容易喜歡和欣賞別人;一個善於表達幽默的女人,容易被他人喜歡和欣賞。輕熟的女人在運用幽默時,表情自然輕鬆,這樣才能將幽默的輕鬆氣息感染到身邊每個人,與他人保持和睦的關係。

第六節　風情獨具的萬般才情

輕熟有約

每個女人都希望自己擁有美麗的容貌和嬌好的身材,但僅有容貌和身材是不行的,現代社會需要輕熟的女人追求更深層的才情美。普通女人的美貌隨著時光的流逝會漸漸遠去,而才情女人內在的才情卻能夠與時俱進,歷久彌香。 輕熟女人,做個才情女人,不一定要有沉魚落雁之容和閉月羞花之貌,但必須有優雅的舉止、淵博的知識和精緻的心靈。

輕熟女人,缺什麼也不可以缺才情,因為才情能夠重塑美麗,還能讓美麗永恆。一個輕熟的女人,需要有才、有情,有聰明的頭腦,有機智的思維,還要有孜孜不倦的熱情。這樣,她的生活才能讓人傾慕。

輕熟女人,經歷了人生的悲歡離合,對生活有了更加深入的理解,對人生有了更加深刻的認知。她們選擇從容的生活,讓心靈純淨,讓性情豁達,讓心情怡然自得,讓心境寧靜而致遠。她們選擇在浮躁的塵世間修練自己,心平氣和,生活燦爛。

輕熟女人,做才情女人,不要蹉跎歲月,也不要虛擲光陰。她們是富有情調的知識女人,充滿魅力的靈動女人,儀態萬方的氣質女人,

第二章 氣質心理學——知性女人永遠的信仰
第六節　風情獨具的萬般才情

舒展著明媚的微笑款款而來的幸福女人,她們的到來讓妳領略如沐春風的醉意,讓妳品讀沁人心脾的流連。

♪ 心理課堂

英國作家毛姆曾經說過:「世界上沒有醜女人,只有一些不懂得如何使自己看起來美麗的女人。」也有人說:女人可以不美麗,但是不能沒才情,有才情的女人比外表美的女人更美麗,才情女人比外表美的女人有著更持久的魅力,更能讓人產生一種可望而不可及的嚮往和熱戀。

輕熟的才情女人張揚的是個性的自由與獨立,建立的是本體的審美與價值,在乎的是內心的需求與感受。她們將以自身具備的豐富才情與智慧,更輕鬆享受生活。

(1) 博學聰明

現代社會中,「女子無才便是德」已是過時之言,才女的聰明才智令人折服,輕熟的女人要知識廣博,有說不完的豐富話題,天文地理、科技人文,信手拈來,絕不會令人感到瑣碎無聊。

(2) 童心未泯

才情女人應該喜歡親近自然,自然的風景和清新的空氣能撫慰她那疲憊的心境與彷徨的情懷,這時候的她會不經意間流露出未泯的童心童趣。才情女人有極強的保鮮能力,善於衝破無邊無際的黑暗,發現生活中的美麗與輝煌,歲月與生活的瑣碎無法在她的心靈上烙下任何消極的烙印,因為她隨時隨地會重獲新生。

(3) 溫柔得體

才情女人不會無故打斷別人說話,不會噴太過濃烈的香水讓電梯裡的人打噴嚏。

妳的輕熟時代
即使青春退場，也要繼續從容美麗

（4）珍惜自己

才情女人懂得愛惜自己，不會吝惜保養自己容貌及身體上的金錢與時間，積極參與運動，以保持良好的身材，因為她知道良好的健康狀況對自己的身體很重要；她還有良好的生活習慣，抽菸、飲酒、通宵達旦、宴飲狂歡等超支生命和體力的事情都不會發生在她的身上。才情女人在任何時候都不會傷害自己，生活失意、事業受阻只會帶給她短暫的心情低落，而不會毀了她的一生，相反，她會在逆境中更加寵愛自己。

（5）駕馭愛情

才情女人深知，愛情不是女性生命的全部。或許她會勇於向心儀的男子表達好感，她願意為追求幸福冒被拒絕的風險，但她不會是被愛情困住的金絲雀，她追求獨立的愛情，依附與纏繞的愛情不是她所要的。她懂愛情，不是看破紅塵，更不會成為愛情的附屬品，因為親情與友情也是她生活中很重要的部分。

（6）遠離緋聞

才情女人樂於接受別人的意見，也能對無傷大雅的越軌一笑了之，不把時間浪費在人云亦云上。她摒棄毫無主見的人生，拒絕隨波逐流的思維，不屑無聊無趣的緋聞，拒絕意亂情迷的失德。

（7）敏而不感

才情女人的感情很細膩，她能從細微之中做出敏銳的反應，但不疑神疑鬼。她在遇到不如意的時候，不會將自己的壞情緒帶到公司，也不會將公司裡的沮喪延伸至家中。不管是在生活中，還是在工作中，她都能在遭遇面前深吸一口氣，告誡自己不要慌張。

總之，才情女人不需要擁有美若天仙的容貌，但有一顆真實善良的心。才情女人不需要多高的地位，但有一份真誠平淡的感情。才情

第二章 氣質心理學——知性女人永遠的信仰
第七節 發自內心的良好涵養

女人不需要刻意的媚態，但需要有一種自然舒適的風情。才情女人不需要驕傲的蠻橫，但需要有一個拿得起放得下的姿態。

氣質小提示

才情女人，先有情後有才，有了情才更有才。才情女人，因為滿腹柔情，所以才華橫溢；因為情感翻騰，所以機智詼諧。

輕熟女人，做一個普通而又幸福的才情女人，做一個擁抱溫暖情感的才情女人，做一個享受春風拂柳的才情女人，做一個記錄心情思緒並好好呵護的才情女人。

第七節　發自內心的良好涵養

輕熟有約

每個女人都希望自己美麗，但是美麗的女人未必人人都喜歡。因為對女人而言，有比美麗更重要的東西，那就是涵養。

輕熟女人，最能打動人的就是良好的涵養和溫柔的品性，這是作為母親和妻子不可缺少的天性。有涵養的輕熟女人有一隻纖纖玉手，知冷知熱，知輕知重。只要在傷口上輕輕撫摸，飄忽不定的靈魂就會停留，病入膏肓的青春就會甦醒，痛苦的呻吟就變成甜蜜的呢喃和幸福的低唱。

輕熟女人，要有愛心，有責任感，有同情心，有正義感，一舉一動都要透出涵養和聰慧，一言一行都要呈現出善良與賢達，不擺姿態，沒有報復心，用一顆平常心看待世界、思索人生，這是一種自我超脫的心靈磨練。輕熟女人，要懂得與自己的心靈交流，用閱歷豐富自己，用知識充盈自己，從困難走向堅定，從堅定走向輕熟，從輕熟走向成

妳的輕熟時代
即使青春退場,也要繼續從容美麗

功,從成功走向幸福。

§ 心理課堂

大多數人都喜歡與有涵養的女性接觸,事實上,妳也可以透過掌握一些簡單、自然、平常和易學的技巧,來提高自己的涵養。只要妳堅持不懈實踐,完全可以成為一個受人喜愛、有涵養的輕熟女人。

(1) 平易近人

一個有涵養的輕熟女人和別人打交道的時候,不會讓人緊張。一個平易近人的輕熟女人很好相處,言談舉止都很自然,營造一種友好、舒適、愉快的氛圍。相反,一個表情僵硬、冷漠、毫無反應的女人,難以融入集體之中,別人不知道該如何和她打交道,也難以揣摩她的內心世界,不知道她會對妳的言行做出怎樣的反應。這樣的女人,確實不討人喜歡。

(2) 溫柔體貼

一個體貼別人的輕熟女人,總是設身處地為別人著想,不讓別人緊張拘束,更不會讓別人尷尬難堪。女性最大的優勢就是溫柔體貼,所以要充分開發這方面的潛能。

(3) 落落大方

落落大方的輕熟女人必須具備寬闊的胸襟。因為那些不太計較別人對自己的態度的女人,那些不怕別人嫉妒自己的地位和職務的女人,那些在生活中處於優勢地位的女人,很少對別人態度冷淡,而且一般也不輕易對別人生氣。動作大方文雅,說話不卑不亢,才是女性的真風彩。

(4) 尊重別人

輕熟的女人應該知道:妳尊重別人,別人也會尊重妳;妳喜歡別人,

第二章 氣質心理學——知性女人永遠的信仰
第七節　發自內心的良好涵養

別人也會喜歡妳。讓別人喜歡妳，實際上，這就是妳喜歡別人的另一個方面。

在人際交往中，贏得別人喜愛的一個重要因素就是尊重別人。每個人都有這樣一個願望：那就是自己被了解、被賞識、被尊重。

（5）寬容忍耐

有涵養的輕熟女人，對待他人的時候不可太苛刻，要學會寬恕他人的無心之過，對他人不可吹毛求疵，要多換位思考，為他人著想。

不幸的是，很多時候激動的情緒會讓妳抑制不住內心的憤怒，會顧及不到其他的一切，更談不上設身處地為他人著想了。此時的妳應該怎麼做呢？如果妳足夠成熟、足夠寬容，妳就要在想發脾氣時暫時忍住五秒鐘，讓妳的激動情緒緩解，然後站在對方的角度重新考慮一下問題，這時也許就會是另一種感覺了。寬容別人的女人，自己的心情也會豁然開朗。

（6）和善仁慈

有涵養的輕熟女人對人要和平善良、彬彬有禮，不可粗野，不可放蕩，微笑著和周圍的人交談，氣氛和睦。

有涵養的輕熟女人不單對自己的家人要有愛心，就是對別人也應有「愛人如己」的精神，要有常做「和事佬」的熱心。

（7）誠懇高尚

誠懇的輕熟女人不口是心非，無論說什麼、做什麼，需由內心發出，誠心誠意，不帶有目的。

高尚的輕熟女人擁有高尚的思想與品格，這當然不是三兩天所能形成，應該從多方面去學習、去追求，從書中學習和效仿，從而改進自己。

妳的輕熟時代
即使青春退場，也要繼續從容美麗

♪ 氣質小提示

男人喜歡什麼樣的女人？男人們一般喜歡女人的漂亮潔淨、溫柔賢慧。但是，在男人心中最渴望的是輕熟女人的良好涵養。良好的涵養就像是一種綿綿的詩意，飄到妳的身旁，擴展在妳的周圍，彌撒在妳的眼前，圍攏妳的心，包裹妳的情，讓妳感受到一種恬靜美。

第八節　做內外兼修的極品女人

♪ 輕熟有約

輕熟女人的美麗，容貌只是一個方面，更多的美麗來自於內在氣質的外部體現。

外貌嬌美固然是女人之大幸，但同時也是一種挑戰。因為美麗本身並不意味著幸福與成功，生活也許會因為美麗而多了一些暗礁。

某些美麗的女人對自己的美貌陶醉，並且自我感覺良好。她年輕時也許過得很舒心，所有人對她如眾星捧月，青睞有加，使得她很容易不求發展和進步；而當她真正要做事時，就會手足無措，毫無頭緒，並且極度脆弱，經不起失敗。面對突然的打擊和層出不窮的失敗，無可奈何。

輕熟女人，也許妳僅僅是一個日常素顏的女子，但同樣也可以成為吸引別人的女人，只要妳發現自己的魅力所在，並充分展現它，妳就是一個極品女人。

輕熟女人，做一個內外兼修的極品女人，個人的魅力源於自身的修練，修練得體的裝扮，修練從容的姿態，修練豐富的內涵，修練誘人的才華，修練寬容的心靈，修練快樂的心情，修練成一個能收能放的好女人。

第二章 氣質心理學——知性女人永遠的信仰
第八節 做內外兼修的極品女人

♪ 心理課堂

女人都希望自己青春長駐、美貌永恆。有的女人不惜代價利用一切現代化的技術保持青春,其中有相當一部分女人真的像明星一樣美麗動人,但這改變的只是外表,而不是內涵。

輕熟的女人要想永遠青春活力,就必須不斷學習,增加自己的學識,只有由內及外的氣質才能真正使輕熟的女人變得更年輕美麗。

從前有一個國王,他沒有兒子,只有兩個女兒。在臨終之際,他將兩個公主叫到跟前,對他們說:「我想要一朵不會凋零的花,妳們誰先找到這種花,誰就可以做女王。」

於是,兩位公主跋山涉水去尋找父王心中的花。她們走過無數個地方,問過無數個園丁,都找不到這樣的花,因為世上所有花不可能不會凋零,花開就必然有花落。

不久,兩個公主各自帶了自己找到的花朵回到了宮中。

大公主帶回來的是一朵普通的花,她很驕傲的把自己從園丁那兒學來的溫室技術向父王展示,用保持花開所需要的溫度的方法,讓花一直處於開花期。

國王看了之後,不發一言。

小公主拿出一個小小的玻璃瓶,裡面是已經碾成粉末的花。她對父王說:「花朵雖然美麗,卻總有一定的期限,只有花的香味才能讓人回味無窮。所以,無色無形的花才是不會凋零的花。」

國王聽了小公主的話,臉上露出了笑容;不久以後,小公主繼承了王位。

上面的故事告訴我們,花開總有花謝的一天,女人的美麗也是如此。美麗的容貌可以給人留下深刻的印象,但是如果是一個只有美貌、沒有內涵的女人,別人和她交往久了就會覺得無趣。相反,有些女性

妳的輕熟時代
即使青春退場，也要繼續從容美麗

雖然外表並不美麗，卻非常吸引人，因為她們談吐優雅、舉止端莊、溫柔體貼、思維敏銳、人緣良好，這些魅力與外表美無關，但產生的影響卻遠勝於外表的美麗。

歲月會在女人的臉上刻下一道道皺紋，也會使女人更加成熟，更加智慧，更具風韻。當女人的容貌被歲月剝蝕後，顯露出的學識、修養、能力、道德觀、人生觀才是真正的魅力，這些才能真正得到他人的尊重。

有智慧的輕熟女人是一朵不會凋零的花，擁有讓人回味無窮的花香。試想一下，歷史上那些偉大的女科學家、女文學家、女政治家，她們也許沒有花容月貌，但是卻受到世人的景仰，為什麼？因為智慧女人的光芒提升了自己也普照了別人。

在現實生活中，有些女人只注意穿著打扮，並不怎麼注意自己的氣質是否給人以愉悅的感受。誠然，美麗的容貌、時髦的服飾、精心的打扮，都能給人以美妙的感覺。但是這種外表美是膚淺的、短暫的、轉瞬即逝的。而氣質的美感則是不受年齡、服飾和打扮所局限。

一個輕熟女人的真正魅力主要在於她特有的氣質，這種氣質對同性和異性都有吸引力，這是一種內在人格魅力的顯現。女人擁有了發自心靈深處的氣質和內涵，便能真正征服成功路上的所有困難，最終成就自己的夢想。

一個輕熟女人的魅力，並不取決於她長得美醜，而是取決於如何認識自我，心態是否積極。如果妳對自己有自信心，那麼妳就是一個美麗的女人。

一個輕熟女人的魅力，源自她的美麗心靈襯托出的善良特質和落落大方的自然美。

第二章 氣質心理學——知性女人永遠的信仰
第九節　用快樂裝點妳的幸福氣質

⸙ 氣質小提示

　　如今社會中，有很多值得人們景仰和欽佩的輕熟女人。她們也許是女主管，也許是女教授、女學者，也可能是女明星、女作家，她們都以各自的方式實現著自己的人生價值，折射出耀眼的光芒，散發迷人的氣質。

第九節　用快樂裝點妳的幸福氣質

⸙ 輕熟有約

　　女人的幸福氣質是悠閒自得，潤澤滿足，是有人愛也被人愛，是內心的踏實。

　　輕熟女人，做個擁有幸福氣質的女人，妳必須擁有感恩的心理、智慧的頭腦、從容的心態和包容的胸懷。

　　輕熟女人，她的幸福氣質是一種源自充滿希望的心情和充溢感知的心靈，這種氣質將在勤勞又靈巧的雙手中實現；在溫暖的臉龐與和諧的四肢間展現，那是一種由內而外的氣質和美感。

　　輕熟女人，請用快樂裝點妳的幸福氣質。快樂是一種花香，醉人心脾。保持妳自己的快樂情緒，或者帶給他人快樂，妳永遠會有意想不到的收穫。緊握快樂之手，妳就是最有氣質的女性，因為快樂是女性最美的氣質。

⸙ 心理課堂

　　輕熟女人，請給自己一個機會，讓自己快樂、充實起來，並把快樂的情緒帶給他人，與人同樂並嘗試堅持這樣做下去。妳會發現，妳成為了一個樂觀豁達的人。

妳的輕熟時代
即使青春退場,也要繼續從容美麗

　　輕熟女人,要想獲得快樂,來成就自己的幸福氣質,也不是很難的事。以下就是一些簡便易行的方法:

(1) 平凡中的快樂

　　美國社會心理學家曾說:「人類是社會性的高等動物,這就必然使我們與其他人之間建立聯繫。例如幫助別人,哪怕只是盡了微薄的力量,或者幫助的是一位陌生人等,這些都會促成人們有聯繫的感覺。」

　　輕熟女人,要善於在平凡中創造快樂。例如,在超市排隊購物時,讓一位疲憊的老奶奶先結帳;在汽車疾馳過程中,讓另一輛車在妳前面行駛等。當妳幫助別人時,他們會非常感動,或以微笑報答,或以一句感激的話酬謝,這些都會令妳快樂。

(2) 問候中的快樂

　　輕熟女人,要懂得問候的快樂。打電話給朋友,僅僅是為了問候一聲。例如,三十歲的會計米藍正在為工作的事而煩惱,在與好朋友一番談吐之後,她又變得快樂。

　　快樂的人每天都會得到一種短暫的友好問候,僅僅五分鐘的電話就會使人們快樂。這是因為它讓我們記起了生活中的關愛,享受了生活中的喜悅,分擔了生活中的憂慮。

(3) 款待中的快樂

　　為什麼每天的款待這麼重要?華盛頓大學心理教授說:「酬勞自己可以肯定妳是值得好好款待的人。這樣妳就會找到自尊,找到快樂。」

　　輕熟女人,要知道款待自己的快樂。比如,早餐時,用蛋糕代替平常的蛋餅;倒楣的時候,到小吃店縱情點餐,就會有另一種心情。快樂的女人允許自己每天都得到款待。

第二章 氣質心理學——知性女人永遠的信仰
第九節 用快樂裝點妳的幸福氣質

（4）運動中的快樂

適量的運動是輕熟女性獲得快樂的途徑之一。盡量多爬樓梯，少搭電梯。把車停在遠處的林蔭路上，或提前一站下車走回家等，這些簡單的運動都會使人感到快樂。快樂的女人每天都要做類似的運動，這些運動能有效放鬆繃緊的神經，使人們感到輕鬆快樂。

（5）嘗試中的快樂

輕熟女性的快樂還來自對新事物的不斷嘗試。例如，看報紙；玩填字遊戲；觀察奇、特、險的東西；嘗試一種新方法等，都會使人增加快感。

（6）閱讀中的快樂

輕熟女人，如果她擁有如花的容顏，只能說她漂亮，然而漂亮的軀殼終有一天要老去，紅顏不再，青春易逝。而擁有才華的女人，她的才華，她的氣質，已經不再依附容貌。所以，腹有詩書氣自華的女人，不怕時間流；反之，時間的沉澱，只能讓她們的才華更加出眾！

（7）感恩中的快樂

輕熟女人，要學會心懷感恩，去感激遭遇的所有，要相信生命中還有很多的美好，相信陽光總在風雨後。只有心懷感恩，我們才會生活得更加美好，才會感覺到自己是幸福的。

（8）情趣中的快樂

大家都離不開柴米油鹽的生活，輕熟的女人要學會從生活的點滴出發，學會營造和利用溫馨浪漫，不管是在節日、生日、週末，還是一個小小的笑話，都是好機會。生活中不是沒有情趣，而是缺乏發現情趣的心。

妳的輕熟時代
即使青春退場,也要繼續從容美麗

♪ 氣質小提示

　　一個女人是否幸福和快樂,關鍵在於女人對幸福的感知和對快樂的定義。幸福和快樂隨時在我們身邊,需要我們用心去感受。它們來自於心靈對外物愉悅的認知,如果妳將這份認知愉悅在心靈深處,那就可以滋潤出生命的花朵,綻放出迷人的氣質。

第三章
品味心理學──包裝妳的自信和美麗

輕熟的品味女人，她們時而淑女，時而可愛，從容而堅韌，幹練而風情。她們是春天的雨水，潤物細無聲；她們是秋天的和風，輕拂妳的臉龐；她們以女性特有的溫柔情懷，放開胸襟去擁抱整個世界。

第一節　女人要書香悅己

♪ 輕熟有約

書香悅己是輕熟女人魅力的源泉，它會使女人更睿智，是品味女人魅力成長的無限空間，讓輕熟的女人在嬌豔的青春退場後，還可以繼續從容美麗。

輕熟女人，如果渾身流溢著書香，那麼不管她在哪裡，都是一道亮麗的風景。因為簡單的打扮和普通的裝束，掩蓋不住善良、淳樸的品性，誠實、寬厚的特質，聰明、沉靜的氣質，那是書給予她的永久饋贈。

優秀的男人都喜歡愛讀書的女人，因為她們的美麗由內而外，芳香持久。她們待人接物，真誠、友善；她們思考問題，全面、完美；

妳的輕熟時代
即使青春退場，也要繼續從容美麗

她們說話辦事，得體、恭敬；她們為人處世，從容、自信。

輕熟女人，閒暇時刻，以書為伴，樂中求真，賢德溫順。她們知書達理，心胸豁達，在生活中，是個好母親、好妻子、好兒媳、好知音，在工作中是個好同事、好上司、好夥伴、好知己。

§ 心理課堂

輕熟女人，通常會遇到這樣的家庭事件：老公的事業越來越成功，工作越來越繁忙，經常夜不歸宿，有時出差一連好多天。好不容易閒下來在家休息一兩天，卻找不到談話的主題，話不投機讓夫妻感情開始有了間隙，甚至是裂痕。其實，這就是不愛讀書的女人要經常遭遇的麻煩，她們的具體表現如下：

（1）沒有新思維

輕熟女人，她的魅力不僅在於外表，更在於內涵。如果女人不愛讀書學習，那麼她就不會有新思維。這樣的女人，她的老公很快看穿她的秉性，久而久之就習以為常、不以為榮，一旦老公遇到了新鮮的女性，就會產生探索心和征服欲，成功而優秀的男人又有足夠的能力將這種心思變成行動，這樣的男人，哪有心情跟自己的糟糠之妻談笑風生呢？

（2）沉迷於享樂

輕熟女人，如果沒有學習的動力，就會沉迷於一些娛樂活動。比如，瘋狂逛街購物、不斷看電視。這些活動雖然可以愉悅心身，但是如果過於沉迷其中不能自拔，那麼，女人終究會失去自己獨有的氣質，因為這些活動讓女人失去可以分享的創新與快樂，從而缺失與老公的互動。

第三章 品味心理學——包裝妳的自信和美麗
第一節　女人要書香悅己

（3）牢騷不斷讓人煩

讀書的目的是為了否定自己、改變自己、提高自己，當女人不願意否定自己的時候，學習就變成一件痛苦的事情。她們會變得鼠目寸光，心胸狹隘，牢騷不斷。

輕熟女人，如果她不願意讀書學習，那麼她和老公溝通的內容就會很狹窄，無非就是些家庭的瑣事和工作的煩惱。時間長了，老公聽煩了，只好採取逃避的態度，那就是不願意回家，或者回家後聲稱太累，需要休息，而拒絕溝通。這個時候，女人往往會繼續發牢騷，甚至採取強硬的方式，吵架、咒罵和哭鬧，這樣惡性循環，家庭氣氛會越來越緊張。

（4）心靈空虛最孤獨

愛讀書就是愛學習，愛學習就會愛思考，其實思考才是人類溝通的重要方式。

輕熟女人，如果她不願意學習，放棄思考，那麼她將會變得空虛孤獨，只好要求老公和她說話，和她談論一些老公沒有興趣討論的話題，這樣久了，老公自然會厭煩和逃避。

其實，只要願意做一個愛讀書的女人，做個愛學習求進步的女人，她就會學識淵博、通情達理，讓老公願意和喜歡跟她多說話、多溝通，甚至請她做參謀。

同樣的道理，生活中的女人需要讀書，工作中的女人也需要學習。輕熟女人要適應不斷發展的世界，就必須努力持續學習、終生學習，不斷積累知識、完善自我。

李嘉誠曾經說過：「在知識經濟的時代裡，如果妳有資金，但缺乏知識，沒有最新的資訊，無論何種行業，妳越努力，失敗的可能性越大；但是妳有知識，沒有資金的話，小小的付出就能夠有回報，並

妳的輕熟時代
即使青春退場，也要繼續從容美麗

且很有可能成功。」

　　人生是一個成長的過程，也是一個不斷學習的過程。輕熟女人，不管妳曾經多出色，都要培養終生讀書和學習的心態，不斷追尋新知識，跟上時代的步伐。

♪ 品味小錦囊

　　僅有美麗外表的女人是可悲的，因為青春的美麗終究會逝去，只有那些才華橫溢的女人才能魅力永駐，因為她們的知識可以轉化為能量，這種能量可以持續使她們的美麗。

　　輕熟女人，要書香悅己，因為人生最大的敵人是自己。做個愛讀書的女人，妳的生命不再煩惱，妳的心靈不再空虛，妳的人生會綻放光芒。

第二節　美女請學習，才女請打扮

♪ 輕熟有約

　　輕熟女人，妳必須美麗又聰明。輕熟的女人學習時，別人看到的應該是妳的倩影；裝扮時，別人欣賞的應該是妳的品味。

　　輕熟女人，要把靜心的學習和專注讀書當成一種享受。會學習，會讀書，這樣的女人，性情陶冶，情感細膩，舉止優雅，氣質深沉，可以稱得上是世界上最幸福、最快樂的女人。

　　輕熟女人，要把裝扮自己和欣賞自己作為一種心靈快遞，妳已經遭遇歲月無情帶來的尷尬，也曾因為不能忍受容顏衰老而導致心力憔悴。

第三章 品味心理學——包裝妳的自信和美麗
第二節　美女請學習，才女請打扮

心理課堂

先說說學習的問題：

現代社會競爭異常激烈，輕熟女人，為了保證自己的工作和生活都繼續稱心如意，避免被時代的車輪碾碎，就必須不斷學習，補充新知識、掌握新技能、吸收新資訊。

許多成功女人在回顧自己的成長道路時，也常將人生一些最真誠、最輝煌的瞬間與一本或幾本好書聯結在一起。

好的書籍是一面鏡子，從這面鏡子裡妳會重新認識自己。文學是對人和人性的悉心認知和真切體驗。讀書有助於人類戰勝命運，並在戰勝命運的同時，更深刻認識自身。

當代社會是個終身都必須學習的時代，聰明的女人坐擁書城培養內心的聰慧，使自己時時成為一名「新」人。

陶蕾是一家文化公司的總編，她被眾多後輩們崇拜著，大家都喜歡討論她初入職場時的故事：

陶蕾剛大學畢業，應徵到一家文化公司做編輯，老闆很嚴肅，她很有壓力。

一天午休，陶蕾正在辦公室看書稿，老闆氣急敗壞從外面走進來，盛氣凌人的喊：「人都到哪裡去了？」

這時候，陶蕾發現老闆的手裡拿著一個隨身碟，她膽怯的說：「可能是吃飯去了吧！」

老闆發現了她，問：「妳會處理圖片嗎？」

「知道一點點！」陶蕾真的只知道一點點，不過老闆還是把這個任務交給她。

原來是公司的美術編輯離職了，一直沒有找到合適的人選，而現在又急需處理這份圖片。

妳的輕熟時代
即使青春退場,也要繼續從容美麗

陶蕾硬著頭皮開始處理圖片,可是她不會啊,她只好在網上搜尋處理圖片的步驟。由於是外行,看了說明書也不會做,她只好打電話給她的朋友,朋友再找朋友,在電話中指導陶蕾。功夫不負有心人,終於在她連續奮鬥了十二小時後,半夜兩點完成了全部內容。第二天她戴著墨鏡,掩蓋住熊貓眼,向老闆交出了一份滿意的答卷。

後來,公司裡的圖片都由陶蕾兼職處理;再後來,什麼大小事務,只要是沒有人能應付,老闆都找陶蕾。陶蕾會一邊學習,一邊求助,一邊完成任務。因為她知道,多學習一種技巧,就能多解決一個問題。

聰明的女人,無論什麼時候都不會停止學習,因為一個天資聰穎的女人,如果憑藉自己的天賦,滿足於現狀,而放棄學習,天才也會變成庸才;一個資質平庸的女人,如果不滿足於現狀,努力提升自己,庸才也會變成天才。輕熟的女人要不斷學習,這樣才會變得更強大。

再說說打扮的問題:

輕熟女人,躍過了二十歲,又走過了三十歲,經歷了結婚和生子,細細的皺紋悄悄爬上臉龐,讓她的笑容不再嬌媚。同時,輕熟女人,她的身邊又多了一些光彩奪目的少女,她們成了她的昨天和她的回憶,留戀彷徨、感歎神傷,這些在所難免。

輕熟女人,如果妳沒有一個好心態,如果不懂得裝扮自己,那妳就是朋友面前的失落,同事面前失態,家人面前失敗。

其實,輕熟女人,美麗剛剛開始,妳的美麗就像是一枚成熟的果子,表層雖然被歲月剝蝕了紅暈,但裡面是更鮮美的蜜汁。

輕熟女人,不管妳是怎樣的職場角色和家庭地位,都需要一份屬於妳自己的個性標籤,妳必須擁有大方的裝扮和得體的形象!

(1) 公關女性的職業裝扮

公關總給人一點神祕和激情,她們聰明、美麗,擅於打交道。從

事公關行業的輕熟女性應該緊跟國際潮流，把自己的裝扮定位於優雅性感。值得一提的是，明星與時尚唇齒相依，時尚品牌依靠明星造勢，明星憑藉時尚品牌彰顯人氣。輕熟的公關女性，不妨試著愛上明星的扮相，適當的模仿讓妳的公關形象價值百萬。

（2）管理層女性的端莊裝扮

管理層的女性一般被稱為「精英女性」，她們睿智、魅力四射。已經處於主管地位的輕熟女性應該優雅中顯示威嚴，又不乏美麗和端莊。身處要職，內在已經得到認可，再加上大方得體的外表，就是錦上添花。

（3）家庭主婦的嫻靜裝扮

輕熟的女性在家庭中，要學會溫和，不要張揚，裝扮也是一樣，給人溫潤、溫暖的感覺。

♪ 品味小錦囊

世界每天都在變化，滿足於現狀的女人，會很快被這個時代拋棄。輕熟的女人應該懂得不斷充實自己，掌握新的知識、淘汰舊的知識，以此來捕捉這些變化、跟隨這些變化，適應時代的步伐。

輕熟的女人還應該懂得打扮自己，兼具時尚品味和性感特質，以個性的時裝、清新的色系和淡雅的氣息來打造最完美的魅力女人。

第三節　關注自己的情調和格調

♪ 輕熟有約

輕熟女人，妳必須明白，妳就是妳自己，妳不必去效仿別人，妳是世界上獨一無二，要表現出自己的情調和格調。

妳的輕熟時代
即使青春退場，也要繼續從容美麗

　　輕熟女人，妳情調之樹的根要深扎在文化的沃土裡，才能枝繁葉茂，讓情調成為自然氣質，顯得成熟和智慧。有情調的輕熟女人，她不是鮮花也不是美酒，而是一杯散發著幽幽香氣的清茶，讓人流連忘返。

　　輕熟女人，妳的格調要散發出沁人的香味，給予妳身邊的人一種溫柔、閒適、寬鬆的美妙感覺。一個輕熟的女人，妳的格調告訴別人，妳是個什麼樣的女人，體現的是一個女人內心的終極渴望。

　　輕熟女人，妳可以選擇妳的情調和格調，浸潤妳的生命，完善妳的人生。妳可以精通茶藝，妳可以彈奏鋼琴，妳可以練習瑜伽，妳可以學習油畫，妳可以專注調酒，不需要名揚天下、不需要富貴榮華，這只是一種心靈的選擇，女人的心靈芬芳了，妳的花期也就延長了。

心理課堂

　　輕熟女人，要經常保持最佳狀態，還要及時抓住身邊唾手可得的情調和格調催化劑，內外兼顧。

（1）快樂寫日記

　　輕熟女人要養成每天寫日記的習慣，記下每天的快樂心情，以及使妳快樂的人物和地點。心血來潮時，就拿出來重溫快樂時光，日日是好日，年年是好年。留住生活中美好的時光，千萬不要將不愉快的情緒留到明天。

（2）到超市購物

　　輕熟女人不妨試試每逢星期天，就到超市盡情採購，將冰箱裝得滿滿，以富足快樂的心情，迎接每個週一。

（3）計劃一星期的打扮

　　輕熟女人善於計劃自己的美麗，妳可以於星期天安排好下個星期

第三章 品味心理學——包裝妳的自信和美麗
第三節　關注自己的情調和格調

的服飾搭配，如此就不需要每天一早起床，為當天要穿哪件衣服而傷腦筋，省下來的時間就可以不慌不忙享用美味的早餐，或做臉部按摩。

（4）善用數字感

女人的成熟還表現在習慣數字帶給妳的興奮，妳可以利用數字帶來的推動力讓自己慢慢進步，就算今天比昨天只多做了一兩下的仰臥起坐，也能帶給妳小小的快樂及成就感，畢竟一想到今天的妳將會比昨天更接近「保持身材」的目標，那種快樂是無法形容的。

（5）找尋最新資訊

輕熟的女人需要每日利用一小時的時間，打開電腦瀏覽喜歡的網站，在吸取無邊的知識之餘，又可享受比別人早一步發現新知識的樂趣。

（6）日行一善

女人的情調可以表現在助人為樂上，不論是扶老婆婆過馬路，在公司裡幫同事們一點小忙，還是在辦公室製造歡樂氣氛，都算是好事，會使妳一整天都擁有快樂。

（7）善於利用時間

輕熟女人需要成為一位時間管理專家，才能感受到善用時間的樂趣。

（8）不同主題的日子

女人的格調可以體現在：依照妳喜歡的方式，為自己精心計劃一星期的特定日子，例如：打球日、逛街日、約會日、睡覺日、學習日，積極快樂的享受每一天。

（9）在家尋寶

尋寶也是格調女人的一項快樂探險。妳一定有過有時發現家中某種東西不翼而飛，但日子久了也就不了了之，然後無意間在一次打掃

妳的輕熟時代
即使青春退場,也要繼續從容美麗

中,它突然出現在妳眼前,那種失而復得的心情真的很開心。而且定期清理舊東西,讓家裡窗明几淨、空氣流通,也有除舊迎新、增加能量的功效。

(10) 夢想剪貼

輕熟的女人應該明白,沒有設定目標的人,就永遠達不到目標。將妳的理想、目標視覺化,以圖片的方式剪貼,有空就拿出來欣賞,圖片看多了,可以刺激我們努力去達到某個目標,讓妳早日享受夢想成真的滿足感。

(11) 找回童年的回憶

妳是否偶爾想起妳的小時候?妳一定很懷念小時候等待過年的興奮心情,因為只有在過年時才有足夠的壓歲錢,可以買心中渴望已久的東西。長大後的我們可以隨時買到自己需要的東西,完全不珍惜自己身邊擁有,也忘了什麼叫來之不易。不妨訓練自己在發薪水的那個星期才購物,平常的日子便感受一下節制的樂趣。

(12) 早起的樂趣

作為一個健康的輕熟女人,要懂得享受早起的快樂,妳可以找一天一大清早起床,感覺一下眾人皆睡我獨醒的優越感,早睡早起,頭腦清醒,精神爽,心情自然也會快樂舒暢。試著培養早起一小時的好習慣,妳不但會多了寶貴的寧靜時間及充裕的精力,妳也一定會愛上早晨那恬靜清新的感受。

(13) 儲蓄快樂

輕熟的女人,不妨學習孩子,買一個漂亮的小豬存錢筒,放在辦公室桌上,作為妳旅遊、買衣服或做善事的基金,每天餵牠一次,會帶給妳如細水長流般的快樂。

第三章 品味心理學──包裝妳的自信和美麗
第三節　關注自己的情調和格調

（14）養寵物

輕熟女人不拒絕小動物，妳可以為自己買棵小盆栽或養寵物，會使妳心情愉快。

（15）自我增值

女人的成熟表現在心智的成熟，以及不斷追求進步的心態。妳可以定期上不同且對自己有益的課程，體驗一下不同領域帶來的學習樂趣和成就感，只要忙得充實有意義，每一種興趣都會帶給妳不同程度的成就感。

（16）花一小時寵愛自己

女為悅己者容，每天花一小時的時間寵愛自己，投資在自己身上是應該的。每星期定好養顏滋補的時間表，吃燕窩，喝雞湯，敷面膜，讓自己隨時都保持在最佳狀態，眼看著自己一天比一天迷人，怎能不叫妳心花怒放，但是別忘了，最重要的還是經常保持著愉快的心境，才能收到事半功倍的美容效果。

（17）享受天倫之樂

家人永遠是女人最重要的精神支柱，好好珍惜及培養和他們的關係，定期為自己安排喜歡的家庭活動，有了家人親切的支持，做事必定更加有力量。不跟父母同住的朋友們，平日雖然不能常抽空看他們，下班後也別忘了問候。

（18）享受音樂的快感

忙碌的女人，當妳辛苦工作了一天後，請利用短暫的休息時間，聽聽自己喜歡的音樂，好好獎賞自己，陶醉在優美的音樂旋律中，就算是只有短短的十分鐘，也能幫妳鬆弛疲勞。

（19）休假的藝術

在休息日，妳也可以過得既浪漫又有效率，如果不想讓假日空白，

妳的輕熟時代
即使青春退場，也要繼續從容美麗

平時就應該做好休假的規劃，利用週末的時間，做妳平日想做又一直沒有時間做的事，讓自己過一個有價值又豐盛的週末。

（20）想像快樂

人類的潛能非常奇妙，好好運用女人的第六感和意志力，想像經過努力後所帶來成功的美好情景，讓自己經常有正面思維，它會在不知不覺中使妳越來越接近成功。

（21）愛情的魔力

輕熟的女人要經常與老公分享生活中的點點滴滴，在對方沮喪或不開心時，給予適當的慰藉與關懷，不但能使彼此之間的愛情更加滋潤，還可激勵彼此不斷向上。

（22）不要忘記快樂

樂觀的女人容易遇上有趣的事，如果妳常常不開心，可能妳已經忘了快樂的節奏。只要妳常到使妳快樂的地方，再花點心思，留意周圍的事物，就不難發現一些令人開心的事物，其實快樂無處不在，只是一直被我們忽略。

♪ 品味小錦囊

現今的輕熟女性，往往身兼多職，扮演著好太太、好媽媽、好員工、好上司，此外也是好女兒、好媳婦等種種不同的角色。雖然如此，一樣也難不到她們，在忙得不可開交之際，卻還不忘進修和歷練，提升自己的特質和品味，修練自己的情調和格調，多樣角色都兼顧周到。

第四節　自信女人為品味加分

♪ 輕熟有約

自信的女人有不一樣的吸引力，她可以讓女人更嫵媚生動，更光彩照人，也可以讓女人更堅強面對生活中的艱難困苦，在挫折面前不低頭，坦然面對。自信讓女人相信自己可以去克服所有困難，並不斷完善自己，努力使自己趨於完美。

輕熟女人，做個自信的女人，坦然面對社會，面對生活賦予她的一切。不管生活是苦是甜，是悲是喜，是痛是樂，都要有勇氣承擔，即使遇到失敗或者殘缺的生活，也不會失去向好的方面發展的動力。

自信的妻子，讓她整個人靈動俊秀，讓她的臉上被亮麗的潤澤所籠罩，成為最美麗明朗的妻子。

自信的母親，讓她深信自己會讓孩子成為一個有用的人。

輕熟女人，當妳擁有自信，整個人就會煥發出不同的光彩，為妳的品味加分，讓妳擁有一種特有的氣質，一種具有震懾力的引力。即使做不到擁有最漂亮的外表，卻擁有最能折服人的內涵，散發出足夠迷倒一大片人的無窮魅力。

輕熟女人，妳的自信是美麗的，不管妳的外表是否真的美麗，只要妳有自信，妳就擁有了美麗；只要妳有自信，妳就擁有了完美；只要妳有自信，妳就擁有了人生的價值；只要妳有自信，妳就擁有了世界；只要妳有自信，妳就擁有了一切。

♪ 心理課堂

輕熟女人，自信心是她對於自己能力和行為所表現出的信任情感。一個輕熟女人有了自信心，就有了克服困難的精神動力。所以，對女

妳的輕熟時代
即使青春退場，也要繼續從容美麗

人來說，妳更要敢於面對。這個社會有很多機會需要妳主動把握。

王歡是一所不知名大學的普通女畢業生，家裡沒有什麼背景。如果只是看她的教育背景，妳很難想像她能夠成為外商的高階主管。她成功的原因很簡單，那就是她敢於堅持夢想，也相信自己的能力，並且一直沒有放棄。

因為教育背景不是名牌大學，王歡的第一份工作並不算好。為了改變自己的處境，她花了大半個月的薪水學外語，開始了漫長的學習之旅。她先後上過不少外語培訓班，也上過一些著名的語言進修班，為此她花費了不少錢。她的英語突飛猛進，能力提高，她也更加自信，對自己的未來充滿了信心。

於是，王歡決定去外商應徵，憑藉出色的外語，她順利進入了外商。從此，她有了自己發展的平台，而且很快就被提拔為辦公室主管。

自信的女人，擁有信任自己心靈的力量，她的潛藏在意識中的精力、智慧和勇氣都會被自信影響。自信的女人常常帶著溫暖的微笑，傳遞著坦然的氣息，讓人樂於接近。

輕熟的女人，要征服畏懼，征服自卑，建立自信，以下是培養輕熟女人自信的方式：

（1）挑前面的位子坐

妳是否注意到，無論是在會議室或教室的各種聚會中，後面的座位總是先被坐滿？大部分占據後排座位的人，都是希望自己不會「太顯眼」，而他們怕受人注目的原因，就是缺乏信心。

坐在前面能夠培養女人的信心，不妨試試；當然，坐在前面會比較顯眼，但要記住，有關成功的一切都是顯眼的。

（2）練習正視別人

一個人的眼神可以透露出許多資訊。某人不正視妳的時候，妳是

第三章 品味心理學——包裝妳的自信和美麗
第四節　自信女人為品味加分

否會下意識問自己:「他想要隱藏什麼?他怕什麼?他會對我不利嗎?」其實,不敢正視別人通常意味著:在妳旁邊我感到很自卑,我感到不如妳,我甚至怕妳。

正視別人等於告訴他:我很誠實,而且光明正大。我相信我告訴妳的話是真的,毫不心虛。所以,女人要讓眼睛為自己工作,讓自己眼神專注,這不但能給自己信心,也能贏得別人的信任。

(3) 加快走路的速度

許多心理學家將懶散的姿勢、緩慢的步伐跟對自己、對工作以及對別人的不愉快的感受聯繫。但是心理學家認為,藉著改變姿勢與速度,可以改變您的心理狀態。妳若仔細觀察就會發現:身體的動作是心靈活動的結果。那些遭受打擊和排斥的人,往往走路拖拖拉拉,這也是沒有自信心的表現。

優秀女人表現出超凡的信心,走路比一般人快。她們的步伐告訴整個世界:「我要到一個重要的地方做很重要的事,更重要的是,我會在十五分鐘內成功。」因此,她抬頭挺胸快步。

(4) 練習當眾發言

在會議中沉默寡言的女人一般認為:「我的意見可能沒有價值,如果說出來,別人可能會覺得很愚蠢。我最好什麼也不說,而且,其他人可能都比我懂得多。我並不想讓他們知道我這麼無知。」這些女人常常會對自己許下很渺茫的諾言:「等下一次再發言。」每次不發言,都讓她們中了一次缺乏信心的毒,她們會愈來愈缺乏自信。

從積極的角度來看,如果盡量發言,就會增加信心,下次會議時也就更容易發言。

女人無論在做什麼事情,都應該學會發言,不要等到最後才發言,要成為一艘破冰船,第一個打破沉默。妳不必擔心妳會顯得很愚蠢,

妳的輕熟時代
即使青春退場，也要繼續從容美麗

因為總會有人同意妳的見解，所以不要再對自己說：「我懷疑我是否該說出來。」妳要用心獲得會議主席的注意，好讓自己有機會發言。

（5）不妨笑一笑

大部分女人都知道，笑能給自己很實際的推動力，它是醫治信心不足的良藥。但是仍有許多女人不相信這一點，因為在她們心情不好時，從不試著笑一笑。

真正的笑不但能治癒自己的不良情緒，還能化解別人的敵對情緒，如果真誠向別人展露微笑，他很難繼續生氣。

微微一笑，妳就會覺得美好的日子又來了。輕熟女人，要學會微笑，給自己勇氣，增加自己的自信心。

♪ 品味小錦囊

自信是輕熟女人一種很重要的特質。如果想做一名品味女人，那麼，請揚起自信的面孔吧，讓自信的微笑時常掛在嘴角。相信無論何時何地，妳都會成為最美麗動人的品味女子，成為生活的主角。

第五節　品味女人要懂得寬容

♪ 輕熟有約

輕熟女人的寬容是一種修養，一種境界，一種美德，一種風度。

作為一名輕熟的女人，擁有一顆寬容之心，才是作為女人的完美之本。願天下的女人都能擁有一顆善良、寬容的心，寬厚待人、寬厚至語、寬厚做事，為人間增添更多的歡樂和溫情。

寬容是一個女人仁慈的表現、高雅的體現、風情萬種的前提、超凡脫俗的象徵，任何的榮譽、財富、高貴都比不上寬容。寬容的背後

第三章 品味心理學——包裝妳的自信和美麗
第五節　品味女人要懂得寬容

有著心與心的永久純潔的承諾。

輕熟女人，要有豐盈的心靈，寬廣的胸懷，高貴的特質，非凡的氣度，這是對人對事的包容和接納，是一種仁愛的光芒、生存的智慧、生活的藝術。女人越寬容越美麗，越大度越有品味，這是靠後天的修養所得的一種獨特的品味和氣質。

輕熟女人，要學會用愛的智慧營造幸福，用情的思維化解予盾，面對別人給妳的誤解和傷害，要選擇寬容處之，化干戈為玉帛，這是輕熟女人的心態，是完美人格的體現，是解決問題的最佳策略。

輕熟女人，要寬容面對生活和人生，從而擁有一份平靜從容的生活。寬容別人就是善待自己，請從一言一行開始，修一顆寬容之心，敞開比海洋還寬闊的胸懷，獲取比日月更長久的幸福。

♪ 心理課堂

輕熟的女人應該得理饒人，要有主動讓道精神。做一個能理解、包容他人優點和缺點的輕熟女人，才會受到他人的歡迎。那些只知道對人吹毛求疵，沒完沒了批評說教的女人，不會擁有親密的朋友。

寬容不是每個女人都有的特質，只有智慧的女人才能擁有。輕熟的女人，得饒人處且饒人，替人留個台階，也是給妳自己留條退路。理直氣「和」遠比理直氣「壯」更能說服和改變他人。

每個女人的智慧、經驗、價值觀、生活背景都不相同，因此與人相處，紛爭難免，而在競爭激烈的商業社會尤其明顯。很多女人一旦陷身於爭鬥的漩渦，便開始焦躁，一方面為了面子，另一方面為了利益，因此一旦得「理」便不饒人，非逼得對方鳴金收兵、舉旗投降。然而「得理不饒人」雖然讓妳吹響勝利的號角，卻也是下次爭鬥的前奏，「戰敗」的對方失去了面子和利益，當然要等著下次找機會「討」回。

妳的輕熟時代
即使青春退場,也要繼續從容美麗

芳芳是一家小型傳統雜誌社的攝影師,由於她曾在美國待過一段時間,行事比較大膽,與這家作風保守的雜誌社格格不入。偏偏她個性散漫,又常做錯事,女總編早就看她不順眼,只因她是大家公認的才女,所以暫時找不到藉口辭退她。

有一天,為了一些照片,女總編和芳芳起了衝突。眾人見戰火引燃,紛紛過去圍觀。女總編看大家都來了,就咄咄逼人引導大家一起數落芳芳,聯合起來打擊她,挑她照片的毛病,批評她偶爾的遲到早退。芳芳還要力爭,但一舌難敵眾口,掩面而逃。

不久,芳芳辭職了,她很快找到一家大型雜誌社的高級攝影師的職位;再後來,女總編的那家小雜誌社被芳芳就職的這家大雜誌社收購了。

當芳芳將副主編的聘請合約交到女總編手裡的時候,女總編羞愧難當,當即辭職,因為她怕已經擔任總編的芳芳在以後的工作中會為難她。

人非聖賢,孰能無過。每個人都難免會有過失,因此每個人都有需要別人原諒的時候。對方無理,自知理虧,妳有理,也要放對方一條生路,他會心存感激,來日也許還會報答妳。就算不會圖報於妳,也不太可能再度與妳為敵。

在社交活動中,妳不妨學一點給人台階下的技巧,以使妳能適時為陷入尷尬境地的對方提供一個恰當的「台階」,使對方不丟面子。這不僅能使妳獲得對方的好感,而且也有助於樹立良好的社交形象。「得理且饒人」就是給對方一條生路,讓他有台階下,為他留點面子和立足之地;這樣,等到對方得理時,就會同樣也留點面子和立足之地。

同事之間難免會產生一些意見或矛盾,經常為一些雞毛蒜皮的小

第三章 品味心理學──包裝妳的自信和美麗
第六節　戴上妳的人格面具

事爭得面紅耳赤，誰都不肯甘拜下風，以致大打出手，就會既傷了和氣，又造成惡劣影響。事後靜下心來想想，當時若能忍讓三分，自會風平浪靜，大事化小、小事化了。

人們往往把大海比作寬廣的胸懷，因為大海能廣納百川，也不拒暴雨和巨浪。事實上，越是有理的人，如果表現得越謙讓，越能顯示出他胸襟坦蕩，富有修養，越能得到他人的欽佩。

♪ 品味小錦囊

輕熟的女人要學會寬容別人，寬容是一種處世哲學，寬容是一種博大的胸懷、一種不拘小節的瀟灑、一種偉大的仁慈。輕熟的女人，為人處世，當以寬大為懷。生活在相互寬容的環境中，是人生的幸福，會使妳忘卻煩惱和痛苦。

第六節　戴上妳的人格面具

♪ 輕熟有約

英國作家 J·M·巴里曾經說：「魅力彷彿是盛開在女人身上的花朵。有了它，別的都可以不要；沒有了它，別的都沒有作用。」

這句話道出了人格魅力對女人的重要性。

一個輕熟的女人如果擁有人格魅力，她就會受到別人的認同、接納和歡迎。應該說，真正的女性美是從人格深層散發出來。

輕熟女人，請戴上妳的人格面具，展示妳的人格美。人格美不僅包括適應男子需求的溫柔、寬容之類的美德，還包括新時代賦予的智慧、友善等新內涵。

拿破崙·希爾曾經說過：「有魅力的女人，人人都愛和她當朋友，

妳的輕熟時代
即使青春退場，也要繼續從容美麗

和有魅力的人相處總是愉快。她好像雨天的太陽，能驅逐昏暗。良好的個人魅力是一種神奇的天賦，就連最冷酷無情的人都能受到她的感染。」

輕熟女人，請修練妳的人格魅力，這是一種無窮的力量，使妳表現出超凡脫俗的追求與昇華，發揮自己的聰明與才智，時時刻刻散發出人性的光芒。

§ 心理課堂

生活中，有的女人看上去貌似很幸運，她們看上去並不美麗，但是無論走到哪裡都備受歡迎，這是為什麼呢？原來，她們的身上具有某種能吸引人的魅力，這就是人格的魅力。女人的人格魅力就像是一個奇特的心理磁場，總是能把別人牢牢吸引在自己周圍。

輕熟女人的人格魅力是一種神奇的資源，能讓一個外表平凡的女人煥發出動人的光彩。那麼，如何打扮輕熟女性，做一個有魅力的女人？答案就是：戴上妳的人格的面具。

李佳芬的老公是公司老闆，每天他回到家裡總是誇他的祕書怎麼聰明能幹。李佳芬聽了想，莫不是老公愛上了祕書，他嫌棄我老了？於是她去做了微整形手術，希望老公愛她如初，可當她的老公看見她手術後的面孔卻嚇得要離婚。

李佳芬跑去找朋友說：「我從單眼皮變成雙眼皮，可是我的愛人卻要和我離婚，為什麼？」

朋友開玩笑說道：「為什麼得問妳自己，妳整形的面孔連我也看不慣，人美要自然美，一個人突然去整形，變得不像妳原來那樣清純可愛了，他當然不愛妳了。」

李佳芬氣得哭著說：「他原來愛我啊，但他那個女祕書來了後他就不愛我了，妳陪我看看他的祕書長什麼樣好嗎？」

第三章 品味心理學──包裝妳的自信和美麗
第六節　戴上妳的人格面具

朋友看她可憐，於是答應下午就陪她去一趟她老公的公司。

當李佳芬和朋友來到她老公的公司見到女祕書時，都吃了一驚。女祕書既不年輕也不漂亮，可是她身上卻有一種使人無法抗拒的人格魅力，舉手投足間充滿著自信樂觀和智慧的神態，那溫柔、寬厚、灑脫……所有的一切都從她不年輕的面容散發魅力。這樣的氣質是任何整形也製造不出來的，那是來自人格魅力的內在美。

其實，許多令人難忘的女人所具備的不只是性感，更重要的是具有人格的魅力和個性的內涵。令人難忘的女人是美麗、善良、溫柔、熱情的，她們有內涵，能吃苦，能體諒別人的苦衷，做任何事情都全神貫注，她們是男人心目中期盼的女神。人格是厚重的，是文化底蘊、修養的昇華。如果有一天，走在大街上看見滿大街美女的眉目間凝聚著幾千年的文化積澱，個個神采飛揚、氣度不凡，這時候，人格魅力就成了女人的經典品牌了。品格是衡量女人人格魅力的尺度。輕熟女人要充分認識自己的人生價值，相信自己不是男子的附屬品，而是對家庭、對社會有義務、有價值的個體，從而樹立正確的成就意識，確立崇高的理想，加強思想品德修養，努力陶冶個人性情，實現自身的良好品格。

一個輕熟的女人可以容貌不美，但是絕不可腹中空空。一個其貌不揚的輕熟女人，如果具有淵博的學識、優雅的舉止，在男子的眼中，同樣是最美的女人。

一個輕熟的女人，要具有相對穩定的個性特徵、風格以及氣度，性格開朗的女人要表現出一種聰慧的人格；溫文爾雅的女人要表現出高潔的風格；恬靜溫和的女人要表現出秀麗端莊的風度。

輕熟女人，不但要注意穿著打扮，更重要的是要注意自己的人格是否給人以美感，人格給人的美感是不受年紀、服飾和打扮所局限。

妳的輕熟時代
即使青春退場，也要繼續從容美麗

　　輕熟女人，她的人格魅力要透過對待生活的態度、個性特徵、言行舉止等表現出來。人格的外化在一個女人的舉手投足之間。走路的步態，待人接物的風度，皆屬人格魅力。熱情而不輕浮，大方而不傲慢，就表露出一種高雅的人格魅力。

　　許多女人並沒有傾國容顏，但在她們的身上卻洋溢著奪目的人格魅力：認真、執著、聰慧、敏銳。這是真正的魅力，是和諧統一的內在美。輕熟女人，要追求美而不誤解美、褻瀆美，這就要求每個熱愛美、追求美的輕熟女人都要從生活中領悟美的真諦，把美的外貌和美的內涵、美的德行與美的語言結合，展現出集人格、氣質、外表於一身的完整的美好形象。

♪ 品味小錦囊

　　世界上的女人千姿百態，有品味的女人總會散發魅力，善於在周圍營造出和風春陽的氛圍，寬容大度善解人意，恪盡妻母之責，。

第七節　做個一笑泯恩仇的大氣女子

♪ 輕熟有約

　　輕熟女人，千萬不要做「火藥桶」。

　　如果有人讓妳無比氣憤，妳應該努力克制自己的盛怒情緒。情緒變化無常，讓人捉摸不透，輕熟的女人要想控制好自己的情緒，需要擁有一顆寬容的心，這不僅是個人修養的體現，也是理智的表現。

　　輕熟女人，請把怒氣消滅。

　　在妳採取任何行動之前，先數到十，如果極度憤怒的話，就數到一百。怒氣是一種奇怪的東西，只要稍稍耐心的等一下，它就會自己

第三章 品味心理學——包裝妳的自信和美麗
第七節　做個一笑泯恩仇的大氣女子

溜走。這樣妳就可以化阻力為助力，幫妳解危化險、明晰事理，在山重水複處開闢一條通向幸福和成功的新路。

輕熟女人，切不可灼自己、傷別人。

如果妳不控制自己的情緒，就容易激動，產生更多怒氣，產生一些非理性的言談舉止，輕則誤事受挫，重則給他人造成心理創傷。結果灼傷自己，燒痛別人，周圍的人離妳而去，最終妳將成為一個孤獨的人。

輕熟女人，一定要一笑泯恩仇。

輕熟的女人不妨靜下心來想一想：有時候跟自己過不去的，不是別人，而是我們自己。何不放下心中的苦悶和負擔，輕輕鬆鬆生活、快快樂樂工作呢？

§ 心理課堂

現實生活中，有時會有這樣的情況：有的女人遇到一點雞毛蒜皮的小事，就犯顏動怒、火冒三丈。為此，經常損害朋友之間、夫妻之間的感情，同時又把一些本來能辦好的事情給搞砸，甚至對個人的身心健康、事業成功都造成極壞的影響。

輕熟的女人應該改變自己愛發脾氣、性情暴躁這個壞毛病，使自己不再是男人眼中的「火藥桶」。一旦發現妳體內的火山有爆發的傾向，就應立即制止或者發洩，但必須在不傷害自己和他人的前提下進行。具體做法如下：

（1）先不要說話

任何一種憤怒的情緒，在剛開始的時候都是容易克制住的。當妳開始覺得不愉快、想發火的時候，不妨嘗試著延遲開口說話和反駁的時間。輕熟的女人在生氣的時候一定要不停告誡自己：五分鐘之後再

妳的輕熟時代
即使青春退場，也要繼續從容美麗

說話。五分鐘之後，再告誡自己：再過五分鐘再說話……這樣拖延下去，一直到妳的氣消了為止。

（2）多回頭想想

輕熟的女人要懂得安慰自己，不要一味想對方怎麼讓妳惱怒，多「回頭」想想：他並不是我不共戴天的仇人，他並沒有怎麼損害我，也許他不是有意。

（3）找個「出氣筒」

輕熟的女人要學會轉移目標，另外找個「出氣筒」發洩。在不傷害他人的前提下把怒氣發洩，也是很好的辦法。比如，妳可以在生氣的時候逛街、吃零食，以此忘記惱怒的事；妳也可以找個空曠的地方，大聲喊出妳要說的話；妳也可以把一腔怨恨寫在紙上，或者亂寫亂畫等。

總之，多掌握一些控制和發洩憤怒的方法，有利於自己的身心健康，也利於妳和周圍的人更加融洽相處。

請看下面的一則旅行故事：

一天，小涵跟朋友徒步旅行，她生怕自己會在路途中因為缺少某物而不方便，所以準備了很多自認為路上必需的東西：乾糧、零食、水、紙巾、毛巾、雨傘、護膚品、小鏡子和小梳子等。

剛開始上路的時候，小涵自在跟朋友們有說有笑，看看沿途的風景，拍拍照，覺得十分愜意；可漸漸，她的腳步就不聽使喚的慢了下來，包裡的物品把小涵壓得喘不過氣來。於是，她開始換姿勢：背著它，提著它，無論用何種姿勢都無濟於事。後來她也顧不得說話和看風景了，到終點的時候，已經累得不想動了。

旅行結束後，小涵才發現，艱難的旅行中最需要的其實僅僅是水和乾糧，而把她弄得狼狽不堪的正是那些無關緊要的毛巾、雨傘、零

第三章 品味心理學——包裝妳的自信和美麗
第七節　做個一笑泯恩仇的大氣女子

食、護膚品等。

在人生的旅途中，不也是這樣嗎？人生苦短，如果背上一個沉重的包袱前進，不僅不能觀看沿途的風景，沒有樂趣可言，更是減緩了前進的速度，落後於別人的步伐。輕熟的女人，如果心中充斥著沉重的怒氣，妳的生活將是傷痕累累。

李小姐大學畢業後，輾轉進入一家房地產公司做銷售，當時人們買房熱情高漲，不到兩年時間，她已經成了有房一族。

在別人眼中，她的機遇不錯，能力不錯，所以命運更是不錯，她應該是一個很快樂的女人；但事實並非如此。

她公司的新房地產馬上就要賣完，而且目前不打算再建了，她不知該何去何從；房子有了，不能沒有車；戶頭上有十萬，但距一百萬又是那麼遙遠。

「我的壓力那麼大，你說我該怎麼辦！」她有時候衝著老公發火，老公覺得她簡直就是無病呻吟。

她總是一副氣急敗壞、忙忙碌碌的樣子，每次跟老公聊天都要發火、訴苦：最近股票又下跌了，剛投進去的十萬元也不知道能不能收回來；貸款利率又上漲了，每個月房貸又要多還幾十元……事實上，李小姐除了快樂，好像什麼都不缺少。

在工作上，她有能力；在經濟上，她有積蓄。還有什麼能讓她整天愁眉不展的呢？因為她的心中裝了太多太多的怒火，有太多太多的煩惱。

輕熟的女人在人生的旅途中，只有簡裝出發，輕鬆上路，才能享受到生活的樂趣，感受到一路上的鳥語花香，生活得自由自在。也只有這樣，妳才能在人生的舞台上瀟灑演出。

因此，放下妳心中的一切怒火。放下就是快樂！每天給自己一個

妳的輕熟時代
即使青春退場，也要繼續從容美麗

笑臉，讓快樂洋溢在自己的臉上。

♪ 品味小錦囊

風雨來臨之前，女人不知道什麼是失去，無憂無慮度過每一天。當風雨降臨的時候，女人不能承受這暴風雨的侵襲，從而失去了原本的方向，陷入了迷茫。而經歷風雨後，輕熟女人，我們無畏風雨，我們不再小氣。

第八節　韻味、品味和女人味

♪ 輕熟有約

輕熟的女人有三味：韻味、品味、女人味。

輕熟女人，一個溫柔的眼神，一個優雅的儀態，一個甜美的微笑，韻味無窮。輕熟女人，一句淡淡的問候，一份默默的關心，一個無言的體貼，品味無限。

輕熟女人，一次從容的牽手，一個寧靜的心態，一份淡泊的情懷，那是女人的味道。

輕熟的女人，可以不漂亮，但要有韻味；可以沒有高學歷，但要有知識；可以沒有金錢，但要有自尊；可以沒有權力，但要有善良；可以不再年輕，但要優雅變老。

一個韻味十足的女人，在擁有了豐富的知識之後，會變得更優秀，因為知識給了她情操和底蘊，讓她善解人意、溫文爾雅。

一個品味高雅的女人，即使日常素顏，依然會顯得高雅雍容，由內而外散發出一種淡淡的芬芳，在平靜中達到眷念。

輕熟女人，要飽含女人的味道。從心靈深處淡淡的溢出、淡淡的

第三章 品味心理學——包裝妳的自信和美麗
第八節　韻味、品味和女人味

釋放、淡淡的彌漫，讓人回味和嚮往，時間會為她增色，歲月會為她添香。

女人的韻味，只可意會卻不可言傳，動人心弦卻沒有定勢，可以覆蓋美麗，突破年齡的殘酷界限。「茶亦醉人何必酒，書能香我不須花」，這就是輕熟的女人需要醞釀的味道。

♪ 心理課堂

有人說：一個好女人就是一所學校；一個好女人就是一本百讀不厭、耐人尋味的書。每一個輕熟的好女人，無論美麗與否，都希望自己有魅力，這種魅力來自於自己的韻味、品味和女人味。擁有三味的女人，縱然韶華已逝，卻依然豐富如詩卷、香醇如美酒。

那麼，怎麼做才能與「三味」有緣呢？

「三味」的極限是不露痕跡，點到為止，自然如出水芙蓉。「三味」女人的修養，來源於由內而外散發的文化氣息。

做一個「三味」的輕熟女人成了女人心底最渴望的祕密。其實「三味」並非那麼難，它的本質含義是：擁有一種雅緻的生活情趣、豐厚的文化修養和風輕雲淡的坦然心境。

（1）包裝自己

自尊自信的女人一定懂得打扮自己。因此，從髮型、護膚品的選用、服飾的搭配到鞋子的顏色，無一不需要妳細心面對。從頭到腳的細緻，當然需要花很多的時間和心思。

「對一張精緻的臉說話，要比對一張粗糙的臉說話有耐心得多！」儘管男人說出這樣的話使大多數女人不滿，但這又確實是不爭的事實。因此，女人的臉部呵護極為重要。與其同男同事來一番激烈的唇槍舌戰，倒不如好好關心自己的「面子」工程。

妳的輕熟時代
即使青春退場，也要繼續從容美麗

打扮自己不單是一種簡單的護膚行為，更是一種調節心境的好方式，也是減壓的好途徑。因此，「三味」女人的第一要點是：再忙也要打理好自己，這同樣也是對別人的一種尊重。

貴氣的打扮要點在於精緻卻不露痕跡。裝飾一定要恰到好處、點到為止，千萬不可弄得一身矯揉造作，或者滿身的珠光寶氣，像珠寶的展覽櫃。

（2）品味自我

品味自我絕不是自戀，它是理智、客觀對自己的認識引發出來的自信。而這種自信心會使女人在為人處事上從容、大度，不陷入世俗的旋渦中。

得體的裝扮，優雅的舉止，豐富的見識，這些無一不透出女人高貴的氣質和個人魅力。能正確欣賞自己的女人，大多受過良好的教育，聰明靈慧，出類拔萃，既不會盲目自卑，更不會夜郎自大。

懂得自我欣賞的女人光彩照人，落落大方，燦爛的笑容裡仍有一股凜然高貴的氣息，讓男人仰慕的同時又有些敬畏。

「三味」女人絕不能自以為是，盲目自我崇拜，那樣比自卑的女人更可怕。一個完整的「三味」女人，僅僅擁有外表的高貴是遠遠不夠的，它更需要有豐富的內涵做後盾，這就是良好的文化修養。

（3）自主學習

即使受過高等教育，但這不等於可以吃一輩子老本，社會知識更新越來越快，如果不及時汲取營養，自主學習，妳很快就會變成一個營養不良的「生鏽」女人。

學習的方式多種多樣，不只是單純看書、學習，比如上網交流，欣賞一部出色的好電影，經常翻閱一些時尚雜誌，學電腦和英文。只有不斷補充營養，「三味」女人才能在絢麗的生活中遊刃有餘，瀟灑

第三章 品味心理學——包裝妳的自信和美麗
第九節 讓品味成為每天的習慣

自如。

只能讓「營養」充實妳的「三味」，滋潤妳的「三味」，切不可成為一個學究派的古板女人，那可真叫人大跌眼鏡了。

♪ 品味小錦囊

美麗的女人蘊含了許多內涵，有溫柔、有善良、有聰明，讓人如沐清風，和煦迷人，悄然流溢出特質如蘭的縷縷幽香。這就是做足女人味的魅力，這種含蓄矜持能為女人帶來神祕感，也更能激發別人的探索和親近的欲望。

第九節　讓品味成為每天的習慣

♪ 輕熟有約

品味是輕熟女人的根本屬性，品味是輕熟女人的魅力之所在。女人有品味，三分美麗可增至七分，女人無品味，七分美麗會降至三分。

女人的品味是女人的神韻，如火之有焰，燈之有光，是月光下的湖水，是靜靜綻放的百合。女人的品味讓女人嚮往，讓男人沉醉。

輕熟女人，請做個有品味的女人，讓品味成為妳的生活習慣，每天伴隨著妳左右，這是每個女人共有的美麗夢想。

輕熟女人，要與品味相伴。輕熟的女人要樂於學習，天天看報，經常上網，但並不迷戀時尚雜誌和八卦新聞；文史哲各有涉獵，偶爾看流行電影，但眼球不限於情節，而能從中看到不一樣的東西。還可以學英語、練書法、學茶道、練瑜伽。

輕熟女人，要與品味相隨。輕熟女人即使工作繁忙，也不會愁眉苦臉，再緊張也是微笑熙然，細膩沉鬱的香味在不經意間散發，時刻

妳的輕熟時代
即使青春退場，也要繼續從容美麗

感受到生活的美好與希望。

輕熟女人，是有品味的女人，是晶瑩剔透的女人，是柔情似水的女人，是善解人意的女人，是能憑自己的內在氣質令人傾心的女人。

♪ 心理課堂

女人的品味似寒梅，清麗孤傲，麗質天生；女人的品味似玫瑰，濃香馥鬱，秀色絕倫；女人的品味似丁香，嫵媚不妖嬈，清秀不嬌豔；女人的品味似蘭草，淡雅脫俗，卓而不群，深藏的內心讓人遐思無限。

讓我們盡情期望自己成為一名有品味的現代女性，體味下列培養品味的有效法則吧。

（1）培養耐性

輕熟女人在飽受壓力時，耐性就會受到考驗。很多女人會言不由衷，完全與事實脫節。很多女人可能會變得悶悶不樂，溝通時過度情緒化，而不是以冷靜言語批評、判斷或拒絕。回饋她的只是受傷的感情與緊繃的關係。耐性是信仰、希望、智慧與愛心的具體表現，是一種積極的情感，而不是漠視、沉默忍耐或消極退縮。耐性是情感上的勤勉，能逐步接受現實過程，符合自然成長的規律。生活中有無數的機會讓女人體驗耐性，如等候遲到的人或飛機、在嘈雜聲中安靜聆聽他人的傾訴。

（2）無私奉獻

「為善不欲人知」，會提升女人的內在價值與自尊。而且，為他人服務而不求回報或知名度，也可進一步提升輕熟女人的價值觀。無私的服務一向是培養影響力的最好辦法。

（3）信守承諾

輕熟女人若懂得許下承諾並信守承諾，將贏得對他人的影響力，

第三章 品味心理學——包裝妳的自信和美麗
第九節　讓品味成為每天的習慣

但不要做出無法達成的承諾。有自知之明的女人選擇信守承諾，言出必行的能力可以衡量自己的信心和誠意。

（4）關懷他人

女人的內心很脆弱，尤其是那些外表看似堅強與自負的女人。若能表現關懷，特別是無條件的愛心，會給他人一種內在價值和安全感，並更能加強對別人的影響力。有些女人借助外表、地位、成就和人際獲得安全感與力量，但借來的力量終究不足。缺乏愛心、只懂得虛假的女人，即使能呼風喚雨，也無法讓人信任。

（5）坦承錯誤

如果女人必須對雙方關係的嚴重裂痕負擔部分責任，就應勇於承認。當他人受到傷害時，會退縮封閉，將別人排除在自己的心門之外。這時的輕熟女人應該坦承錯誤、真誠道歉、請求寬恕，不找藉口、不狡辯。

♪ 品味小錦囊

品味女人愛自己，更愛他人。品味女人最能打動人的就是溫柔，溫柔就是溫暖、溫馨、溫潤，而不是矯揉造作。溫柔像一隻纖纖玉手，知冷知熱，知輕知重，理解他人的立場，體察他人的苦樂，只輕輕一撫摸，就能撫慰他人疲憊的心靈。

妳的輕熟時代
即使青春退場,也要繼續從容美麗

第四章
健康心理學——打造熟女的魅力存摺

　　輕熟女人不容易,歲月似乎是女人的天敵,讓很多女人害怕自己的美麗和健康慢慢失去,最後變成連自己都感到恐怖、頹廢的老女人。

　　但是,如果能以積極有效的方法平安度過這個艱難時期,在經歷自我魅力的嚴峻考驗後,就能跨越這道分水嶺,找到養護生命之花的健康之道,成為風情萬種、儀態萬千的女人花。

第一節　面對人生的「多事之秋」

♪ 輕熟有約

　　輕熟女人,送走了青春歲月的風風雨雨,迎來了高潮人生的新契機。這時候的妳上有老,下有小,被無數責任壓身,但是還不會忘記對精彩生活的渴望。

　　輕熟女人,是時候為自己考慮一下了。

　　輕熟女人,身體會遭遇什麼變化?如何保養才能留住美麗?怎樣打造恰當的妝容?如何提升優雅的氣質?怎樣修練良好的心態?如何保持樂觀的情緒?怎樣成就智慧的人生?如何遠離煩躁的心情?怎樣

第四章 健康心理學——打造熟女的魅力存摺
第一節　面對人生的「多事之秋」

創造和諧的人際？如何面對婚姻的困境？怎樣平衡空巢的失落？

輕熟女人，是時候享受生活了，放下紛紛擾擾，把自己從繁忙中解放。不忘照顧家人的同時，也抽出一些時間善待自己、關愛自己吧。

輕熟女人，請換個角度愛自己。以後的路還很長，請為妳的健康和美麗選擇長期儲蓄，請用一個健康的、有活力的身心來欣賞沿途的美景。

輕熟女人，只要妳悉心調養，做好保健，妳的身體狀況完全可以比以前更好，甚至以前身體上的一些疾病也可以趁此機會調養好。它是溫暖的心靈雞湯，呵護妳的心靈，讓妳的人生越活越年輕，越活越有活力。

♪ 心理課堂

現代女性，三十歲一過，突然有了很多不如意：體力下降、腰酸脖子痛、沒什麼胃口，對食物越來越挑剔，怎麼吃都覺得還是差點營養。怎麼辦？

（案例一）孟小姐 三十歲 某公司市場經理

我從事市場的工作比較忙碌，經常熬夜，常常忘記吃早餐，用餐時間和場合很不一定，而且經常要陪客戶吃飯。現在，雖然工作上有了不小的收穫，但老是覺得體力跟不上，吃得不多，腹部脂肪卻日益膨脹，最近體檢出來高血脂、脂肪肝。我該怎麼辦？

女人隨著年齡的成長，基礎代謝不斷下降，吃和以前一樣多的東西也會發胖。況且，孟小姐的飲食不規律，身體感覺營養供應朝不保夕，更容易減少消耗、積累脂肪。再加上她忽略早餐，使本該代謝最多的上午能量供應不足，更進一步加劇了這種狀況。

孟小姐已經告別了活躍好動的青年時代，工作責任日益加重，體

妳的輕熟時代
即使青春退場，也要繼續從容美麗

力活動大幅度下降，這會導致脂肪向身體的腰腹部和內臟部分集中，也就是出現所謂的「蘋果型肥胖」，直接導致內臟功能下降、高血脂和脂肪肝。

孟小姐應該選擇富含膳食纖維的食品，以促進脂肪和膽固醇的代謝，同時減少油膩食物，飲食盡量清淡。在家用餐時多吃燉、煮、涼拌的蔬菜和豆製品，多吃海帶、紫菜、魔芋、蘑菇等幫助排除膽固醇的食品，主食以雜糧粥代替。在餐廳點菜時盡量清淡些，不吃油膩煎炸食品。可以在營養師指導下，補充膳食纖維類保健品和維生素類保健品。

（案例二） 趙小姐 三十一歲 某廣告公司老闆

結婚以後，我感覺自己很幸福，走進溫暖的小巢就不想出門。我一向熱愛浪漫生活，喜歡和老公一起在晚上喝自己煮的高級咖啡，聽音樂，上網，看片，睡得比較晚。可是這一段我不僅有些失眠，還經常覺得乳房脹痛，經前不適。我該怎麼辦？

女人過了三十之後，婦科疾病的發生率比較高，激素不平衡的狀況也很常見。特別是經常生活不規律、晚睡、飲食不調、精神緊張、喝咖啡等，都容易引起內分泌失調，提高了婦科問題的風險。

趙小姐應該經常做戶外活動，鍛鍊身體，這樣有益於改善激素平衡。還要注意少喝咖啡，少吃油膩食品和甜食，多吃新鮮的蔬菜，特別是富含膳食纖維的蔬菜，以及各種粗糧，如燕麥、大麥、全麥麵包、紫米、小米等，還有紅豆、綠豆等豆類食品和海帶、蘑菇等菌藻類食品。這些食品能夠幫助分解固醇類物質，減少婦科腫瘤的風險。

（案例三） 藍小姐 三十二歲 某雜誌主編

在辦公室坐得越來越久，以前從不覺得哪裡不舒服。但從上個月開始，我時常覺得脖子和腰隱隱疼痛，活動受限。眼睛不像從前那樣

第四章 健康心理學——打造熟女的魅力存摺
第一節 面對人生的「多事之秋」

清亮，視力也不斷下降，看一會兒電腦，眼睛就累了。我是不是生病了？我該怎麼辦？

如今，很多女人由於長期坐著面對電腦，開始患上頸椎病和腰椎病。嚴重者甚至頭暈、頭痛、視力下降，甚至因為突然轉動頭部時腦供血不足而暈倒。

藍小姐應當注意不要長時間伏案工作，每一個小時活動十分鐘，最好能仰頭。早晚多做俯臥床上向上伸展四肢和頭部的運動。

為了促進微循環，改善身體的供血供氧能力，提高眼睛的抗疲勞能力，需要多吃富含維生素 E、維生素 C 和生物類黃酮的新鮮蔬菜和水果，多吃富含維生素 B 族的豆類、奶類和富含胡蘿蔔素的綠色蔬菜、橘色蔬菜，最好能適當補充魚油。

（案例四） 童小姐 三十三歲 某國外公司人力資源

我的工作非常緊張，為了事業，到了三十五歲才生孩子。為了讓寶寶得到最好的發育，我堅持哺乳直到寶寶滿六個月。由於我注意控制飲食，現在已經恢復體型。然而我感覺非常疲勞，睡眠品質不好，脾氣也容易急躁，連上樓的力氣都沒有。我該怎麼辦？

女人生孩子是一個身體的轉機，如果產後休息不好，營養不足，則會加速衰老速度。孕育胎兒和分泌乳汁都會大量損失鈣質，節食減肥和恢復工作後的緊張生活又導致飲食營養不足，進一步加劇了鈣缺乏的狀況。鈣缺乏的女人會感覺神經高度緊張，心情無法放鬆，脾氣也不好。

童小姐應該每天保證半小時運動，以放鬆心情，提高睡眠品質，維持骨骼密度。在飲食上要注意多攝入乳製品，因為牛奶、優酪乳和乳酪是最好的補鈣品，也是 B 族維生素的極佳來源，每天一杯奶加上兩小杯優酪乳，能幫助女人舒緩心情，優雅平和。豆製品也是鈣的好

妳的輕熟時代
即使青春退場，也要繼續從容美麗

來源，而綠葉菜可以提高骨骼的柔軟度，也要經常食用。喝咖啡、大量吃甜食也會導致鈣流失，所以最好不喝咖啡，少吃甜點。

♪ 健康小法寶

輕熟女人，心情愉快，性格開朗，不僅可以增進免疫力，而且有利於身心健康，同時還能促進骨髓的造血功能，使得皮膚紅潤、面有光澤。

第二節　做個優質睡美人

♪ 輕熟有約

清代李漁說：「養生之訣，當以睡眠居先。睡能還精，睡能養氣，睡能健脾益胃，睡能堅骨強筋。」優質的睡眠是女人健康的基礎。

拜倫曾經說過：「早睡早起最能使美麗的臉鮮豔，並降低胭脂的價錢。」充足的睡眠是女人美麗的前提。

現代女性似乎都缺少睡眠，其實睡眠對一個人的肌體和美容至關重要，可以說任何化妝品和飲食都比不上睡眠對肌膚的保養作用。

輕熟女人，請不要只執著於暴露在白天的美麗，而疏於關注自己的黑夜。女人的美麗是由內而外散發，有優質的睡眠，才會有健康的身體，有夜晚的寧靜，才會有白天的溫暖。

輕熟女人，請做個風情萬種的睡美人。睡美人，顧名思義，美人是睡出來的，她總是給人一種靜謐甜美的感覺。因此，我們要學會寵愛自己的睡眠，要學會和睡眠談一場與美麗有關的戀愛。

♪ 心理課堂

睡眠養生對於輕熟的女人而言相當重要，它不僅可以使疲勞的大

第四章 健康心理學——打造熟女的魅力存摺
第二節　做個優質睡美人

腦充分休息，而且可以補充流失的能量，是生命延續的必要條件。

（1）輕熟女人，睡眠養生

對於睡眠養生，有兩點非常重要，輕熟的女人要在生理上和心理上引起足夠的重視。

首先，是睡眠與活動的協調。

如果我們活動過多，睡眠或休息過少，則陽氣消耗過多，無法保養，也使陰氣失其根，由於陰陽失衡或陰陽俱虛，都可引起疾病，使人體機能衰退，壽命縮短；而睡眠過多，活動過少，就會使陰氣過盛，陽不盛陰，臟腑功能衰弱，瘀血、痰濕等各種代謝廢物內生，阻礙氣不運行或正不勝邪，外邪就會侵襲人體，也會引起疾病。所以適當掌握日常活動量和睡眠量，注意勞逸結合，是養生保健的重要原則。

其次，是睡眠與陰陽的平衡。

自然界白天為陽、夜間為陰，所以各種活動應盡量安排在白天進行，夜間睡眠時間就應放棄各種活動，這樣人與天地相應，有助於保持陰陽平衡，乃可盡其天年。有些人貪圖玩樂，或迫於工作壓力而挑燈夜戰，一方面耗傷陰血，另一方面違逆天時，感受自然界陰氣而傷害自身陽氣，都有損於身體健康、縮短壽命。

總之，養生的首要標準就是睡眠品質的好壞。一個輕熟的女人只有擁有良好的睡眠，在每個清晨醒來才會有充足的精力去面對一天的生活；只有擁有良好的睡眠，才會擁有健康的體魄和美麗的容顏。

（2）輕熟女人，睡前伴侶

現代女性壓力大，有時候儘管已經感到很疲倦了，但是就是睡不著或是睡不踏實怎麼辦？睡前盡量放鬆自己，做好提高睡眠品質的準備工作。

首先，睡前要沐浴。輕熟的女人在睡前最好享受一次泡澡。放一

妳的輕熟時代
即使青春退場，也要繼續從容美麗

缸熱水，讓香薰鬆馳緊繃的神經，心情也隨之晴朗。沐浴會使體溫自然升高，血液循環更加順暢，全身的新陳代謝加快，使每一寸肌膚完全放鬆。

其次，睡前照鏡子。輕熟的女人在睡前要仔細洗臉和做些簡單的臉部按摩，還有多照鏡子。女人要對著鏡子反覆做出妳自己認為最美好的表情，那就是愉快的笑容，然後在愉快的心境入睡。美的表情將在妳的大腦中留下印象，妳就會成為真正的睡美人。

再次，睡前聽音樂。輕熟的女人經過白天一整天的勞累，晚間的皮膚會特別疲勞。妳可以利用睡前的時間，聆聽音樂，使自己沉浸於音樂所營造的寧靜、柔美的意境，讓精神及肌膚都得到音樂的撫慰。

值得提醒的是，早上起床後也可以聽音樂，那個時候的皮膚經過整夜充足的睡眠剛甦醒，放一曲由古箏、竹笛演奏的音樂，清雅、明快，再配合按摩保養動作，可以活化肌膚細胞、讓頭腦清醒。

最後，睡前喝牛奶。輕熟的女人在睡前最好喝一杯熱牛奶，其豐富的鈣質和色胺酸可以放鬆肌肉。牛奶中含有兩種催眠物質，這兩種物質可以和中樞神經或末梢阿片樣肽受體結合，使全身舒適，有利於入睡和解除疲勞，體虛而致神經衰弱者的催眠作用尤為明顯。

🎵 健康小法寶

醫學研究表明，人表皮細胞的新陳代謝最活躍的時間，是從午夜十二點至清晨兩點，故熬夜最能毀壞容顏。徹夜不眠將影響細胞再生的速度，導致肌膚老化，這種恐怖的後果會直接反應在女人的臉龐上。因此，輕熟女人，如果想保持自己臉部的皮膚好，務必養成在午夜十二點前入睡的習慣。

第三節　尋找美食裡的「不老仙丹」

◊ 輕熟有約

隨著年紀漸長，女人越來越擔憂自己的容顏，一些有美容、養生、抗衰老功能的藥物，比如維生素 C、維生素 E，已經成為其忠實追隨者的日常生活必備，每頓飯後必服一顆，並且長期堅持；可妳知道嗎，盲目抗衰老可能會引發中毒。

那麼，究竟有什麼方法可以保住青春呢？

輕熟女人，每一天每一分每一秒都在慢慢變老。衰老，這是個不可逆轉的自然現象。輕熟的女人總是不能抵抗時間的流逝，於是開始面對抗衰老的挑戰。抗衰老、抗氧化可謂是女人一生的事業。抗衰主題，不僅需要外部的保養，還源自於內部的調理。

輕熟女人，請吃延緩衰老的食物，在美食的誘惑中，吃出健康美麗容顏。如果能在日常生活中，輕輕鬆鬆抗衰老，那豈不是很美妙的事情！讓妳在既飽了口福的同時，又能青春常駐。

◊ 心理課堂

輕熟女人，想維持健康的生活嗎？攝取適當的營養就能辦得到！下面是輕熟女人最佳的十二種營養食品，建議多攝取：

（1）蕃茄

番茄內含的茄紅素，能夠大幅降低罹癌的機率，在烹煮的過程中，蕃茄紅素就會自然釋放，生吃也很好，是最佳的維他命 C 來源。

（2）堅果

堅果不僅可以提高好膽固醇，而且能降低血液中的三酸甘油脂，是預防心臟病的最佳配方，不論是花生或杏仁果等，都是很好的選擇。

妳的輕熟時代
即使青春退場，也要繼續從容美麗

需要注意的是，食用時務必要適量，千萬不要過度食用。

（3）花椰菜

多項研究指出，花椰菜富含胡蘿蔔素及維他命 C，長期食用花椰菜可以降低患乳癌、直腸癌及胃癌的機率。最佳的食用方法是，簡易烹調後用力咀嚼，白菜、豆芽也是不錯的選擇。

（4）燕麥

每天食用燕麥可以降低膽固醇。研究發現，燕麥也可以降低血壓，它所含的豐富纖維會使人很快就有飽腹的感覺，如此一來，可以減少攝取其他油膩的食品，達到控制體重的目的。

（5）優酪乳

優酪乳不僅有助於消化，還能有效防止腸道感染，提高人體的免疫功能。與普通牛奶相比，優酪乳脂肪含量低，鈣質含量高，還富含維生素 B2，這些元素都對人體大有裨益。

（6）紅酒

釀酒用的葡萄皮有豐富的抗氧化劑，能夠增加好的膽固醇，減少血管硬化。但要注意的是，飲用紅酒千萬不能過量，否則會弄巧成拙，容易患乳癌，引發中風，這樣就得不償失了。

（7）鮮棗

鮮棗中含有大量的維生素 C，它是一種有效的抗氧化劑，不僅能保持皮膚的彈性，還能抑制與阻斷皮膚黑色素的形成。皮膚中黑色素細胞多，膚色就黑。平時多吃一些富含維生素 C 的新鮮蔬菜、水果，少吃鹽，可使沉著的色素斑減退或消失。

（8）海帶

海帶富含鐵元素，可以防治缺鐵性貧血，使女人膚色紅潤美麗，並能防治缺鐵性禿髮。海帶含有豐富的碘，能防治甲狀腺亢進，還能

第四章 健康心理學——打造熟女的魅力存摺
第三節　尋找美食裡的「不老仙丹」

促進新陳代謝，使人體代謝速度加快，讓女人顯得年輕且精神煥發。

（9）鯽魚

鯽魚含有全面而優質的蛋白質，對肌膚的彈力纖維有很好的強化作用。尤其對壓力、睡眠不足等精神因素導致的早期皺紋，有奇特的緩解功效。

（10）冬瓜

冬瓜富含豐富的維生素C，對肌膚的膠原蛋白和彈力纖維，都能有良好的滋潤效果。女人經常食用冬瓜，可以有效抵抗初期皺紋的生成，令肌膚柔嫩光滑。

（11）豆腐

除了魚蝦類，豆腐也是非常好的蛋白質來源。同時，豆類食品含有一種被稱為異黃酮的化學物質，可減少強有力的雌激素活動空間，有效預防乳腺癌，可經常食用豆類食品。

（12）蘑菇

蘑菇的營養豐富，能夠提高免疫力、減肥。蘑菇中有大量無機質、維生素、蛋白質等豐富的營養成分，但熱量很低，常吃也不會發胖。而且蘑菇含有很高的植物纖維素，可防止便祕、降低血液中的膽固醇含量。蘑菇中的維生素C比一般水果要高很多，可促進人體的新陳代謝。

♪ 健康小法寶

青春是女人的寶物，想要永保青春，其實說來也簡單，例如可以透過調整飲食作息、運動鍛鍊的方法進行，讓女人抗衰老，散發自信美。

妳的輕熟時代
即使青春退場,也要繼續從容美麗

第四節　善用護膚大「膜」咒

輕熟有約

輕熟女人,面膜是集中供給水分的急救站,讓每寸肌膚都幸福。

水分是美麗肌膚的第一要素,美白、防曬、控油等都是在補水保濕的基礎上完成。任何季節、年齡、肌膚問題,都可以在水的撫慰和滋潤中實現完美。面膜可以快速輸送能量水分,令臉部短時間顯著呈現嫩滑飽滿,讓每個毛孔感到幸福,更容易上妝。

輕熟女人,要善用留駐美麗的「膜」法寶典。面膜裡的物質能將皮膚緊緊包裹,使皮膚與外界的空氣阻隔,一方面讓水分緩緩滲透表皮角質,同時也防止膜內的水分很快流失,讓角質層的細胞在濕潤的環境中喝個夠,使深層細胞的膠原質吸足水分,皮膚便會變的柔軟,增加彈性。與此同時,皮膚表面鋪上了被子,會暖和起來,毛細血管慢慢擴張,加速了皮膚深層的血液微循環,增加了表皮各層細胞的活力,一除疲憊的老態。

輕熟女人,要成為護膚高手。女人的衰老總是從皮膚開始,而女人的活力也是從皮膚中煥發。皮膚是女人最直觀的美的視窗,世界上最漂亮的時裝也比不上健美的皮膚。沒有健康的皮膚,再好的妝容、髮型也是徒勞;反之,光潔的皮膚,再配上簡單而潔淨的著妝,會使人感受到女性真正的美。

心理課堂

現代的美容方法可謂層出不窮、日新月異;從頭到腳,每一寸肌膚,每一個細節,輕熟的女人都不會放過可以修飾的機會;從飲食到美容品,每一份食譜,每一種品牌,都包含輕熟女人細心的考慮。

第四章 健康心理學——打造熟女的魅力存摺
第四節　善用護膚大「膜」咒

曾幾何時，美容方式變得越來越輕鬆。女人愛美，可也願意追求簡單、快捷、方便、高效，因此形形色色的面膜應運而生。

面膜是一種敷在臉上的美容護膚品，有的敷後經過二十到三十分鐘，便會形成一薄層緊繃在臉上的膜，所以稱作面膜。但是，有的面膜乾燥後不形成膜；不能整塊掀起來，只能用水把它洗掉，準確說，這些面膜應該叫做塗敷式面膜，但習慣上，因為操作和效果跟敷面膜一樣，也就籠統歸到一起叫面膜了，目前市場上流行的膜類產品主要有：

（1）黑頭鼻貼

現在最廣為人知的是黑頭鼻貼，它以能立即拔掉黑頭而熱門，用法是先沾濕鼻子，然後貼上膜片，待十到二十分鐘後撕掉。至於其功效，則因人而異。

（2）保濕面膜

該面膜屬於腰果狀的修護貼，富含天然植物提煉物，有保濕作用，為愛美女性提供了一項最簡便的美容途徑。

（3）抗皺面膜

該面膜可敷貼於眼及唇四周的部位，為肌膚補充大量水分，能迅速消除皺紋，同時促進血液循環，對黑眼圈、紫外線所引起的雀斑有良好的功效。

（4）祛眼紋面膜

該面膜可提供肌膚豐富的維生素 C 及 E，讓肌膚細胞重生。把膜片貼在所需部位八小時，便能有明顯的祛皺效果。它相當於使用了五十五次一般營養霜所提供的維生素 C。

（5）美白面膜

該面膜含有天然膠原蛋白，能保持肌膚彈性，平衡水分，改善肌

妳的輕熟時代
即使青春退場,也要繼續從容美麗

膚老化現象。由於面膜能緊貼肌膚,故能形成密封效應,讓維生素 C 持續滲透肌膚,促進角質層保存水分,防止色斑形成。

♪ 健康小法寶

蘇菲亞·羅蘭(Sophia Loren)談及她的美容時說:「我很少刻意追求什麼,但是當妳對自己稍加修飾,看到自己容貌一新,這不僅帶來快樂和滿足,也帶來了信心甚至力量。追求美是女性莫大的樂趣,追求美為人帶來愉悅,而且也是一種安慰。」所以當妳巧手改造了自己,當妳親手重塑了自己,妳也能充分體會到美容帶蘇菲亞·羅蘭的快樂了。

第五節　喝水有學問,做個「水美人」

♪ 輕熟有約

輕熟的女人要知道:人的一切生理活動都離不開水。營養運輸離不開水,廢物和毒素的排泄離不開水,減肥離不開水,滋潤皮膚離不開水。水對人體如此重要,但隨著年齡成長,身體裡的含水量會下降。

有太多的廣告在告訴愛美的女人「女人是水做的」、「女人如水」、「喝水的女人最美」這個道理。二十四小時的美人是由健康的水做的,缺乏水分的女人,美麗會大打折扣。

妳會喝水嗎?妳會補水嗎?妳一定覺得這是一個可笑、甚至是讓人惱火的問題。但的確有些女人一整天忙忙碌碌,連口水也顧不上喝。待到口渴時,不管三七二十一,找到水一陣猛喝。天長日久,身體會發出警報。

輕熟女人,要學會喝水。

第四章 健康心理學——打造熟女的魅力存摺
第五節　喝水有學問，做個「水美人」

誰會相信自己是不會「喝水」的人？當然沒有。年年歲歲，我們沒有一天能離開水，我們的生命和水相依相偎。但我們卻總是簡單把水理解為解渴，卻很少有人知道，喝水也是一門學問，它更關乎的是健康、美麗和舒心。要想生命之樹長青，就讓生命之水在我們的身體裡奔流不息吧。

∫ 心理課堂

對於輕熟的女性而言，平衡酸鹼度是很重要的一種內在調養方式。皮膚是人體健康狀態的「晴雨表」，人體酸鹼狀況會在皮膚上表現出來。可以透過觀察皮膚狀況判斷妳目前身體的酸鹼度。酸性體質的皮膚表現為：皮膚晦暗無光澤、易出濕疹、色素沉著、毛孔增大、反覆長青春痘、傷口不易癒合等。調整體內的酸鹼平衡度是一件每日持續的事情，要從喝水和補水入手。

輕熟的女人要重視喝水。如果不挑時間喝、不計內容喝，那只能證明妳只是喝水，卻不一定是喝對了水。在這個愛惜身體成為一種流行的年代，曾經被認為最簡單的喝水，如今也成為了一門高深的學問。

（1）我們到底需要多少水

人體中約百分之七十是水分，缺水對所有器官都有影響，令其營養不足，腎臟逐漸會不堪重負。由此體內積攢起有害物質，人變得疲憊不堪，不過不少人都把這些症狀歸咎於睡眠不足和應激反應。

脫水在外表上也會有所反映，指甲沒有光澤、頭髮細軟、皮膚乾裂和乾燥等，都是沒注意喝水的結果。

但是，有人誤以為水喝的越多越好，以為體內就能排出更多的有害物質和殘渣。其實也不盡然，除了殘渣，還會有大量的營養物質和微量元素隨水一同排出體外。

妳的輕熟時代
即使青春退場，也要繼續從容美麗

此外，人在感冒發燒時也應多喝水，因為體溫上升會使水分流失，多喝水能促進身體散熱，幫助病人恢復健康。而懷孕期的婦女和運動量比較大的人水分消耗得多，也應該多喝水。因此正常人每天至少需要喝一千五百毫升水，大約八杯左右。

（2）喝水和健康密切相關

喝水多少，與一些疾病密切相關。如果水分攝取不足，很有可能會為中風、肥胖症等疾病埋下伏筆。而學會正確喝水，不僅對疾病有預防和治療作用，還能有效減緩疼痛。

正確喝水有很多好處，比如：水能預防心臟和腦部血管阻塞。水可以提高免疫系統的活力，對抗細菌侵犯。水可以抗憂鬱，水能補足神經傳導物質血清素。水還可以抗失眠，水是製造天然睡眠的調節劑，褪黑激素的必備品。水是活力的源泉，水能夠給細胞供應天然的能源。水還可抗癌，水使造血系統運轉正常，有助於預防多種癌症。水能提升注意力，喝水能幫助大腦保持活力，提高記憶力。

（3）女人要喝健康水

健康水是現代女性健康美麗的不錯選擇。健康水強調把健康優質的水與美好的生活聯繫，宣導「女性精品生活」和「水健康」，帶給美麗女人一個超越以往生活理念的新主張。健康水也因此而被譽為二十一世紀的美容水。

從健康的角度來看，白開水是最好的飲料，它不含卡路里，不用消化就能為人體直接吸收利用，一般建議喝30℃左右的溫開水最好，這樣不會過於刺激腸胃蠕動，不易使血管收縮。

含糖飲料會減慢胃腸道吸收水分的速度，長期大量喝含糖飲料，對人體的新陳代謝會產生一定不良影響。盡量避免常飲蒸餾水，可選擇優質的礦泉水。如果可以的話，飲用鹼性水對人體最有利；在家用

第四章 健康心理學——打造熟女的魅力存摺
第五節　喝水有學問，做個「水美人」

濾水器過濾後煮沸再喝也可以。

此外，夏日炎炎，很多人都會選擇飲冰水。其實冰水對胃腸功能不利，飲溫開水更為有益，有助於身體吸收。

（4）水到底要怎麼喝

首先，一口氣喝完一杯水。

真正有效的喝水才能讓身體真正有效吸收。真正有效的飲水方法，是指一口氣將一整杯水（約兩百到兩百五十毫升）喝完，而不是隨便喝兩口，才可令身體真正吸收和利用。

其次，空腹飲水。

當然，飲水隨時都可以，口渴時才飲用往往只能解渴，而對於身體的健康卻無濟於事。有效的飲水方法是在空腹時飲用，水會直接從消化管流過，被身體吸收；吃飽後才飲水，對身體健康所起的作用比不上空腹飲水。

最後，能放能收。

上班族白領女性常常會因工作的關係疏忽飲水，在此特意提醒各位女性朋友切勿以「怕常去廁所」為由而避免喝水。長此下去，膀胱和腎都會受損害，從而引起腰酸背痛等病症，也會影響妳的美麗容顏。

♪ 健康小法寶

現代醫學研究表明，由於健康水是水分子簇，滲透力強，長期飲用健康水可以有效活化人體細胞，並攜帶更多對人體有益的養分、礦物質和氧氣，進入到細胞的每一個角落，使人體細胞的內外都充盈著乾淨、有活力、營養豐富的液體。而當細胞水分足夠新鮮和充足時，肌膚自然變得滋潤豐滿，富有彈性和光澤，讓妳在喝水中也能做到容光煥發，光彩照人，魅力四射！

妳的輕熟時代
即使青春退場，也要繼續從容美麗

第六節　補血，讓衰老來得慢一些吧

♪ 輕熟有約

妳的膚色夠美麗嗎？妳的秀髮夠光澤嗎？如果不夠，那是為什麼？其實這並不是什麼難解之謎，那是因為血虛、血瘀或者血熱妄行，那是因為血液沒有完全發揮作用。

身體是「血肉之軀」。只有血足，才顯得皮膚紅潤，面有光澤；只有肉實，才能有肌肉發達，體型健美。對於女性來說，追求面容豔麗，身材窈窕，應重在養血。

輕熟女人，養血迫在眉睫。女性若不善於養血，就容易出現面色萎黃、唇甲蒼白、髮枯、頭暈、眼花、氣急等血虛症，即貧血。嚴重貧血者還極易過早出現皺紋、白髮、脫牙、步履蹣跚等早衰症狀。

輕熟女人，做個氣血充盈的女人。中醫學早就指出：「婦女以養血為本。」血液是女性美容最重要的物質基礎。血液既要旺盛，又要暢通有條不紊。只有血液充足，才能視物清晰，膚色才能飽滿紅潤。女人的身體有很多健康的表象都與血有關，例如，口唇紅潤是脾胃健康，氣血充足；面色紅潤是心功能正常、氣血旺盛暢通；精血足更是毛髮生長的源泉。

輕熟女人，請關愛自己，只要注意調養，補血活血，擁有美麗容顏不再是一件難事。

♪ 心理課堂

血虛的女人膚色發黃、口唇色淡、毛髮無光澤；血瘀常導致膚色口唇晦暗、皮膚毛髮乾燥；血熱則導致皮膚油膩粗糙、易生痤瘡等。品種繁多的化妝品雖然可以臨時應對，但追求內外兼美的健康女性，

第四章 健康心理學──打造熟女的魅力存摺
第六節　補血，讓衰老來得慢一些吧

更應該選擇補血活血，由內而外的美容方法。

輕熟女人，做個氣血充盈的女人，當然還有非常重要的一點，那就是我們的「好朋友」。規律的月經，也是關係到美麗容顏的大問題。

由於女性的生理特點，月經來時血液流失，加之經期情緒、心理的變化，身體中的雌激素分泌降低，月經失調紊亂也就時常發生。隨之而來的肌膚變化，可想而知。膚色黯淡，眼圈發黑，還有滿臉的痘痘，花容失色，令人苦惱。經期調節內分泌，提高荷爾蒙濃度，從根本上調經理血，當然也是擁有嬌美容顏的養顏之本。

（1）補血美顏的方法

首先，是飲食調養。

平時應該多吃富含優質蛋白質、微量元素（鐵、銅等）、葉酸和維生素 B12 的營養食物，如紅棗、蓮子、龍眼肉、核桃、山楂、豬肝、豬血、黃鱔、海參、烏雞、雞蛋、菠菜、胡蘿蔔、黑木耳、黑芝麻、蝦仁、紅糖等，富含營養的同時，具有補血活血的功效。

其次，是中藥調養。

常用的補血中藥有當歸、川芎、紅花、熟地、桃仁、黨參、黃耆、何首烏、枸杞子、山藥、阿膠、丹蔘、玫瑰花等天然中藥。用這些中藥和補血的食物一起做成可口的藥膳，均有很好的調節內分泌、養血效果。

再次，是運動養生。

運動也是調養必不可少的一個環節。平時可練習瑜伽、太極拳、保健氣功等舒緩運動。另外，傳統中醫學認為「久視傷血」，所以長時間坐在電腦前工作的職業女性，應該特別注意眼睛的休息和保養，防止因為過度用眼而耗傷身體的氣血。

妳的輕熟時代
即使青春退場，也要繼續從容美麗

最後，是經絡療法。

經常做頭部、面部、腳部保健按摩，消散瘀血，並堅持艾灸關元、氣海、足三里、三陰交等穴位，對延緩衰老有一定作用。

（2）補血美顏的地雷

氣血豐盈對於女性來說非常重要。因為如果氣血不足，不僅會影響女性的精神和身體健康，還會給女性的美麗大打折扣。但是關於補血也有很多需要注意的地方，我們來看一下有哪些常見的地雷。

首先，不可只吃紅棗。

不少人提到補血就會想到紅棗，確實紅棗是很好的補血良方，但這裡要說的是，單單食用紅棗，效果不是很好，但如果妳搭配吃一些葡萄乾、龍眼乾等食品的話，補血效果就會很明顯了。

紅棗不宜常吃，因為它容易使人變胖，而且紅棗吃多了容易脹氣，所以一週吃兩到三次為宜。

其次，不可全靠保健品。

雖然市場上有很多的補血保健品，但在服用之前，請一定要明確是缺鐵性貧血，而且保健品中雖含有一定量的鐵質，但含量一般都較低，況且，貧血並非疾病，而是一種症狀，不可將補血保健代替貧血治療。

§ 健康小法寶

輕熟女人，補血很重要，但補血不能盲從，最好能夠根據自身的現狀，選擇一種適合自己的補血方法。如果實在不能決定的話，可以請養生專家和醫師給予專業的建議。

第七節　科學運動讓妳更健康

♪ 輕熟有約

輕熟女人，要學會運動，持之以恆的運動的最大好處就是讓女人身體更加健康。很多研究結果表明，有規律參加運動可以加強體內的生理機能，對重要化學過程的持續運作有保障。

輕熟女人，要合理運動。合理的運動能使女性身體更加健美，並讓這種良好狀態保持，從而提高女性的自尊和身體滿意度。

輕熟女人，要堅持運動。運動能讓女人從中得到快樂。在鍛鍊過程中，手腳互動，伸展肢體，憂鬱就會隨之消失。

堅持運動、熱愛運動的女人，一般比不運動的人看起來年輕五到十歲。愛運動的女人如果再懂得一些修飾、一些保養，會更顯年輕。運動可以延緩衰老，是生命魅力的保鮮劑，對輕熟女性更有誘惑力，也顯得更為緊迫。

♪ 心理課堂

美國運動醫學院的研究表明，正確的運動可幫妳持久保持健康活力和苗條體態的程度高達百分之七十，更健康的心臟和更低的罹癌風險是運動帶來的最為顯著的兩大益處。其實運動還可以為妳帶來以下更具體、更令人驚異的健康回報。所以，輕熟女人一定要堅持運動。

（1）散步

所有鍛鍊都出自步行。如果步行是妳的主要運動，則每天步行至少一小時。如果想快點有結果，就加快速度。

（2）跑步

跑步比步行大約燃燒兩倍或以上的熱量。跑步時需要慢慢增加跑

妳的輕熟時代
即使青春退場，也要繼續從容美麗

步速度，因為跑得太快容易引起關節和肌肉疼痛。

（3）騎車

這是輕熟女人鍛鍊身體的最好方式，尤其是春末夏初之際，記得買一台能滿足妳要求的高品質腳踏車。

（4）游泳

這項活動並不能像跑步或騎腳踏車那樣能減輕體重，但它能鍛鍊肌肉，並讓妳感覺很好。輕熟的女人要經常游泳健身。

（5）直排輪

這項鍛鍊能燃燒大量熱量而且非常性感，帶上頭盔和護膝以防不平路況。

（6）滑板

輕熟的女人應該保持青春時期的活力，當妳不能跳傘、高空彈跳、玩滑翔翼或滑雪時，滑板是很不錯的替代活動。

（7）划船

輕熟的女人要懂得為自己的平淡生活加料，偶爾冒險一下，尋求一下刺激，是一件非常有趣的事情。划船對於女性來說是一項很刺激的運動，同時也鍛鍊了身體。

（8）騎馬

輕熟的女人，腿部的肌肉需要鍛鍊。用英式馬鞍騎馬比任何其他活動都能鍛鍊腿部肌肉。騎馬是有趣的技能，但別把它當作妳的主要運動方法。

（9）遠足

遠足讓妳在平靜中得到鍛鍊。在背包裡放上睡袋和食物，然後在附近野外待上幾天。在邊遠地區待上幾天能讓妳放鬆、恢復精神。妳吃的任何東西都得自己背，所以能激發為了少背東西而少吃東西。

第四章 健康心理學——打造熟女的魅力存摺
第七節　科學運動讓妳更健康

（10）籃球

女性籃球就是個鍛鍊和減肥的好辦法。

（11）網球

不論妳是在比賽，和朋友正手打、反手打，還是一個人截擊，網球都能提升妳的心肺功能、肌肉張力，是個很好的調節運動。

（12）高爾夫

跟專業高爾夫教練學幾堂課，妳將很快就能在高爾夫球場裡享受豔陽。在球場上走上一圈，就會燃燒超過五百卡路里的熱量。

（13）風帆運動

輕熟的女人如果有雅興的話，不妨試一下風帆運動。風帆相對來說算是便宜，加上風和淺水，妳很快就能學會這項熱血運動。

（14）羽毛球

羽毛球是一項需要速度、技巧和敏捷的運動。只要輕熟的女人不怕累，堅持練習，妳的身體會越來越健康，頭腦會越來越聰明。

（15）衝浪

一提到衝浪，很多女人會想到大海，其實衝浪不一定要去大海。科技使女性能接觸到衝浪這項運動。今天妳甚至不需要大海，人工波浪公園就能滿足需求。

（16）跳舞

輕熟的女人，不妨在忙碌之餘，抽時間盡情舞蹈。跳舞能讓妳隨心所欲鍛鍊，它也是和社交生活結合在一起的完美運動。

♫ 健康小法寶

女人需要肌肉，肌肉可以保護骨骼。女人大約從四十歲開始，一年將流失三百公克的肌肉，如果不運動的話，將得到相同重量，甚至

妳的輕熟時代
即使青春退場，也要繼續從容美麗

更多的脂肪。透過運動建造肌肉，可加速新陳代謝，因為產生肌肉比製造脂肪燃燒更多的熱量。

第八節　呵護妳的身體器官

♪ 輕熟有約

現代女性承受著巨大的生活和工作壓力，她們和男人一樣整日勞碌奔波，卻沒有時間關注自己的身心健康，甚至在經期、孕期、哺乳期、更年期等重要的生理階段都無法良好的休息和調理。

輕熟女人，要學會檢查自己的身體，呵護自己的器官。妳的氣色跟妳的健康有關，氣虛的女性臉色慘白，脾虛的女性臉色黃，血虛的女性臉色發青發黑，肝腎虧虛的臉上一定有斑。妳怎麼美白都沒用，只有把身體調理好，妳才會自然美白。保護好妳自己，讓妳的美麗從身體裡散發。

輕熟女人，要學會享受身體的變化，女人生理上的變化是造物主賜予的禮物，每經歷一個變化，女人的身心都將進入一個新的階段，這是女人自我完善的一段歷程。所以，女人一定要學會欣賞自己、呵護自己，享受身體上的變化，以及這種變化帶來的心態改變。

♪ 心理課堂

輕熟女人，應該對自己的身體照顧周全，如果只打理臉部，就好像穿了一套華麗的禮服，但是配上一雙球鞋一樣不搭調。輕熟的女人要懂得：各個器官需要的食物各不相同，選對食物來呵護妳的身體器官，會讓妳的身體更美麗！

第四章 健康心理學——打造熟女的魅力存摺
第八節　呵護妳的身體器官

（1）呵護好妳的眼睛

眼睛十分脆弱，面對電腦時間過長，或者頻繁吸菸，甚至在陽光強烈的戶外，都會對眼睛有損害。如果妳本就愛吃雞蛋，這對妳來說是個好消息。雞蛋富含卵磷脂、葉黃素、硫和多種氨基酸，有助於預防白內障。胡蘿蔔跟眼睛的關係主要來自於它的胡蘿蔔素，因為胡蘿蔔素在人體內可轉化成維生素 A，維生素 A 對視力很有幫助，特別是在暗光和光線快速變換的環境下生存，一定要維生素 A 參與才能順利完成。人們經常盯著電腦、看電視、打遊戲，這時消耗的維生素 A 特別多，會感到眼睛發乾，如果膳食中缺乏維生素 A 就會有這種不良感覺，所以應多補充些胡蘿蔔素，吃胡蘿蔔可以明目就是這個道理。

（2）餵養好妳的大腦

輕熟女人，如果堅持每天吃兩道甘藍類蔬菜，如高麗菜，認知功能的下降速度可減慢百分之四十，因為這類蔬菜可以健腦、抗憂鬱。

（3）不讓妳的鼻子生病

美國每年有很多人患花粉熱，研究員稱，這可能是因為和過敏相關的免疫系統出問題。維生素 E 有維護免疫系統的作用，而葵花籽可以提供一定量的每日所需的維生素 E。

（4）打造水潤嘴唇

想擁有水潤不乾燥的嘴唇，身體需要不斷形成新的皮膚細胞，Omega-3 脂肪酸有助於調節新陳代謝。核桃是 Omega-3 脂肪酸的絕佳來源，每天吃幾個核桃，就可以達到潤唇的效果。

（5）健康從護齒開始

芒果和奇異果這兩種熱帶水果富含牙齦健康的守護者——維生素 C。義大利研究員發現，每天吃一顆奇異果，可使患口腔癌的風險降低一半。如果有牙周病，體內細胞激素會增加，使妳飽受牙痛與出血

妳的輕熟時代
即使青春退場，也要繼續從容美麗

的折磨。研究發現，維生素 D 能夠抑制細胞激素的生成。九十克的蝦就能夠補充每日所需維生素 D 的三分之二。因此在多吃蔬菜時，也別忘了吃點蝦。

(6) 指甲不再裂

研究顯示，女性普遍缺鐵。缺鐵會導致體力下降，指甲易斷。日常飲食中，牛肉的含鐵量名列榜首，同時其所含的鐵容易被人體吸收。所以，女人應該多吃牛肉，以預防指甲斷裂。

(7) 降低心臟患病風險

義大利研究發現，蘆筍中富含的葉酸能減少人體內可誘發心臟病的氨基酸。每天吃八根蘆筍能多補充百分之二十的葉酸，同時也能補充有益心臟的其他營養物質，如鉀等。而英國格拉斯哥大學的一項研究發現，紫葡萄富含的酚類物質抗氧化作用強大，能消除對心臟有害的自由基，保護心血管。

(8) 改善腸胃的消化功能

高纖維食物有助於保護胃部，改善腸胃功能。美國《臨床營養學》雜誌報導，在受訪的七萬四千名女性中，常吃高纖維食物的人，如話梅、西梅等，發胖的可能性會減少將近一半；另外，豆豉以大豆為原料，經發酵製成。豆豉含益生菌，能夠改善消化功能。做菜時不妨加點豆豉調味。

(9) 讓肌肉和關節更靈活

橄欖油具有消炎作用，能止痛。做菜時，不妨加入兩勺橄欖油，經常食用可以讓妳的肌肉更健康、關節更靈活。

(10) 增加骨骼密度

巧克力富含對骨骼健康至關重要的鎂。美國田納西州大學的科學家認為，大量補充鎂能提高骨骼密度。專家建議，每天可吃三十克黑

巧克力。新研究還發現，鮭魚所含的 Omega-3 脂肪酸也十分豐富，也能提高骨骼密度。

（11）預防子宮寒冷

子宮是女人懷胎的地方，是我們在這世界上第一個溫暖的家，所以不管現在的妳是三十歲，還是四十歲，都要好好呵護自己的身體，為健康負責。

子宮是女人身體最怕冷的地方，預防子宮寒冷，應改掉不良的生活習慣，避免吃生冷食物，少吃白菜、白蘿蔔等虛寒食物。

♪ 健康小法寶

讓每一個女人學會愛護自己的身體，洞悉自己的內心，珍惜女性獨特的生命歷程，激發身心的內在智慧，與環境和自我和諧相處，從容優雅度過精彩的一生。

第九節 排毒養顏，美體其實很簡單

♪ 輕熟有約

現代女人在幸福和不幸的夾縫中生活，一方面快樂的享受著五彩繽紛的物質世界，一方面恐懼的躲避著美食的健康毒害。

上午，網路上可能有人發出警告：這種東西有毒！下午，報紙上可能有人勸告：那種東西是垃圾食品！就在她們瘋狂躲避來自外界的毒害的時候，相關專家又提醒女人要注意排除體內的毒。這個人人喊打、個個欲排的內毒，究竟為何物？

中醫說，宿便是萬病之源，宿便中的毒素是引發疾病、加速衰老、肥胖、導致皮膚色斑的罪魁。西醫說，新陳代謝廢物和腸道內食物殘

妳的輕熟時代
即使青春退場，也要繼續從容美麗

渣的腐敗產物是引發酸中毒、肝昏迷、過敏反應、高血壓的禍首。

輕熟女人，身體各部位功能下降，便祕或排便困難是常出現的問題。所以，清腸排毒已經成為都市女性的熱門話題。俗話說，藥補不如食補，常吃一些具有排毒功能的食品，幫助清理體內垃圾，美容養顏，淨膚塑形，讓女人活得更健康、更年輕。輕熟女人，只有腸道年輕化，才能促進營養吸收、肌膚光滑、心情愉快、五臟六腑都處在良好的工作狀態。而為腸道減齡的最佳方式就是：吃！在享用美食的過程中，讓腸道年齡成功減下去。

⚘ 心理課堂

腸道和樹木一樣，有屬於自己的年輪，它是人體最大的微生態環境，其是否可以保持年輕狀態，直接關乎到女人的生活品質與壽命週期。當腸道健康不樂觀時，體內毒素就會因停留體內過久而重新被吸收，女人會面部蠟黃、腹部突出、精力下降，從而導致身體年齡的提前老化。

腸道是身體的健康中心，對待腸道要像對待自己的愛人一樣，懂得呵護。輕熟的女人要從現在開始注意營養元素的補給，讓益生菌在腸內不斷成長，有效促進腸蠕動，消除宿便隱患，消減腸道年齡。

（1）黑木耳清腸道

黑木耳是腸道減齡最出色的員工，其所含有的植物膠質有很強的吸附能力，可以在短時間內吸附殘留於腸道內的不健康物質，比如灰塵與雜質，並將其集中排出體外，發揮清潔血液和洗滌腸道的作用。

涼拌就可將黑木耳的營養發揮到最佳：把泡發的黑木耳撕成小片，並將青紅椒和胡蘿蔔切絲，與黑木耳一起燙熟，放冷後依照個人口味均勻攪拌即可。

第四章 健康心理學——打造熟女的魅力存摺
第九節　排毒養顏，美體其實很簡單

（2）蘋果排腸毒

"An apple a day keeps the doctor away."

蘋果對於健康最顯而易見的效果是：促進腸道排毒。蘋果所含有的半乳糖醛酸、果膠，將腸道中的毒素降至最低；蘋果所含的可溶性纖維素，將有效增加宿便的排出能力，讓妳告別大肚腩，保證腸道循環正常運轉。

（3）糙米預防腸疾病

糙米中含有豐富的 B 族維生素、維生素 E，能有效提高人體免疫力，促進血液循環，為腸道輸送源源不斷的能量。此外，其中的鉀、鎂、鋅、鐵、錳等微量元素，以及大量膳食纖維，可以促進腸道有益菌增殖，預防便祕和腸癌。

我們應該這樣吃：將糙米洗淨，在清水中浸泡兩個小時後，瀝乾備用。將小排骨、箭筍、糙米放在鍋裡，加八杯水同煮成粥，再均勻撒上胡椒粉即可。每星期喝兩次，即可保證腸道吸收糙米中含有的潤腸素。

（4）低溫優酪乳減緩腸老化

益生菌在腸內無聲無息繁衍，協助腸道抵抗有害菌。但隨著年齡的成長，腸內的益生菌逐漸減少，加速了腸道老化。唯有大量補充益生菌，才能築起維護腸道均衡的天然防線，而低溫優酪乳是益生菌的儲藏室。

（5）花生潤腸道

臺灣醫學大學的公共衛生學院的調查研究表明：花生對於強健腸道有很好的效果。這是因為花生入脾經，有養胃醒脾、滑腸潤道的作用。而且，其中獨有的植酸、植物固醇等特殊物質，也能增加腸道的韌性，使抵抗外界侵擾的能力不斷提升。

妳的輕熟時代
即使青春退場,也要繼續從容美麗

(6) 芹菜悅腸胃

芹菜在經過腸內消化時可以產生木質素,這是一種很強的抗氧化劑,能有效抑制腸道內產生致癌物,並加速糞便在腸內的運轉,讓腸道「愉悅」,從而保持健康的運動節奏。

健康小法寶

隨著環境汙染日益嚴重,現代女性越來越重視自身排毒養顏的健康。輕熟女人只有及時排除體內的有害物質及過剩營養,保持五臟和體內的清潔,才能保持身體的健美和肌膚的美麗。

第五章
性格心理學──走進她的心靈百草園

好女人擁有好性格,好性格成就好人生。

輕熟的聰明女人知道幸福的婚姻是對彼此性格的接納與完善。

輕熟的智慧女人在職場上總能不斷激發自身潛能,展示出最好的自己。

輕熟的靈氣女人在交際中散發的性格魅力,使自己成為一個受歡迎的人。

第一節 好女人的性格魅力

ᛗ 輕熟有約

每個輕熟的女人都是一個獨立的個體,個性表現了她的獨特之處。在現實生活中,每個女人都在塑造自己,表現為社會的某個角色。

有性格魅力的女人可以是溫柔嫵媚,也可以是動感時髦。隨波逐流,只能使女人庸俗老套;一枝獨秀,才能展現出輕熟女人與眾不同的人格魅力。

輕熟女人,要做個魅力女人,善用好性格體驗生活、創造未來,

妳的輕熟時代
即使青春退場，也要繼續從容美麗

發揮女性性格的優勢，時刻展現性格魅力，讓幸福和成功主動向妳招手。

輕熟女人，即便是生活在窮困當中，也會懂得珍惜，懂得努力，懂得完善自己的性格。這樣的妳不必有閉月羞花之貌，就可以顯出別具一格的美，散發不同凡響、不可抵禦的性格魅力。獨特的性格魅力是輕熟女人幸福一生的資本。

♪ 心理課堂

每個女人都獨一無二，每個女人的性格都是她自己創造的一個小花園。她的性格就是在生命的交響樂中，演奏屬於自己的樂器；她的性格就是在生命的沙漠上，踏出的屬於自己的腳印。她的性格是一筆財富，保持和完善自己的性格，會使她一輩子受用無窮。

小玲是個在大海邊長大的女孩。有一天，她靜靜坐在沙灘上，郝奶奶看到小玲神色不對，就上前詢問。小玲看到郝奶奶，心裡非常高興，就將心中的苦惱講給郝奶奶聽：「為什麼我總是默默無聞，沒有人注意我的存在？」

郝奶奶從腳下的沙灘上撿起一粒沙子讓小玲看，然後隨手丟在地上，對她說：「妳把剛才丟到地上的沙子撿起來。」

「怎麼可能？妳是在逗我開心吧。」小玲說。

郝奶奶沒有說話，而是隨手拿了一顆珍珠扔在地上，說：「妳能不能把珍珠撿起來呢？」

「當然可以。」小玲很輕鬆的說。

郝奶奶對小玲說：「如果妳想脫穎而出，妳就要做一顆珍珠，有自己的獨特性格，否則，妳就會成為沙子，在沙灘上又有哪一粒沙子能出眾呢？」

小玲想了想，覺得很有道理，自己在同事朋友當中，的確沒有什

第五章 性格心理學——走進她的心靈百草園
第一節　好女人的性格魅力

麼風格，無論是穿搭、言談、舉動，都是隨波逐流，沒有個性，沒有自己的觀點，總是隨聲附和，這樣的自己又怎麼能被大家注意呢？

在日常生活中，經常有一些女人沒有自己的特色，無論說話、做事、穿著、打扮等，都沒有獨特之處。這樣的女人，即使是一顆珍珠也會被埋沒。相反，有的女人成熟又有個性，懂得綻放光彩，將自己的獨特性格轉化為魅力的資本，讓自己擁有獨特的人格魅力。

以下是一位女孩去面試 IBM 公司的故事：

有位女孩決定到 IBM 應徵。當時，IBM 在一間五星級飯店，那個時候的五星級飯店可不像今天這樣「沒有地位」，因為現在的五星級飯店太多了。試想，一個連溫飽都有問題的女孩，來到五星級飯店門口，心情會是怎麼樣？

她足足徘徊了五分鐘，呆呆看著各種膚色的人如何從容邁上台階，如何一點也不生疏走進門，就這樣簡簡單單進入另一個世界。她之所以徘徊了五分鐘不敢進去，就是因為她的內心深處無法丈量自己與這道門的距離。

她鼓足勇氣，邁著穩健的步伐，穿過威嚴的旋轉門，終於走進了世界最大的資訊產業公司 IBM 公司。她的確是個人才，順利通過了兩輪筆試和一輪口試，最後到了主考官面前，眼看就要大功告成了。

俗話說，閻王好見小鬼難纏。現在已經見到了閻王，她好像什麼也不怕了。主考官沒有問什麼難的問題，只是隨口問：「妳會不會打字？」

她本來不會打字，但是本能告訴她，到了這個地步，還有什麼不會呢？她點點頭，只說了一個字：「會！」

主考官問：「一分鐘可以打多少個字？」

吳士宏問：「您的要求是多少？」

妳的輕熟時代
即使青春退場,也要繼續從容美麗

主考官說:「每分鐘一百二十字。」

她不經意環視了一下四周,考場裡沒有發現一台打字機,馬上就回答:「沒問題!」主考官說:「好,錄取時再加考打字!」

就這樣順利瞞過了主考官的眼睛。面試結束,她就飛快跑去找一個朋友借錢,買了一台打字機,練習了一個星期後,最後居然達到了專業打字人員的水準,最終她被錄取了。

上面的故事告訴我們,敢於挑戰的性格魅力才能征服主考官,也帶來了改變一生的發展機遇。

輕熟女人,要做個獨具性格魅力的好女人。這樣的妳總是具有飛揚卓越的個性,讓人眼前一亮,駐足欣賞。這樣的妳事業成功,使妳不再是男人背後的小女人,而是站立在天地間、自由呼吸新鮮空氣、享受幸福人生的獨立個體。

✦ 性格小試點

在這個競爭的年代,不僅是才能的競爭,更是性格的競爭。妳不清楚自己的獨到之處,不了解自己的潛在優勢,就很難憑真本事競爭,很難在擇優的環境中突顯實力,那麼妳的願望就只能是海市蜃樓。

輕熟女人,要想施展自我,要想不被別人牽著走,只有認真剖析自我,確認自我,勇敢突破自我,盡力開發自我價值。

第二節 溫柔是女人的魅力武器

✦ 輕熟有約

每個人手中都握有一把魅力武器,男人的武器是「陽剛」,女人的武器是「溫柔」。男人靠它馳聘人生,女人用它征服世界,以此來

第五章 性格心理學——走進她的心靈百草園
第二節　溫柔是女人的魅力武器

獲得盛名、財富和愛情。

作為一個輕熟女人，妳可以幹練、瀟灑、聰慧、文韜、多謀、善變，但必須擁有溫柔。

溫柔不是嬌滴滴，更不是嗲聲嗲氣。嬌滴滴是故作姿態，嗲聲嗲氣是假惺惺，而溫柔是真性情。溫柔是體現女性教養的重要因素，是女性獲得幸福的撒手鐧。溫柔女人的氣質和情致，算得上是千種嬌媚、萬般風韻。 輕熟女人，做溫柔女人。溫柔是一場無風無雷的小雨，將乾枯的心靈滋潤舒展如春天的枝葉。溫柔是一塊磁石，只要妳進入磁場之內，就不知不覺被它吸引，想躲也躲不開。

♪ 心理課堂

溫柔是一種力量，讓擁有這種特質的女性變得偉大；溫柔是一種信仰，這種信仰讓女人充滿愛的力量。

在古阿拉伯有個小國家，它的名字叫列依，這個小國有個王后叫斯苔。斯苔是個十分善良、溫柔而又賢慧的女人。當國王法赫爾駕崩後，他的兒子瑪智德即位。由於瑪智德年紀尚幼，只好由母后代政，這樣過了十幾年。後來瑪智德雖然長大成人，卻是逆行不肖，不理朝政，整日只知同后妃淫逸荒嬉，仍由他的母后執掌大權。

在這種情況下，強大的蘇丹麻赫穆德派了一名使者到列依，恐嚇斯苔：「妳必須呼我萬歲，在錢幣上印鑄我的肖像，對我稱臣納貢。否則，我將率軍攻占妳的國家，將列依納入我們的版圖。」使者還遞交了戰爭的最後通牒。

列依的百姓得知這個消息，群情激憤，與敵人誓死血戰的氣氛籠罩著這個弱小的國家，但列依王后卻宣布與敵人講和。一時間權臣和百姓對王后的行為都百思不得其解，甚至有人誹謗她是「靠出賣身體換回權力的蕩婦」，大家都懷疑她與強大的蘇丹有曖昧關係。但是這

妳的輕熟時代
即使青春退場，也要繼續從容美麗

個明智而堅強的王后寧願做「壞女人」，親自赴蘇丹的鴻門宴，為自己的祖國爭取和平的機會。蘇丹確實早就傾慕王后的美貌與風儀，而且宴會的地點還選在了國王的寢宮，不准王后帶一個隨從。

在華麗的蘇丹床榻邊，盛裝高貴的王后用溫和、不卑不亢的語氣對蘇丹說：「尊敬的麻赫穆德蘇丹，假如我的丈夫法赫爾還活著的話，您可以有進犯列依的念頭，現在他謝世歸天，由我代行執政，我心中思忖：麻赫穆德陛下十分英明睿智，絕不會用傾國之力去征討一個寡婦主持的小國。但是假如您要來的話，至尊的真主在上，我絕不會臨陣逃脫，而將挺胸迎戰。結果必是一勝一敗，絕無調和的餘地。假若我戰勝，我將向世界宣告：我打敗了曾制服過成百個國王的蘇丹。而若您取得了勝利，卻算得了什麼呢？人們會說：『不過擊敗了一個女人而已。』不會有人對您大加讚美，因為擊敗一個女人，實在不足掛齒。」

強橫的蘇丹聽到這番溫柔而又堅定的話語，心中很震撼，看到她那恬靜無畏的表情，蘇丹放下了手中的屠刀，沒有對列依王國興師動武。

故事中的斯苔王后的高明之處，就是很好考慮了自己的性別角色，向同樣強大的敵人展示自己溫柔的一面，這等於向對手宣告：「好男不和女鬥，如果你還算一個有點胸襟的男人，就應該放棄對一個弱女子攻擊。」這樣反而令對手恐懼，也就不好意思再爭鬥下去了。

女人的溫柔就是具有這樣強大的力量，它可以擊退千軍萬馬，而不需動用一兵一卒。既然溫柔的力量如此強大，那麼，輕熟女人怎樣才能做到溫柔如水呢？

(1) 真實、隨和

溫柔的女人不一定有超凡脫俗的氣質，也不一定追求高貴的生活。

她們往往很平凡，甚至有些傳統，但是她們真實、感性、可愛。

溫柔的女人從來不會盛氣凌人，也不會因為一件小事碎念、沒完沒了。很多時候，她們通情達理，熱情又充滿自信，她們不會給關懷的人壓力，臉上總帶著淡淡的微笑，散發著屬於自己的獨特魅力。

(2) 善良、寬容

溫柔女人不會因為尊貴的出身、高學歷、美麗而變得矜持、冷漠，溫柔的女人不會用自己的魅力作為提升身價的砝碼，溫柔的女人骨子裡有一種親和力，這種親和就是尊重內心、不媚不俗、寬容隨和、通情達理。

溫柔的女人自然是善良的女人，當物質左右人們生活的時候，在許多成功男士的眼中，善良溫柔的女人讓他們感到安慰。她們懂得成全他人，這是來自她們內心的力量。

♪ 性格小試點

溫柔是魅力女人特有的心靈武器，溫柔是一首與心靈有關的綿綿史詩，溫柔是一種寬鬆，一種歸屬，一種美麗。溫柔的女人會讓人感覺她的溫暖和柔弱，這是一股不可抗拒的迷人的力量。

第三節　堅強讓美麗的妳更有魅力

♪ 輕熟有約

堅強是一種性格，是一種心態，它不怕任何困難與打擊，不怕任何突變與背叛，它是一種內在的精神，一種魅力十足的、光彩照人的精神。

輕熟女人，要做個無所畏懼的堅強女人，不怕孤獨，不怕寂寞，

妳的輕熟時代
即使青春退場，也要繼續從容美麗

不怕誤解，不怕冤枉，不怕挫折，不怕危險，不怕生活中的風風雨雨，不怕世事中的沉沉浮浮，要在各種磨練和磨難中不斷挑戰自己、發展自己、完善自己。

輕熟女人，要做個海納百川的堅強女人，寧願自己委屈，寧願自己辛酸，寧願自己傷痛，也要為他人撐起一片愛的天空。

輕熟女人，做一個堅強的女人吧，活出自己的尊嚴與榮耀，活出自我的魅力與人格。讓淚水過後的歡樂成為生命中執著的追求！讓苦痛和努力成為生命中另一種美麗！

♪ 心理課堂

世上很少有完全隨心如願的事情，但生命的價值卻可以靠自己後天的努力實現，靠自己的雙手能創造命運的奇蹟。輕熟的女人，只要妳相信，只要妳足夠堅強，幸福和成功就在眼前等著妳。玫琳凱和她的化妝品公司的成功故事就是一個很好的明證：

玫琳凱出生在一個貧寒的家庭，她六歲那年，父親患肺結核病臥床，母親要在餐廳每天工作十四小時，生活異常艱難。所幸的是母親非常堅強與樂觀，經常鼓勵幼小的玫琳凱。「妳做得到」是媽媽最常說的一句話，就是這句話，讓玫琳凱學會堅強，學會了永不言敗。

十七歲那年，高中畢業的玫琳凱和當地青年羅傑斯結婚了，可是，婚後的生活並不如意，那時候正職經濟大蕭條，玫琳凱只好去做最辛苦的銷售工作。不過，憑藉自己的認真與努力，她的工作成績一直不錯；後來，她又到史丹利家用產品公司做直銷，還被提升為經理。不過，她雖然有這個職位，但她的才華並未被認可，而是經常遭到男同事嘲笑。

為了家庭，儘管遭遇不公正的待遇，她還是堅持做下去。只是，玫琳凱未曾想到，自己一心一意關愛的家卻面臨解體的危機。玫琳凱

第五章 性格心理學——走進她的心靈百草園
第三節 堅強讓美麗的妳更有魅力

的丈夫服完兵役回來後堅持要離婚，這對於玫琳凱來說，無疑是非常沉重的打擊。

那年，玫琳凱二十歲，是三個孩子的母親，其生活狀況可想而知。她沮喪、自卑、無精打采，漸漸身體也常覺不適。幾位醫生診斷說是風濕性關節炎，專家預言，她很快就會完全癱瘓。

在艱難的日子裡，當玫琳凱流淚的時候，孩子們總是對她說：「媽媽，不哭！妳是最好的媽媽，最好的媽媽怎麼能哭呢？」哭是沒有用的，玫琳凱再次擦乾眼淚。為了三個嗷嗷待哺的孩子，仍然掙扎著為一家直銷產品公司服務。眾所周知，做直銷必須微笑面對顧客，她也只好強裝笑臉。不過，讓她驚奇的是，微笑再微笑之後，她的身體竟然漸漸好起來，最後所有關節炎的病症都消失了。玫琳凱自嘲說：「原來上帝喜歡笑臉。」生活的艱難與精神的打擊並未壓垮玫琳凱，她堅強撐起了生活的重擔。儘管日子難過，但她還是以常人難以想像的毅力完成了大學學業。為維持家裡的開銷，她找了一份家庭日用品銷售的工作。十一年後，命運終於給了玫琳凱豐厚的回報。那一年，她轉到了一家叫做「禮品世界」的直銷公司。由於工作勤奮、業績突出，她成功在公司主委會中贏得了一席之地，並且把公司的銷售區域擴展到四十三個州。

玫琳凱以為，自己的生活就會這樣順利進行下去。不過，在遇到一件事後，她又憤而辭職。原來，公司為她請了一位助手，但薪水卻比她高出一倍，只因為這個助手是個男人。玫琳凱面對這種輕視，毅然選擇離開。這一年是一九六三年，玫琳凱四十五歲。這時，她在心裡萌生了一個念頭，要自己成立一個公司，滿足女性成就事業的願望。然而，就在這時，命運的磨難又一次降臨到她頭上：就在她籌備公司，準備開張時，她的第二任丈夫因急病驟然去世。這是她最深愛的男人，

妳的輕熟時代
即使青春退場，也要繼續從容美麗

　　這個男人曾與她患難與共十四年，那是她一生中最幸福的日子！但一切都結束了。

　　當年，那個坐在大門口等她回家的小兒子理查，這時已經成為了她最得力的助手和朋友。他為母親擦眼淚說：「媽媽，哭是沒有用的！神與我們同在！」大家都勸玫琳凱等一段時間再開始創業，然而倔強的她還是出發了，一個傳奇也就此誕生了。同年九月十三日，一個西方人認為不吉利的日子，在兒子理查的幫助下，玫琳凱傾其積蓄，用五千美元在達拉斯的一個約四十六平方公尺的店面裡成立了玫琳凱化妝品公司。

　　這個以玫琳凱自己的名字命名的新公司，最初的職員只有她和兒子理查及九名美容顧問。玫琳凱直銷的化妝品來自於她從自己美容師手中買下的一種美容配方，在她的堅強信念之下，公司安然度過了創業期，而且，很快便成長為美國一家頗為著名的企業，隨著公司名聲鵲起，玫琳凱本人也成為了一名美國成功女性的典範。

　　玫琳凱靠什麼取得了這樣的成績？那就是絕不向命運屈服的性格。玫琳凱用她堅韌的心，告訴所有遭遇不幸的女人，永不哭泣！哪怕生活是一個悲劇，也要表現出最大的勇氣。

　　這位直銷行業的「皇后」，玫琳凱王國的締造者，成功女性的典範，以她豐富多彩的一生和令人驚歎的頑強，在世界商業歷史上畫上了濃墨重彩的一筆，她的非凡故事流傳至今，演繹為城市風景裡一則不朽的現代傳奇！

♪ 性格小試點

　　輕熟女人，做個堅強的女人，永遠不向生活低頭，培養百折不撓的品格，鍛鍊成秋霜中傲然挺立的一株菊，磨練成寒風中迎寒怒放的一朵梅，修練成雪域之巔華麗獨秀的一枝雪蓮。

第四節　豁達，輕熟女人的必備品

❀ 輕熟有約

豁達可以讓輕熟的女人準確找到生活的角度，展示生命的風采。生命的過程中，有轟轟烈烈的偉大，有樸實無華的平凡，有義無反顧的執著，也有大起大落的悲壯。

豁達可以讓輕熟的女人樂觀對待挫折和壓力，生活本來就是這樣：有挫折，有艱辛，有苦惱，有困惑，女人必定會遭受挫折，但美好的心態讓女人平靜，讓女人豁達，讓女人自信。

輕熟女人，不管面對什麼樣的事情，也不管是多麼大的困難，都要保持豁達的性格。因為豁達可以讓妳以鎮定從容的心情享受生活。也就是說，輕熟女人要學會用舒緩的心情來看待生活中的每一天，這樣就能充分享受生活給予的一點一滴。在漫長的歲月裡，總會有諸多不順心的事情，只要用樂觀的心情看待所有事情，那麼，這些不順心的事情就不會困擾妳。

輕熟女人，做豁達女人，妳將是一個大度瀟灑的女人，一個善解人意的女人，一個寬厚豁達的女人，一個自信快樂的女人，一個會愛護自己又尊重別人的女人，一個重事業感情又喜歡四季風景的女人。

❀ 心理課堂

現在已經不再是男權社會，職場上充斥著女性的身影。無論是生活中，還是工作中，豁達大度的女性都會得到欣賞和讚美。在這個競爭激烈的社會，豁達大度並不再是男性的專屬權利，很多女性因為擁有了這種特質而更快獲得成功。

墨菲是一家廣告公司的市場部經理，她在廣告公司任職已經五年，

妳的輕熟時代
即使青春退場，也要繼續從容美麗

從小小的策劃做起，最終做到了市場部經理的位置，成功的原因自然少不了忍耐和寬容。

工作的第三年，墨菲擔任策劃室主任，她知道自己的同學藍煙是個非常有能力的策劃人員，所以就把藍煙從另一個廣告公司挖角到自己公司。兩個人本來是大學同學，現在變成了上下級的關係。對藍煙來說，心裡多少有點彆扭。本來自己不想到墨菲所在的公司，但是因為墨菲盛情邀請，而且待遇也很好，所以藍煙最終答應了這件事情。

在熟悉工作的過程中，藍煙和墨菲有了一些摩擦。對藍煙這樣一個有個性的設計人才來說，要適應公司的風格並不是一件容易的事情。所以在很長一段時間裡，藍煙沒有任何適合公司業務的作品。

墨菲時常鼓勵藍煙：「妳本來就很有才華，我就是看上妳的才華才讓妳到公司來。我一直相信，妳一定可以做出一番成績。」

對於藍煙的才華，墨菲沒有嫉妒；對於藍煙的刁難，墨菲沒有計較。墨菲的老闆並不是一個糊塗的人，他知道在藍煙的事情上墨菲花了多少心血，同時也覺得這個女人能有這樣的胸懷非常可貴。後來，藍煙成功設計出一款讓公司效益大增的作品，墨菲也得到了老闆的提拔。

生活在當今社會的女性，應該培養豁達的性格，尤其是身在職場的女性。現代職場，女上司管理女下屬很常見，如果女上司很喜歡和女下屬斤斤計較，嫉妒或者是報復下屬，時間長了，就等於把自己給架空。因為無論是男性還是女性，都不喜歡這樣的女上司。

小欖是個剛從名牌大學畢業的女孩，非常聰明，剛剛到一家大企業的財務部門上班。她的上司燕姐已經快要四十歲，在企業工作了將近十年，最近才剛被提升為財務總監。

燕姐是一個嫉妒心很強的人，對自己的地位很在意，不喜歡能力

第五章 性格心理學——走進她的心靈百草園
第四節　豁達，輕熟女人的必備品

強的員工，也不喜歡手底下的員工超過自己。

初入職場的女孩小欖本來就是一個豁達開朗的女孩，加上工作積極熱情，沒有多長時間，她對很多業務都非常熟練了。

小欖不僅工作能力突出，而且為人也比較豁達。有時有人請她幫忙，她上班的時候沒有空，就用下班的時間幫助別人。這讓被幫助的人非常感動。很多人和燕姐說：「妳們部門的那個新人小欖，可是個難得的人才。」

人們對小欖的評價越高，燕姐的壓力就越大，同時嫉妒心與日俱增。經過一番考慮，燕姐決定不讓小欖再熟悉業務，有時候連電腦也不讓她碰，總是指使小欖做一些雜七雜八的活，連財務報表也不給她看。

部門的幾個老員工看到燕姐的所作所為，都無奈搖頭，但是大家也都是敢怒不敢言。小欖對這樣的事情也沒有太介意，她只是肖媛，一句抱怨也沒有。

幾個月後，企業年終的時候要清點很多帳目，財務部人手緊張，燕姐才讓小欖再一次接觸日常工作。但是讓大家奇怪的是，很長時間沒有接觸帳目的小欖照樣把帳做得非常漂亮。只要是小欖計算過的帳目，在第二次審核中從來沒有出過差錯，這讓很多資深財務人員非常佩服。

儘管燕姐一直壓制小欖，但是小欖出色的業績還是傳到了主管耳朵裡。過了兩年，小欖取代了燕姐的位置，成為財務部門的新上司。

故事的中的小欖勤奮、善良，擁有豁達、大度的氣量，以及果斷幹練的作風，燕姐卻是個小肚雞腸的女人，她的氣度決定她雖然年資長，卻不能長期勝任上司的職務。有句話說：「嫉妒別人是承認自己不如別人。」能夠最終獲得成功的女性，在一定程度上說，性格中一

妳的輕熟時代
即使青春退場，也要繼續從容美麗

定不能缺少的就是豁達和大度。

ꝸ 性格小試點

有人說：「女人的意義不在於廚房和化妝，而在於使這個世界變得平和。」生活中多了一些豁達的女人，就少了許多嫉妒，少了許多詭詐，少了許多仇恨，少了許多麻煩。輕熟女人，請做一個豁達女人，這是一種智慧，是對工作的創新、對生活的熱愛。

第五節　為性格潤色，做「多情」女人

ꝸ 輕熟有約

輕熟女人，要做個「多情」女人，「多情」的定義是：寶貴的真情，醉人的柔情，甜蜜的親情，和睦的友情，奔放的熱情，火熱的激情，深重的恩情。

輕熟女人，要有真情、有柔情。真情的女人給人以力量，輕熟的女人要善於借助這種推波助瀾的力量，去成就自我。柔情的女人擁有打動人的力量，這在於它隱藏著融化冰雪的溫度，蓄積著擊碎巨石的力量。

輕熟女人，要重親情、重友情。親情永遠是女人的後盾，重視親情是珍視生命的表現。友情永遠是女人快樂的源泉，朋友是妳的一個倒影，由於物以類聚、人以群分，交一個好朋友，能給女人帶來幸運。

輕熟女人，要擁抱熱情、擁抱激情。一個真正熱愛生命的女人，也一定充滿熱情；一個真正熱愛生活的女人，也一定充滿激情。熱情和激情永遠引領女人前進的路途，讓她每天激情飽滿的做事、做人，收穫一個又一個美好的明天。

第五章 性格心理學——走進她的心靈百草園
第五節　為性格潤色，做「多情」女人

輕熟女人，要懂得「恩重如山」的道理，要學會感激，感激生活中的每一根稻草，因為正是這些微不足道的稻草，讓妳在人生的冬季感受到了溫暖。

🎵 心理課堂

「多情」能給女人動力，成就女人的好命運，而當女人被情困擾時，情也會毀滅女人。「多情」也是上天賦予女人寶貴的禮物，善用「多情」的女人必然是輕熟的女人。

（1）寶貴的真情

真情之所以寶貴，是因為真情不是隨時隨地能產生、發現，真情需要釀造。如同釀酒，時間久，材料好，方能獲得佳釀。它包含著純真、真摯、真實的味道。真情的反面是假意，真情永遠與醜惡、背叛、欺騙、放棄、懷疑背道而馳。女人看重真情，渴望海枯石爛不變心的感情。男人也看重真情，他們追求無悔的決心，昭示執著的真情。真情離我們如此近，又難以捕捉。脆弱的女人容易被真情感染而落淚，聰明的女人會緊緊抓住真情不放手。

（2）醉人的柔情

酒不醉人人自醉，柔情讓人心神皆醉。鐵漢有柔情，能震撼人的心靈，卻往往是一時的；而美人的柔情，往往纏綣不絕。都說女人柔情似水，其實水也有剛強的一面。今日的白領女性，正在從這種柔性轉化為剛性。其實，柔中帶剛，方能長久。正是這種柔韌，使得當女人遇到低谷，可以似水流淌，低調蓄積實力；身處高峰，也可以借勢奔湧。

（3）甜蜜的親情

家庭和睦的女人，在工作中、生活中，很容易和其他人相處。輕

妳的輕熟時代
即使青春退場，也要繼續從容美麗

熟女人要多借鑑這一點，用自己對兄弟姐妹的那種寬容來對待身邊的人。重視親情的女人在男人眼中，無疑是最佳的妻子人選。因為妳愛自己的父母兄弟，才會愛他的父母兄弟。連自己的親人都不愛的人，是不會去愛別人。

（4）和睦的友情

友情是親情和愛情的中間角色。很多結了婚的女人，只把愛人的朋友作為自己的朋友，喪失了自己的社交圈。妳在公司裡或多或少應該有幾個好朋友，這些朋友會在公司做出重大決定的時候，與妳商量對策。她們能發現妳職業上的缺點，提醒妳改正。工作上的朋友關係和日常交往的朋友關係又有所不同，妳們可能會在某種利益上達成共識；而日常交往的朋友，則可以在遇到不開心的事情時，相互傾訴，解開心頭的陰霾。

（5）奔放的熱情

沒有熱情，做任何事情都難以成功。因為成就事業，光靠技術和能力是不夠的。做自己喜歡的事情時，會充滿熱情，也願意為之付出很多，所以更容易成功。除了在工作上投入自己的熱情外，熱情對女性在交際中的成敗至關重要。冰冷的男人讓人感到無情，冰冷的女人則讓人感到恐怖。有的女人天生很熱情，但是總感歎世態炎涼，事實上，這種熱情是偽裝出來的。只有真正熱情的女性，才會在工作中、生活中真心關照他人，她誠摯的熱情，才不會令人感到彆扭，才能在失敗的時候鼓舞人，在傷感的時候慰藉人的心靈。

（6）火熱的激情

激情存在於男女之間，存在於好奇之人的心中。激情是點燃智慧的鑰匙，將優秀的女人推向那扇發現的門。心中充滿激情的女人，要把激情分成幾份使用，因為激情非常寶貴，遇到挫折往往會有一些耗

第五章 性格心理學——走進她的心靈百草園
第六節　告別「被憤青」的年代

損。給愛情一份激情，點燃愛情的火花；給事業一份激情，讓智慧把妳推向成功的巔峰；給生活一份激情，讓自己始終對光明充滿嚮往。人會老，心也會老。只有心不老，人才不會老。

（7）深重的恩情

生活中，有人幫助過妳，妳就應該對這個人感恩，因為會感恩的人，才能獲得別人更多的幫助。雖然幫助妳的人，不見得是為了妳的回報。每個成功的人，都離不開別人的幫助和提攜，幫助別人，也等於是在幫助自己。

♪ 性格小試點

輕熟女人，如何能夠培養和運用「多情」，的確是門很深的學問。那些輕熟的女人，做人做事遊刃有餘，無不是將這份「多情」修練得爐火純青的結果。所以如果妳學會巧妙處理和運用這些情感，定能收到意想不到的效果。

第六節　告別「被憤青」的年代

♪ 輕熟有約

現實生活中，有些女人有一些「憤青」情結，她們總是自命不凡，自我感覺良好，還不食人間煙火，總是鄙視，甚至唾棄一些正常的人情世故。如果自命清高的性格常常透過不滿的情緒表露，這對自己的生活幸福和人際關係都有百害而無一利。

輕熟女人，千萬不要自以為了不起，更不要看不起周圍的人。實際上這樣做只會讓妳的人際圈子越來越小。這樣做就等於為自己砌起一道高牆，有意割斷與別人的正常關係，讓自己陷入孤家寡人的懸崖

妳的輕熟時代
即使青春退場，也要繼續從容美麗

峭壁之地。

　　輕熟女人，應該懂得低調做人的道理。如果妳因為與別人的脾氣不同，身分有差異，價值觀不一致就擺出瞧不起人的姿態，那麼，在別人眼裡，妳就是個脫離群體的「憤青」。聰明的女人即使真的高人一籌，也要放下架子，謙虛向人學習，踏踏實實做好該做的事，讓自己成為真正優秀的輕熟女人。

　　輕熟女人，拒絕「被憤青」，一定要懂一點人情世故，當然，妳也不必說一些言不由衷的話，刻意奉承別人，只要妳真心讚美和欣賞別人；妳更不必請客送禮，只要妳不要吝嗇自己的微笑，懂得尊重別人的感受。

♪ 心理課堂

　　有些女人有自己的做人原則，凡事也有自己的一套獨特的行為標準，這是好現象，但是如果她骨子裡散發著一股清高的氣息，一旦別人的舉動不在自己的原則和標準之內，就開始疏遠別人，甚至看不起別人，那就不妥當了。

　　輕熟女人，骨子裡要透著一股親和力，要想他人所想，要辦事靈活，雖然有自己的主張和原則，但是要懂得「隨波逐流」，這樣的妳才是八面玲瓏的優秀女人。

　　劉燕茹所在的工廠很大。她剛進工廠上班時，同事都很喜歡這個女孩。劉燕茹在工作中發現，一小時加工兩百個零件很容易，但是，她周圍的同事平均只加工一百八十個，並告訴劉燕茹要放慢速度，慢工出細活。劉燕茹心想：「為什麼要放慢？我喜歡多做！而且你們一個個生產效率這麼低，不是有損工廠利益嗎？」因此，劉燕茹打從心裡看不起這些同事。她仍然堅持每小時加工兩百個零件，並認為同事都是些懶惰、愛占小便宜的傢伙，有一次，她還把自己的想法告訴了

第五章 性格心理學——走進她的心靈百草園
第六節　告別「被憤青」的年代

車間主任。於是，車間主任命令所有的工人每小時的任務都是兩百個零件。後來，劉燕茹發現，同事早已不願意理自己了。只要劉燕茹過來，同事就停止談話；再後來，劉燕茹由於工作速度太快，導致一部分零件不合格，當車間主任要求她加班重做的時候，沒有一個同事願意幫忙。

從上面的這個故事中，我們可以看出，劉燕茹一開始的清高和鄙視，讓同事有意疏遠她，她把自己孤立了。歸根結底，劉燕茹不應該輕視同事，不應該自作清高，更不應該自以為是告狀。

像劉燕茹這樣的女人很多，她們總是「堅持原則」，被同伴疏遠了都不知道是怎麼一回事，認為自己不過是堅持了自己的原則，卻受到他人的排斥，覺得這個世界不公平。她們不明白，她們所堅持的原則並非真正的是非原則，而是她們自己的偏好，所以才讓她們與別人格格不入。

「水至清則無魚，人至察則無徒」。水太清澈，魚就無法生存；要求別人太嚴格，就沒有朋友。比如在工作上，一些剛工作的年輕女性，突然進入一個新的環境，對這個看不順眼，對那個也不喜歡，認為老闆沒多大本事，認為同事都不如自己，對公司的制度不滿意，對一些規則更是不屑一顧。

所以，輕熟的女人做人不要太苛刻、看問題不要過於嚴厲，否則，就容易使大家因害怕而不願意與妳打交道。

經常聽到這樣的怨言：「我不喜歡和他們在一起，他們太愛現了！」「我不希望和他們共事，他們都太俗氣了！」「我討厭跟他們朝夕相處，他們太沒品味了！」說這話的女人顯然不合群，也就是不能融入集體的意思。

從心理學的角度來看，任何群體都有維持群體一致性的特點。對

妳的輕熟時代
即使青春退場，也要繼續從容美麗

於同群體保持一致的成員，群體的反應是喜歡、接受和優待。而對於偏離者，群體則會厭惡、拒絕和制裁。因此，任何對於群體的偏離都有很大的冒險性。

那些「被憤青」的女人總是認為自己鶴立雞群，周圍的人都不配與自己一起交流，一起同樂，因此常常獨來獨往，結果免不了被別人疏遠和排斥。

如果妳要融入某個圈子，就不要太挑剔圈子成員的某些共同、在妳看來是缺點的「缺點」。在某些方面，即使不同意別人的觀點，也要謙虛一點。如果妳做不到這點，那麼妳至少要懂得尊重別人，禮貌待人。妳可以不同意別人的說法，但是妳要尊重別人說話的權利。

性格小試點

記住，一個輕熟的女人要想在社會上游刃有餘，就得在一些人和事上妥協，不要自己把自己孤立，要懂得和周圍的人打成一片。所以，放下清高的架子，讓自己「俗」一點吧！

第七節　性格調味罐：自戀總比自卑好

輕熟有約

在女人性格的調味罐裡，除了自信，還有自戀和自卑。自信多一點就是自戀，自信少一點就是自卑。

自戀的女人，生活多姿多彩，自戀可以給自己動力；自卑的女人，生活單一枯燥，自卑會蒙蔽雙眼，只沉浸在假設的和過期的不安全因素之中。

輕熟女人，妳要懂得，一個輕熟的女人並不是一定要壓倒他人，

第五章 性格心理學——走進她的心靈百草園
第七節　性格調味罐：自戀總比自卑好

也不是為了他人而活,而是要獲取自我價值的實現和珍惜,以及精神上的幸福感和滿足感。

輕熟女人,不要自卑,不要辛苦活在他人的認可裡,或悲哀活在他人的陰影裡。要瀟瀟灑灑「自戀」,快快樂樂為自己活,讓自己的智慧的火花發出耀眼的光輝。

♪ 心理課堂

一般說來,女人的自卑感有時會以畸形的形式表現,如絕望、暴怒、嫉妒,以及自欺欺人的形式。這種自卑感在相當程度上抑制了女人智力的發展,成為束縛女人成功和幸福的無形桎梏。

宛如是個家庭主婦,她有好幾次割腕自殺未遂。她的老公為她請了心理醫生,心理醫生對她進行耐心的疏導,終於讓她恢復正常,原來她的自殺傾向來自於中學時代的自卑。

上中學的時候,宛如是一個機靈的女孩,她有一個「壞毛病」,就是整天沉湎於「閒書」而不能自拔,以至於她的數學成績一落千丈,經常不及格。

後來,因為怕留級,她決心暫不看閒書,跟每位老師合作,凡課都聽,凡書都背,甚至數學習題也一道道死背下來,她的數學考試竟一連得了六個滿分,引起數學老師的懷疑,就拿上學期的習題考她,她當然不會做。數學老師就用墨汁將她的兩個眼睛畫成兩個零鴨蛋,並罰她繞操場一周,嚴重損傷了她的自尊心,回家後她飯也不吃,躺在床上蒙著被子大哭。

第二天她痛苦去上學,第三天去上學的時候,她站在校門口,感到一陣暈眩,數學老師陰沉的臉和手拿沾滿濃濃墨汁的大毛筆在眼前晃來晃去,耳邊轟響著同學的哄堂大笑。她雙眼頓時變得異常沉重,不敢進校門。

妳的輕熟時代
即使青春退場，也要繼續從容美麗

　　這個數學老師就這樣殘暴摧毀了宛如的自尊與自信，使她變成了一個自卑的女孩。從那天起，宛如開始翹課，她不願讓父母知道，還是背著書包，每天按時離家，但是她去的不是學校，而是去舞廳，每天瘋狂跳舞，以此來沖淡數學老師在她的心靈上留下的傷痕。

　　宛如把自己和外面的熱鬧世界隔開，患上了自閉症。

　　好在父母疼愛她，理解她，當他們了解真相後，即為她辦了退學手續。自此，她整天待在家裡，不與姐弟說話，不與家人共餐，甚至因自卑而割腕自殺，慶幸被父母所救。

　　宛如長大後，很幸運嫁給了一個心地善良又事業有成的好男人，成為了一名沒有生活壓力的家庭主婦，並有了自己的兒子。日子過得很幸福，可是後來，當老公的工作越來越忙，不能時常回家陪伴她，兒子也漸漸長大，去了寄讀學校，也經常不在家裡住。這時候的宛如，認為這個家裡的人都有事做，唯獨自己是個「廢物」，又因為家裡的事情有保姆做，她更閒得慌，越想越不對勁，於是有了輕生的念頭。

　　她的老公很不解，他這麼辛苦工作，就是為了這個家，為了愛人和孩子能過上好日子，可她的「精神病」來了。後來，當宛如向心理醫生傾訴她的心靈創傷的往事的時候，她的老公終於明白了一切。

　　在現實生活中，也有一些性格自卑的女人，有時候為別人一句無意的嘲笑，或在工作中同事一次無心的抱怨而悶悶不樂，甚至開始徹底懷疑自己、否定自己、抱怨自己，其實這樣的性格是不對的。

　　有的時候，輕熟的女人有必要聽取別人對自己的評價，但也不能過分在乎，因為別人只有參考權沒有決定權，誰是最高仲裁者？不是別人，正是女人自己！如果妳把決定權交給別人，那麼，煩惱的是女人自己，委屈的是女人自己，痛苦的還是女人自己。

　　輕熟女人，自戀總比自卑好。請欣賞自己，享受自己的生活，不

受別人的消極影響，不管別人如何評論妳，只要妳自己覺得高興、滿足、自得其樂，妳的生活就是幸福的。

宛如每天都在房前的空地上練習唱歌，一位鄰居聽了，冷笑著說：「妳即使練破了嗓子，也不會有人為妳喝彩，因為妳的聲音實在是太難聽了。」

宛如回答道：「我知道，妳所說的這番話，其他人也對我說過多次，但我不在乎，我是為自己而活著，不需要活在別人的認可裡。我只知道在唱歌時我很快樂，所以無論妳們怎麼指責我的聲音難聽，都不會動搖我唱下去的決心。」

上面故事中的宛如的做法就很值得推崇。輕熟的女人不可以為了別人的評論而疲憊的活著，不可以因為別人的否定而自卑的活著。

每個輕熟的女人都生活在自己所感知的經驗現實中，別人對妳的看法大多有一定的道理，但不可能完全反映妳的本來面目和完整形象。對於來自別人的言論，應該怎樣接受、理解和加工，是屬於女人個人的事情，這一切都要女人自己去看待、去選擇。

♪ 性格小試點

輕熟女人，妳要知道，妳周圍的世界錯綜複雜，妳所面對的人和事總是多方面、多角度、多層次。每個女人都應該堅持走為自己開闢的道路，不被流言嚇倒，不受他人的觀點牽制。

第八節　細緻入微的性格戀曲

♪ 輕熟有約

西方有一位哲人曾說過：女人可以生得不美，但不可以不細緻。

妳的輕熟時代
即使青春退場，也要繼續從容美麗

女人生來心思縝密，這也可以說是女人的優勢所在。女人把握了事情的細微之處，也就把握了幸福人生的主旋律。美麗的女人悅目，細緻的女人悅心。

「一滴水可以折射太陽的光輝。」有時候，一些非常小的細節，比如待人接物，舉手投足，言談舉止等，都能給人留下深刻的印象。一個女人若平時不注意細節，就會因小失大，最終與成功失之交臂。

輕熟女人，要學會用細緻裝扮自己，要懂得發揮細緻入微的女人本色，要對什麼事情都極其敏感，能夠從許多平凡的生活事件中發現機遇，抓住機遇。

輕熟女人，要做性格細緻的女人，妳擔當著為人女、為人妻、為人母的多重社會角色轉換，讓細膩的心品味至親至純。妳參悟人生，蕙質蘭心，較之夕陽西下的老年，如遺落人間的天使；比及噴薄欲出的青春，又如至尊至上的聖母，如此拿捏得體，便是做女人到了極致。

§ 心理課堂

在事業上，有很多女人想做大事，但是她們卻經常忽視了生活中的一些細微小事，其實，關注細節、心思縝密應該是一個輕熟女人的天生優勢，所以切不可缺少精益求精的精神。也就是說，輕熟的女人不可以缺乏勤勞的精神，不可以缺乏智慧的心靈，更不可以缺乏細緻入微的性格。

從前有一位國王，他求賢如渴，想要選拔一些有智慧的官員作為自己的左膀右臂。一天，他將文武百官領到一處誰也沒有見過的大門前。這扇門很大，也很重，怎麼也打不開。

國王下令說，如果哪位大臣能把它打開，就重用他，給他要職。

這些大臣們有的走近看看，有的無動於衷，有的搖頭擺手；一週過去了，竟然沒有人能夠打開它。

第五章 性格心理學——走進她的心靈百草園
第八節　細緻入微的性格戀曲

其中一位大臣有一個智慧的妻子，他回家後向妻子求助。妻子笑道：「既然國王陛下能夠出這樣的題目，自然有解答的辦法，你不妨細緻觀察一下那道門，應該能找到方法。」

第二天，這位大臣走到大門外，仔細觀察了一番，居然在門的一角發現了與眾不同的地方，細看之下居然有個拇指形的手印。大臣果斷按了下去，結果門開了。

國王說：「我將讓你擔任宰相。」

上面的故事說明一個道理，那就是：很多時候，成功的大門並沒有完全封死，任何人只要有膽量去試一下，或許就能打開它。世界上本沒有任何阻隔妳走向成功的門，如果有，那扇門一定橫亙於妳的心中。

香芸和她的老公一同經營一家小型的木材加工廠。

有一天，一位鄰居跑進來說，她貓房裡的沙子凝固了，她想換一些木屑鋪上去，所以想向香芸要一些木屑。

當時，香芸就從一個舊箱子裡拿出一袋風乾了的黏土顆粒，建議對方試試。因為這種材料的吸附能力特別強，可能比木屑更好。

幾天以後，這位鄰居又來了，她想再要一些這樣的黏土顆粒，因為這些黏土顆粒太好用了。

這時，細心的香芸突然意識到自己的機會來了，因為當前養寵物的人越來越多，說不定這就是機會。她馬上又弄了一些黏土顆粒，分成小包裝，拿到寵物醫院代為銷售。

果然，香芸的細心為她帶來了機遇，她成功了。

如果妳想成功，不妨也從細緻的觀察入手，妳也一樣能找到屬於自己的機會。細節微小，但它的影響卻是人所共知。

有一家大型的公司正在應徵高階管理人才，有相當多的高學歷、

妳的輕熟時代
即使青春退場，也要繼續從容美麗

高能力的人才前來筆試，已經不年輕的楊麗君也在其中。

過了幾天，這家公司通知了筆試中比較優秀的幾個應徵者前來複試，楊麗君也躋身於他們中間。

前面幾個應徵者都很自信回答了考官非常簡單的提問，可他們都沒有被錄用。最後輪到楊麗君了，她走進門時，發現乾淨的地毯上扔著一個紙團。一向注意細節的她將紙團撿起來，準備扔進廢紙簍裡。這時考官對她說：「不要扔掉，請妳打開那張紙。」

楊麗君展開紙團，只見上面寫道：「熱忱歡迎您到我們公司任職。」實際上，這才是考官們真正的考題。

其實，機會就在細節上，當妳注意自己的細節，注意別人的細節，妳就會發現一些機會，或者得到一些機會。

♪ 性格小試點

機會只降臨在那些細緻的人身上，因為細緻的人更願意積極關注、引導、改變事情的進展。輕熟的女人，要學會留心身邊的每一件小事，它們都可能蘊藏著機遇與幸運。

第九節　女人好性格，生活好幸福

♪ 輕熟有約

好性格是成就女人一生好運的根本因素和巨大力量，一個女人性格的好壞直接影響到生活是否幸福、婚姻是否美滿、事業是否順利。

輕熟女人，要有好性格。女人的一生是幸福還是痛苦，關鍵在於擁有什麼樣的性格。積極的好性格是女人快樂一生的推動力，因為性格越好的女人，社交能力越強，人際關係越融洽，生活就越快樂，收

第五章 性格心理學——走進她的心靈百草園
第九節　女人好性格，生活好幸福

穫的幸福也就越多。

輕熟女人，請克服壞性格，發揮好性格，運用性格的力量來改變妳的一生。好日子不會從天上掉下來，好婚姻不會無緣無故降臨於妳，好事業更不會憑空變出來。幸福人生不是來自於命運的恩賜，也不是來源於機會的眷顧，而是存在於輕熟女人的美好性格。

輕熟女人，請選擇最適合自己性格特長的人生，妳會發現一個嶄新的自我，好性格使輕熟的女人具有韻味，成為幸福的主宰者。

♪ 心理課堂

好性格是輕熟女人一生幸福的催化劑，那麼，什麼樣的性格才是好性格，才是幸福女人的性格類型呢？一般情況下，女人的好性格可以分為忠誠型、隨和型、獨立型、藝術型、活躍型、助人型、豁達型、自信型和管理型等九大類，每一類性格的女人都具有獨特鮮明的個性。

（1）忠誠型的輕熟女人

忠誠型的輕熟女人，她們的性格傾向是內向、主動、忠誠，但有時很保守。和她們相關的心理情緒是驚慌、焦慮，而她們的逆境商數（Adversity Quotient）通常較高。

這樣的女人盡忠盡責，把世界看作是權威，雖然她們可能察覺不到自己處在心理恐懼當中。她們不喜歡接近權威，也可以說是懼怕權威，而且在權威中難以自處，她們會參與弱勢團體運動。一旦願意付出信任，她們就成為忠誠而守信的朋友和團體夥伴。

（2）隨和型的輕熟女人

隨和型的輕熟女人，她們往往內向、被動、隨和、樂觀。和她們相關的心理情緒有害羞、擔憂，而她們的情緒商數（Emotional Intelligence Quotient）通常較高。

妳的輕熟時代
即使青春退場，也要繼續從容美麗

　　這樣的女人善解人意、樂觀隨和，同時也優柔寡斷，比較被動。她們善於了解每個人的觀點，卻不知道自己想要的是什麼。她們比較喜歡和諧與舒適的生活，寧願配合他人的安排，具有自我麻醉的傾向，喜歡看書，和朋友閒逛。

（3）獨立型的輕熟女人

　　獨立型的輕熟女人，多數性格內向，比較自我，善於思考。和她們相關的心理情緒有自制、輕視，智商平均較高。

　　這樣的女人總是試圖避免牽扯情緒，重視觀察更勝於參與。她們必須有自己的空間和時間，因為她們是需要高度隱私的人，常常是某個領域的研究者。這種女人總是喜歡將生活和朋友劃分成許多區域，她們會是傑出的策劃者和具有深度的知識分子。

（4）藝術型的輕熟女人

　　藝術型的輕熟女人，一般比較內向、被動，情感豐富但容易陷於悲情。和她們相關的心理情緒有憂傷、糾結，而她們的創造力商數（Creativity Quotient）通常較高。

　　這樣的女人想像力豐富且多愁善感，渴求完美愛情。她們覺得必須找到真實的夥伴關係，自己才完整，她們傾向將疏離理想化，並找出現行事務和世俗的錯誤。她們受深度情緒和感性經驗吸引，表現出與眾不同的一面。

（5）活躍型的輕熟女人

　　活躍型的輕熟女人，她們的性格多數外向、主動、樂觀，懂得生活。和她們相關的心理情緒有快樂、貪玩，她們的情商和創造力商數較高。

　　這樣的女人樂觀、精力充沛、迷人、好動、新鮮、點子多而且讓人難以捉摸。她們痛恨被束縛或被控制，而且盡可能保留愉快的選擇。

第五章 性格心理學——走進她的心靈百草園
第九節　女人好性格，生活好幸福

在不愉快的情況下，她們會逃脫到幻想中。那份保持生命愉悅的需要，引導她們重新架構現實世界，以排除有損自我形象的負面情緒和潛在打擊。

（6）助人型的輕熟女人

助人型的輕熟女人，她們的性格外向、主動，感情豐富。和她們相關的心理情緒有關愛、驕傲，而她們的情商較高。

這樣的女人不管在生活、工作，還是在社交中，都表現出主動、樂於助人，以及慷慨大方。她們對別人的需要和感覺非常敏銳，能夠準時表現出足以吸引別人的人格，善於變成對方喜歡的形象，善於施與更勝於接受，有時候是天生的照顧者和支持者。

（7）豁達型的輕熟女人

豁達型的輕熟女人，她們的性格傾向於外向、主動、衝動且很樂觀。和她們相關的心理情緒有憤怒、好勝，而她們的逆境商數及情感商數都較高。

這樣的女人豪爽率真，不拘小節，自視清高，大情大義，有時具攻擊性，對生命保持豁達的態度。她們總是很清楚自己在想什麼和做什麼，這樣的女性追求快樂的心靈和美好的生活。

（8）自信型的輕熟女人

自信型的輕熟女人，她們的性格傾向是外向、主動，善於交際。和她們相關的心理情緒進取、樂觀、勇敢，而她們的情商通常很高。

這樣的女人精力充沛，有十足的興致，她們奮力追求成功，以獲得地位和讚賞。她們具有競爭力，儘管她們自認為這是一種愛挑戰的表現，而非擊敗他人的欲望。她們總是把目標鎖定在成功上。這類型的女人會全心全意追求一個目標，永不厭倦，最終成為傑出的領袖。

妳的輕熟時代
即使青春退場，也要繼續從容美麗

(9) 管理型的輕熟女人

管理型的輕熟女人，她們的性格傾向是思考、批判。和她們相關的心理情緒有埋怨、自責，逆境商數往往較高。

這樣的女人愛批判自己，也愛批判別人，她們內心擁有一張列滿應該與不應該的清單。她們認真負責，希望所做的每件事都絕對正確。她們很難放鬆自己，因為她們以超高標準來審查自己的行為，總是懷疑自己哪裡做得還不夠好。她們天生有種道德優越感，厭惡那些不守規矩的人。此外，她們往往是優秀的人才，能夠及時改正錯誤和盡善盡美完成任務。

◊ 性格小試點

性格即人生，好性格即好人生，無數的事實都證明了這一點，輕熟女人的性格決定了她對各種事物的不同態度，得出不同的結果，從而產生不同的人生境遇。

第十節　樂觀的女人，燦爛的人生

◊ 輕熟有約

每個人的人生都是一道風景，這道風景在每個人的眼中都不一樣，樂觀的輕熟女人即使身處荒蕪的沙漠中，也能看到不一樣的風景，達到「山重水複疑無路，柳暗花明又一村」的美好境界。

輕熟女人，請做一個樂觀的女人。

樂觀而又輕熟的女人也許不是美麗女人，卻是掌握人生要義的智慧女人。如果一個美麗的女人不樂觀，那麼她的美麗又有什麼意義呢？

樂觀又輕熟的女人知道怎樣熱愛生活，知道怎樣更有意義度過生

第五章 性格心理學──走進她的心靈百草園
第十節 樂觀的女人，燦爛的人生

命。她具有一顆愛心，因為她知道，無愛的女人不會真正樂觀；她容易知足，因為她明白，太多欲望的心不會享受到快樂。

樂觀又輕熟的女人生活得有情趣，雖然平凡卻有滋有味。就像一縷春風，為別人帶來愉悅，她的身上有一種無形的光芒，吸引著別人走向她。

∮ 心理課堂

從前有兩個歐洲人，他們奉命到非洲推銷皮鞋。由於炎熱，非洲人向來都是打赤腳。那麼怎麼向不穿鞋的人推銷皮鞋呢？這是個棘手的問題。

第一個推銷員看到非洲人都打赤腳，立刻失望：「這些人都打赤腳，怎麼會要我的鞋呢？」於是他放棄，沮喪而歸。

另一個推銷員看到非洲人都打赤腳，驚喜萬分：「這些人都沒有皮鞋穿，這皮鞋市場大得很呢！」於是想方設法推銷非洲人買皮鞋，最後發了大財，衣錦還鄉。

這就是悲觀的性格與樂觀的性格導致的天壤之別。同樣是非洲市場，同樣面對打赤腳的非洲人，由於一念之差，一個人灰心失望，不戰而敗；而另一個人滿懷信心，大獲全勝。

拿破崙·希爾曾講過這樣一個故事：

塞爾瑪是一名陸軍軍官的妻子，她和老公一起駐紮在一個沙漠的陸軍基地裡。有一天，她的老公奉命到沙漠演習，她只好一個人留在陸軍的小鐵皮屋裡；但天氣太熱，她又沒有人可以聊天，她非常難過，於是就寫信給父母，說要拋棄一切回家。她父親的回信只有兩行，這兩行字卻完全改變了她的生活：「兩個人從牢獄的鐵窗望出去，一個只看到了泥土，另外一個卻看到了星星。」

塞爾瑪一再讀這封信，覺得非常慚愧，她決定要在沙漠中找到星

妳的輕熟時代
即使青春退場，也要繼續從容美麗

星。塞爾瑪開始和當地人交朋友，他們的反應使她非常驚奇，她對他們的紡織、陶器表示感興趣，他們就把最喜歡但捨不得賣給觀光客人的紡織品和陶器送給她。塞爾瑪研究那些引人入迷的仙人掌和各種沙漠植物，又學習有關土撥鼠的知識。她欣賞沙漠日落，還尋找海螺殼，這些海螺殼是幾萬年前，當這沙漠還是海洋的時候留下的……原來難以忍受的環境變成了令人興奮、留連忘返的奇景。

樂觀使原來很悲觀的塞爾瑪的內心有這麼大的轉變，這種改變使她把原先認為惡劣的情況，變為一生中最有意義的冒險。

因此，輕熟的女人在面對挫折時有兩種選擇：一種是在絕望中沉淪；另一種是在樂觀中奮起。顯然，選擇後一種性格的女人會有更加輝煌的人生。

從前，一個悲痛欲絕的少婦要投河自盡，被一位到河邊來洗衣服的老婆婆勸阻。老婆婆問她為什麼尋短見，她哭著說：「我結婚兩年，老公就遺棄了我，孩子又病死了。我活著還有什麼意思？」

老婆婆又問：「兩年前妳有老公和孩子嗎？」

少婦搖搖頭：「沒有。那時我一個人，自由自在，多麼快樂啊！」

老婆婆勸道：「妳現在不也是一個人，和兩年前一樣自由自在嗎？妳照樣可以快快樂樂啊！」

少婦心裡一震，恍如從夢中驚醒，自此，她完全打消了尋短的念頭。

上面的故事告訴我們：已失去的也可看成是尚未得到的，與其為已失去的憂傷，不如追求尚未得到的。性格樂觀的女人，沒有了音樂照樣可以跳舞。面對挫折或不幸時，與其垂頭喪氣、一蹶不振，不如把煩惱和絕望丟到一邊。

小蕊的童年在孤獨中度過，長大後由於草率成婚，沒過多久，這

第五章 性格心理學——走進她的心靈百草園
第十節 樂觀的女人，燦爛的人生

個匆忙建立起來的家庭就徹底破裂，她不得不一個人承擔起撫養兩個孩子的義務。儘管她找到了一份工作，但她那點微薄的薪水哪夠維持一家人的生活呢！

小蕊開始憂慮起將來的人生。她反覆問自己，她是只配做個斤斤計較每一分錢的小人物呢？還是在含辛茹苦撫養孩子的同時，找到人生的突破口，成為自己的主宰？最後她決定：她一定要改變目前的窘境，超越現在的自我，成就未來的幸福。

於是，她報名進了財經大學的會計班學習，並找到一份好工作。白天工作，晚上就去財經大學上課，即使週末也不休息。

有一天，小蕊發現自己的興趣不在於會計，而在於家庭裝飾，於是，她毅然辭去會計的工作，把活動陣地移到了家庭裝飾上。她把家裡布置得很漂亮，並且經常舉行各種聚會。當活動進行到高潮時，她亮出各式各樣的商品，然後向在場的人兜售，獲得了成功。

後來，小蕊成立了一間家用百貨進口公司；不久，她又創建了家庭裝潢和禮品有限公司，躋身商界，從此，她的人生開始了全新的篇章。

再後來，許多公司行號都請小蕊演講，好幾個董事會掛著小蕊的頭銜，小蕊成了各大公司爭相交往的對象。小蕊之所以能取得這樣輝煌的成果，就在於她在極其困難的條件下不甘自生自滅，決定用樂觀的心態改變自己的生活。

輕熟女人，要樂觀面對生活，把積極的信念貫徹到行動中。行動吧！激發自身的無限潛能，選擇做自己命運的主宰，就一定會取得人生的成功！

性格小試點

樂觀很容易得到，卻又難以把握，樂觀不需要任何庸俗的東西做

妳的輕熟時代
即使青春退場,也要繼續從容美麗

載體。許多女人都渴望擁有快樂,但這種快樂往往被她們所承擔的社會角色掩蓋。聰明的女人便是一個樂觀的女人,女人最美的時刻也是最快樂的時候。

第六章
情感心理學——滋養妳的生命和幸福

　　輕熟女人也有可愛的權利，無論是什麼時候，只要不失掉這種可愛，就一定能經營好自己的愛情和婚姻。

　　愛情是生活的開心果，但再好的感情也需要精心呵護。輕熟女人，為妳的感情把脈，為妳的生活加點糖。

第一節　做個懂愛的「小女人」

♪ 輕熟有約

　　愛是什麼？愛是包容，愛是關懷，愛是互相交融，愛是百味雜陳。愛不是什麼？愛不是放縱，愛不是溺愛，愛不是單戀，愛不是蜜糖罐。

　　愛著的女人不要太辛苦，要學會自我調節，讓自己不要那麼強悍，也許妳成功的機會更大。如果妳已經成功，維護好妳的愛情和家庭，別讓自己太勞累，別讓妳的丈夫感覺到家裡缺少了應有的幸福味道，不要把家當成妳的辦公室。

　　輕熟女人，請做個懂愛的「小女人」。這個時候的妳，僅僅是個溫柔的妻子、慈愛的母親、孝順的女兒，妳不是屬聲屬色的老闆，不是雷厲風行的主管。站在妳面前的不是妳的員工和下屬，而是妳的愛

妳的輕熟時代
即使青春退場，也要繼續從容美麗

人和親人。這個時候的妳，可以幼稚幻想，可以聰明浪漫，可以任性堅持，可以撒嬌偷懶。妳可以體貼照顧別人，也可以沐浴在別人的關愛。

輕熟女人，請做個懂得享受愛的女人，甜蜜、溫馨、刻骨銘心的愛，是妳一生幸福的保證。讓妳的愛情不但溫潤著相愛的人，還溫暖世俗的心。讓妳與相愛的人相互契合彼此的心靈，守護好屬於自己的這片後方淨土。

§ 心理課堂

輕熟女人，妳要懂得，愛不是商品，無法用價錢衡量，不是說用多少錢就能買回同等價值的愛。簡單追求有回報的愛，只會讓愛變質。愛本身是甜蜜的，可索取會讓愛變得沉重，進而演變為束縛。

愛是奉獻，而不應該是索取。如果說相愛需要回報，愛就變味了。索取可以說是愛的旅途中的絆腳石，甚至能毀滅愛，是愛的絕境。無私的奉獻則不同，它就像一塊試金石，奉獻讓愛昇華，是愛的天堂。

輕熟女人，妳要明白，愛一個人不是為了回報，妳只要愛他，給他帶來溫暖，這就夠了。愛本身就是一種回報，不用太計較誰付出的多，誰付出的少，不要以索取為目的。

蕭蕭是個婚姻破裂的女人，她很痛苦。她的上司曉曉是一個智慧的女人，她開導蕭蕭說：「失去愛的並不是妳，而是妳的老公。」

蕭蕭不解，曉曉便解釋道：「他拋棄了這麼愛他的人，難道不是最大的失敗嗎？而妳失去的是一個不再愛妳的人，比他幸福很多。」

蕭蕭幡然醒悟，於是她在曉曉的鼓勵下，認真工作，好好呵護自己和孩子，很快就走出了情感的陰影。

有的女人說，愛是相互的，我對妳好，妳也要對我好，這樣才算公平。大概很多女人都同意這個觀點，自己對別人好的同時，也希望

第六章 情感心理學——滋養妳的生命和幸福
第一節　做個懂愛的「小女人」

能收穫別人對自己的付出，自己關心別人的同時，也希望別人對自己的關懷是無微不至的。還有的女人在自己受委屈時，更希望得到愛人的關心和安慰，自己則像個小孩子一樣得到他的寵愛，如果愛人稍有疏忽，這個女人就覺得愛人不關心自己，不愛自己。其實不是這樣，只有一個懂得付出、不求回報的女人，才會擁有幸福的愛情和美滿的婚姻。

季明和雨薇高一時不同班，偶然相識。雨薇是一個很獨立、很有主見的女孩，而季明則是個長不大的男孩，時而樂觀，充滿自信；時而沉默，鬱鬱寡歡。兩個人在性格上雖然格格不入，但又恰恰互補。

高中三年裡，他們常在緊張的學習中相約一起玩耍，有時他們去某個同學家裡聚會，有時去郊外兜風。在日復一日的相處中，季明和雨薇的感情有了變化。

雨薇對季明特別好，她總說季明是多麼好，而季明也把她當成依靠，當他有困難時，就去找雨薇，而雨薇總是盡自己所能去幫助他。有一年季明的媽媽生病了，他很苦惱，雨薇就主動帶他媽媽去醫院看病，還每天安慰季明不要擔心。雨薇喜歡季明，她可以為他做任何事。

可是，季明把雨薇的好當成是理所當然，高三即將畢業時，他寫情書給另一個女孩，這讓雨薇非常失落。他們都考上了大學，一個在南方，一個在北方，雖然分隔兩地，雨薇還是堅持寫信給季明，希望有一天他能明白自己的心，能夠接納她。雨薇對季明的思念與關心一刻都沒停止，季明也一直與她保持若即若離的關係。

雨薇從朋友那裡聽說了很多季明的消息，包括他又和哪個女孩戀愛了。雨薇一直沒找男朋友，她心裡放不下季明。大四下學期，季明和女朋友分手了，他又開始跟雨薇聯繫，關係不進也不退。

開始工作後的第一年中秋，雨薇知道季明愛吃月餅。她不顧自己

妳的輕熟時代
即使青春退場，也要繼續從容美麗

暈車，坐了六小時的長途汽車只為見他一面，送他一盒月餅；但季明卻忙於工作，把她放在一邊，她停留了兩個小時，實在等不到他，只好回去。

雨薇對季明這麼好，季明心裡很清楚，其實他也漸漸愛上了雨薇。

兩年後的中秋節，季明正式向雨薇表達愛意，兩人成功走入了婚姻的殿堂。

故事中的雨薇很執著，很無私。「執著」這個詞，放在愛情上誰都會說，可卻很少有人能做到。輕熟的女人應該明白，愛是一種關心和照顧，沒有華麗的辭藻，沒有譁眾取寵的行動，只有在生活的點滴中才能感受，它是那樣平實堅定，不要輕信甜蜜的話語，用心體會吧。

♪ 情感小金庫

「年少時曾經以為，愛情是兩個人的事，甚至是三個人、四個人的事情；後來才明白，愛情是一個人的事。」

愛一個人，應該是發自肺腑的愛戀，這種愛是無私的，不計較回報和結果，因為太計較的愛情只會讓愛變成交易。

第二節　愛情需要玲瓏之心

♪ 輕熟有約

輕熟的女人應該有一顆玲瓏之心。

玲瓏之心，讓女人聰慧，聰慧的女人是懂得分寸的女人，什麼是剛剛好，什麼是過火，聰慧的女人是值得男人們珍愛的女人。因為聰慧，女人能夠讓男人舒坦，知道什麼時候和男人聊天，什麼時候向男人唏噓感歎，什麼時候在男人身邊默然等待。

第六章 情感心理學——滋養妳的生命和幸福
第二節　愛情需要玲瓏之心

輕熟女人，請固守一顆玲瓏之心，做一個像玻璃一樣透明的女人，在漫長的歲月裡慢慢打磨愛情，一點一滴都是滄桑美好的印記，刻在骨髓的深處，而它是如此溫暖，握在手心裡會出汗，蓄在眼睛裡會流淚。

輕熟女人，請用心展開愛情的布幔，將平淡往事和瑣碎心事串成珠璉，過濾塵埃，回到萬物初靜的幸福時光。

♪ 心理課堂

擁有愛的女人才是輕熟的女人、完整的女人。如果妳刻骨銘心愛上一個人，請不要只是輾轉反側，而要退而結網。

（1）別輕易讓妳的愛人受傷

夫妻相處，不可能天天順心順意，但作為一個輕熟的女人，妳要記住：妳們若是真心愛著對方，就不要輕易讓妳愛的人受傷。那麼，應該怎麼辦呢？

當妳感覺氣氛不對，或即將爆發一場口舌戰爭時，妳不妨先冷靜，不要劍拔弩張，如果在這種狀態下了結，後果會不堪設想。給自己一段時間，讓激怒的心情平靜下來。經過一段冷靜理智的思考後，就不會認為全是對方錯，並尋求更好的解決辦法。

（2）關鍵時刻給他台階

老公最害怕的就是在眾目睽睽下受老婆的指責，這樣必定感到顏面無光，愛面子的男人更是如此，很可能會拂袖而去；而作為老婆的妳，也會被他打入冷宮。

在大庭廣眾之下，如果妳的愛人有點過分，如果妳不責怪他，心裡不平衡，如果責備他，又怕丟了他的面子，怎麼辦？

輕熟的女人要懂得不要直接指責，利用疑問口氣來提醒他注意即

妳的輕熟時代
即使青春退場，也要繼續從容美麗

可，例如「……不是這樣嗎？」這種方法除了能顧全他的面子、化解難堪外，還能維護男人的自尊心，這就是兩全其美的辦法。

（3）女強人也要學學小女人

每個男人對事業或工作，都有著強烈的自信心和自尊心。如果妳是一個能力非凡的女強人，如果妳和愛人的興趣相同，或者是同搞一個門類，妳似乎還高他一籌，千萬記住，不要得意忘形在他面前自吹自擂，一旦使他的自尊心受到傷害，那麼下一個受傷的就是妳了。

謙恭致勝是俘虜男性的一大絕招。輕熟的女人不妨裝出一副天真無邪的樣子，讓愛人暢所欲言陳述意見，適時點頭，讓他感到女性的溫存體貼，妳留給他的印象一定非常美好。

（4）他失意時請接納他

每個男人都希望尋求一個穩固點，不論是事業上的問題，還是其他方面的焦慮、不安或脆弱，男人對於女人的敏感和接納心存感激。因此互相體貼是親密關係中最美好的禮物。

輕熟的女人在與愛人相處時，經常會在交談中聽出一些弦外之音，或許是對工作的抱怨，或許是同事的煩惱，或許他的事業出了問題。這個時候，妳應該善解人意為他安置一個心靈的休息空間，一旦妳的愛人認定妳會理解他或幫助他時，他絕不會去另尋目標和寄託。

（5）溫柔的責備就是苦藥的糖衣

輕熟的女人要善於在愛人發生錯誤的時候及時責備與批評，勸他改正錯誤、繼續前進。但是責備也需要技巧，弄巧成拙的話，他可能一氣之下調頭離去，溫柔的責備才是他所需要的。

首先，責備的語氣要顯示妳是為了他好。妳可以說：「這一點也不像你做的。」或者說：「如果你能在這方面改善，會更完美。」

其次，妳的聲音一定不能大，要盡量壓低聲調表現出悶悶不樂的

第六章 情感心理學——滋養妳的生命和幸福
第二節　愛情需要玲瓏之心

樣子，而且責備的話也不要多說，一句擲地有聲的責備就能達到效果。大聲責備會讓他覺得妳把他當小孩子來訓，自然會心生不滿。

最後，責備後加上一句友愛的話，比如：「誰讓我喜歡你！」好比是妳打一巴掌後又給他一顆糖果。

（6）別強迫他漫無目的的陪妳逛街

是有些男人為了討老婆的歡心，不敢露嫌惡之色，勉強硬著頭皮陪伴。

輕熟的女人要善於洞察，如果他心中不悅，妳就不能興致勃勃一逛就是幾個鐘頭，那樣他會無聊透頂。當妳與老公逛街時，不妨說：「今天陪我去買雙鞋吧！」或說：「只要花半個小時就行了！」這樣使他覺得有目的地逛街，便不至於太痛苦。買東西時，不要只顧挑選東西而忽略了他的存在，偶爾也徵求他的意見，相信他會高興的向妳提供意見，這樣也讓他不至於感到精神上太痛苦。

值得注意的是，購物時不要傷老公的自尊心，因為男人的自尊心與自卑感並存，他無時無刻不想在老婆面前證明他的能力。如果妳在商場看上一條昂貴的項鍊，而你們的家庭經濟又不是特別寬裕，那麼請妳割愛。因為如果妳堅持要買這麼貴重的東西，會令他為難，想買又太貴，不買又不好意思。

（7）少打「查崗」電話到公司

輕熟的女人關心自己的老公無可厚非，但是如果整天打電話到公司「查崗」，那就有點過分了。如果不是什麼急事，盡量不要打電話到他的公司，這是應有的禮貌。因為在他工作時，常常接到老婆打來的電話，會影響周圍人對他的評價。

但是，如果妳有急事，當然可以簡短商量一下，只是記住，不可以講太久。

妳的輕熟時代
即使青春退場,也要繼續從容美麗

♪ 情感小金庫

玲瓏之心會讓輕熟的女人體會到生活的情趣,能夠發現生活中一點一滴的小小驚喜,並且樂於和心愛的人一起分享這樣的小驚喜,享受平凡生活中的樂趣,這樣的女人才是真正熱愛生活的女人,和她相處永遠不會覺得累。

第三節　為妳的婚姻把脈

♪ 輕熟有約

「婚姻是愛情的墳墓」如今被奉為真理,其實,婚姻可以是愛情的墳墓,但也可以成為愛情的天堂,問題在於如何用寬容諒解對方。

輕熟女人,請為妳的婚姻把脈,在妳的婚姻出問題的時候,別計較得失,別怨恨不公。換一個話題談,換一個角度思考,對愛人多幾分理解和包容,妳的心情就會永遠沐浴在陽光中。

曾幾何時,多少男女幸福走上紅毯,接受愛的甜蜜饋贈,享受愛的姻緣之旅。曾經愛得那麼真切,愛得那麼義無反顧,對方的缺點在自己看來也是那麼神聖,恨不得時時刻刻陪在彼此的身邊,眼裡除了對方,再也裝不下別人。可是,相愛容易相處難,一旦相愛的人走進婚姻殿堂,朝夕與共,各種戀愛時沒有意識到的矛盾都會暴露出來,然後諸多的磨難便接踵而至,有時候因為一點雞毛蒜皮的小事都會爭得面紅耳赤,以前的欣賞變成一把利刃,深深刺痛對方。

輕熟女人,在妳感覺婚姻不如想像中美好的時候,只要調節好自己的慾望,懂得知足,就能坦然迎接婚姻中的風雨。

第六章 情感心理學——滋養妳的生命和幸福
第三節　為妳的婚姻把脈

♪ 心理課堂

在這個世上，沒有十全十美的人，也沒有十全十美的婚姻，因為婚姻是兩個人的相互結合，然後共同面對更複雜的生活。沒有絲毫矛盾的婚姻是不存在的，但如果一個女人懂得寬容，那麼妳的婚姻將很幸福。

小芹和陽旭就是這樣一對恩愛的夫妻。小芹是個專欄作家，有時候寫稿到深夜，陽旭不會打斷她的思路，只是時不時為小芹沖杯咖啡，拿點零食。當小芹看到濃香、熱氣騰騰的咖啡和小甜品時，幸福的笑了。

星期天的時候，小芹會為陽旭加餐。每次小芹在廚房裡忙碌時，陽旭都會跑過來幫小芹剝蔥。即使剝蔥會掉一地碎屑，小芹也很滿足。十幾年如一日，小芹和陽旭相依相偎，一起執手走過平淡幸福的歲月。

上面的故事中，小芹與陽旭的幸福讓人羨慕，因為他們都有一顆捨得為對方付出、懂得體貼和包容、毫不貪婪的心，這樣的婚姻怎麼會不幸福呢？

在現實生活中，無論妳對愛情與婚姻充滿期待還是心無波瀾，無論妳地位顯赫或身分低微，妳都要知足，知足這份獨一無二的緣分，知足夫妻間的體貼叮嚀、噓寒問暖，知足愛人於細微處的感動與情真。

幸福的婚姻是靠夫妻雙方滿足彼此的需要來維繫。當一方的需求不能在婚姻中得到照顧和滿足時，婚姻就容易觸礁。也許結婚前每個人都對自己的婚姻充滿了美好的憧憬，結婚後才發現相去太遠，只能感歎婚姻如圍城。

每個女人對待婚姻的期望不一樣，但妳要明白，婚後生活平淡如水，不可能一直像戀愛時那麼有情調、有趣味。知足就是平淡婚姻中的調味料，能夠調節情感菜肴，但加的時候要適量，否則太知足就會

妳的輕熟時代
即使青春退場,也要繼續從容美麗

安於現狀、不思進取,不懂得感恩和珍惜。

輕熟女人,妳要懂得,婚姻中的一些小矛盾並不可怕,小爭吵也在所難免,關鍵是要用愛的智慧去處理好這些麻煩和遭遇,具體該怎麼做呢?

(1) 不要向對方發脾氣

夫妻發生爭吵的時候,請不要發脾氣,惡性情緒無法適當排解,日積月累,最後不可調和,就不可避免會炸開。

從心理學角度來看,爭吵和發脾氣時,必然產生煩躁、怨恨、悲傷和憤怒等情緒,在心理學上稱之為負面情緒。負面情緒往往比較盲目,強烈的負面情緒還會影響理智,使人不能冷靜和客觀的看待事物、分析問題。如果負面情緒經常產生,那麼,夫妻之間往往只見缺點,不看優點;只看短處,而忘記長處;平時的好也成了壞,是也成了非。總之是一無是處。這樣的話,往日培養起來的夫妻恩愛之情就會被銷蝕,剩下的就是滿腹怨恨。

(2) 學點醫學心理學

當初引起爭吵和發脾氣,大多是一些小事,只是由於缺乏醫學心理學知識,缺乏對人的性格和情緒活動特點的了解,也缺乏足夠的思想修養,因而在不知不覺中釀就了一出出使人不愉快的爭吵,有的甚至造成令人痛心的悲劇。有的女人正值血氣方剛之際,往往忽視了爭吵和發脾氣對各自的身心健康可能造成的影響。為此,學習一點醫學心理學知識,多修養,還是很有必要。

(3) 爭吵也要理性

夫妻之間性格上有差異,興趣愛好不盡相同,對人對事的看法也不完全一致,偶爾發生幾句爭執,不足為奇。但如果這種情況經常、反覆發生而又處理不當,就會成為一種慢性的不良情緒刺激,在感情

第六章 情感心理學——滋養妳的生命和幸福
第三節　為妳的婚姻把脈

上往往形成難以彌補的裂縫，發展下去就會造成不良後果。那麼，怎樣減少爭吵，怎樣合理爭吵呢？

首先是公平爭吵。輕熟女人注意不要給對方造成心靈創傷。每個人都有底線，而攻擊不能超越這一底線，否則就會使矛盾激化。

其次是誠懇爭吵。輕熟女人應該把自己的缺點表現出來同時尊重別人。伴侶之間的爭吵不像拳擊賽那樣有不同的重量級別。如果強者用簡單粗暴的方法威脅弱者，那麼這樣的爭吵絕不會有好結果。

最後是有的放矢的爭吵。每一次爭吵都應有一個目標，也就是說要解決特定的問題，一切都應圍繞著這一目標進行。

（4）後悔了就認錯

在日常家庭生活中，一向關係密切的夫妻互不理睬，非常彆扭。這時，雙方都有後悔情緒，都希望打破這個僵局，但是誰都感到難以啟齒，於是夫妻一直處於「中斷外交關係」的狀態之中。

這時的妳，最好姿態抬高，主動打破僵局，誠懇和對方談，多自我批評，少責備對方，從而迅速恢復心理平衡。這樣的話，談心前雙方感到千難萬難，談心後如釋重負，豁然開朗。

（5）情緒調節好，生活就幸福

輕熟的女人要想建立幸福的家庭生活，就要在夫妻之間保持美好的生活方式。

首先，應當極力避免激起不良的負面情緒反應。夫妻之間應當使心理上的溝通和情緒和諧融洽。當一方心煩時，另一方應勸慰體諒，而不可煩上添煩；當一方氣盛難平時，另一方須冷靜沉穩，以使之氣消怒散，即力求「釜底抽薪」，避免「火上澆油」，切莫把夫妻爭吵和發脾氣當成小事。

其次，要以理智調節。這主要是在憂煩氣怒之際，使自己的頭腦

妳的輕熟時代
即使青春退場，也要繼續從容美麗

盡量保持清醒。至少，要能夠及時提醒自己注意或記住幾個最起碼的要點：爭吵、發脾氣傷感情，應該緩解；賭氣上火會使矛盾越鬧越大，不利於矛盾的了結並且有損健康長壽；多想想對方的好處在家庭中的作用；爭取做有修養、高姿態的一方。在僵持局面下，要盡快設法變換環境，或是把注意重心轉向與爭吵無關的事情上，也可以借助暫時「脫離接觸」，避免直接交鋒，在「休戰」一段時間後，火氣平和，再求得實現完全和解。

輕熟女人要明白，兩人能走到一起，那是幾輩子修來的緣分。既然深愛對方，就不必彼此傷害，而是要珍惜自己最愛的人，那樣的婚姻才是愛情的天堂。

᛭ 情感小金庫

婚姻裡的女人真的很容易滿足，幾句甜言蜜語，一個體貼的擁抱，有個只可意會的傳情眼神，就很幸福，很愜意了。婚姻裡的男人也是如此，一頓美味的飯菜，一次傾心的交談，一個發自內心的微笑，一句關切的問候，都能讓他心滿意足。

第四節　保鮮自己，保養愛情，保衛婚姻

᛭ 輕熟有約

愛情就像養花，要精心呵護，才能開出燦爛的愛情之花。而婚姻是愛情的果實，它的長久也需要細緻呵護。

現實生活中，想為愛情保鮮很難，因為你們朝夕相伴，難免會失去往日的新鮮感，牽手變得如自己的左手牽右手般平常，接吻和擁抱也變得敷衍。這時的愛情會逐漸變成一種親情，這時的婚姻往往不再

第六章 情感心理學——滋養妳的生命和幸福
第四節　保鮮自己，保養愛情，保衛婚姻

新鮮。

輕熟女人，請保鮮自己，給自己一個學習的機會，不管妳學什麼，只要認真就是一種進步，不要怕學了之後沒有用，妳學一樣東西，是為了充實自己，而不全是因為實用。

輕熟女人，請保鮮自己，要讓歲月在妳臉上手下留情，平時就要多加保養。均衡膳食和充足的營養攝入，對保持健康和活力非常重要，平時可以多留意這方面的資訊，讓自己永保青春。

輕熟女人，保鮮自己才能保養愛情、保衛婚姻。如果愛情和婚姻像時令水果，無論妳怎麼努力也不能地久天長，那麼請妳把自己打磨得像鑽石，即使滄海桑田，也不能改變妳的璀璨奪目。

§ 心理課堂

在婚姻的漫漫長河中，有的女人往往在柴米油鹽醬醋茶的平淡生活中迷失自己，有的女人還會在無聊中培養出囂張的脾氣和怪異孤癖的性格。在夫妻相處的日子裡，總是互不相讓，妳爭我吵，這樣的日子被壓抑和鬱悶緊緊包圍，將戀愛初期的那份浪漫和激情隔離在千里之外。

在現實的婚姻家庭中，生活的爭吵和矛盾慢慢變多，婚姻和戀愛的激情慢慢減少，當夫妻兩人失去吸引力的時候，也就給第三者以可乘之機，所以，這就要求輕熟的女人勇於面對平淡的婚姻生活，還要學會為愛情保鮮，保鮮自己。

輕熟女人，請做個善於保鮮的女人，在婚姻的漫長旅程中，努力追尋那一份保鮮，讓它浸潤妳的靈魂，豐富妳的內心，愉悅妳的精神，這樣才會給人一種美感、一種留戀、一種期待、一種滿足，這也是一個輕熟女人保養愛情和保衛婚姻的過程。

靜好是一個優秀的女人，在外人看來，她是一個女強人，但熟悉

妳的輕熟時代
即使青春退場，也要繼續從容美麗

她的朋友知道，她不僅僅是女強人這麼簡單。

靜好看起來比實際年齡年輕十歲，老公說她簡直是妖精，她的腦袋裡永遠有數不清的想法。有時候看著電視，便要老公邀請自己跳一支舞，雖然身材已經走樣，但還是魅力非凡。

她的心態永遠都停留在二十歲，對周圍事物充滿了好奇，即使是在十年前生意失敗時，負債累累的她還是要去電影院看一場電影。歲月讓她變得成熟，那只是在她的事業上，生活中的她是家庭、公司裡的開心果，有她在的地方，永遠都有笑聲。

她和女兒聊天，和屬下談論新一季的流行，甚至可以和老公談足球。她說自己就像一塊海綿，容量其實很大，生活需要不時更新一下，否則自己都會厭惡自己。

靜好是個快樂的女人，因為她善於保鮮自己。在這種充滿誘惑的社會中，如果妳不想讓愛人的心也被這種欲望所吞蝕，那麼，請妳學會好好為妳的愛情保保鮮吧。

輕熟女人，要保養愛情，保衛婚姻，首先妳要學會偶爾製造浪漫，讓愛永遠芬芳。因為浪漫是平淡生活的調味劑，它就像黑暗裡的一盞明燈，讓妳收穫一份溫暖和光明。妳可以在他生日或妳們結婚紀念日的特殊時刻，為他或為妳們準備一次特殊的浪漫。一份禮物、一束鮮花、一瓶紅酒或一頓燭光晚餐，都能讓妳收穫一種意想不到的情調和浪漫。

輕熟女人，要保養愛情，保衛婚姻，妳還要學會不時醞釀激情，讓愛永不褪色。對於婚姻長河中的兩個人，保持激情非常重要。愛人之間因為長期相處，對彼此了解得十分透徹，從習慣到性格，從身體到心理，對方對妳來說已經沒有任何新鮮的東西了。當妳把一個人看得太透徹，妳就會發現他很多方面並沒有妳想像中或戀愛時的那麼美

好，妳的心理就會產生不平衡，便開始有矛盾爭吵。面對這種平淡到不能再平淡的生活，輕熟女人應該善於醞釀激情，「距離產生美」、「小別勝新婚」就是妳醞釀激情的制勝法寶。

輕熟女人，要保養愛情，保衛婚姻，妳更要學會溫柔體貼和善解人意，讓他的心永遠為妳牽動。要想做到這一點，愛和信任必不可少，有愛才有信任，信任是愛情的潤滑劑。當對方不在妳身邊，如果妳多一份問候與關心，少一些指責和猜忌，那麼他肯定會為有妳這樣通情達理、善解人意的愛人而感到欣慰。此外，輕熟的女人還要學會關注愛人的健康與生活，妳要懂得不時噓寒問暖，在他困惑時給予安慰，在他努力工作時給予支持，妳要做到知他所憂和謂他所求。

♪ 情感小金庫

如果說婚姻是船，夫妻就好比是這艘船上僅有的兩個舵手，需要彼此用心配合與支持，才能讓妳的婚姻之船在這物欲橫流的海洋裡乘風破浪，揚帆前進。如果妳想讓妳的婚姻之船行駛得更加平穩，那麼就請妳多多思考如何來保鮮自己、保養愛情、保衛婚姻吧！

第五節　夫妻之道，別以愛的名義黏著他

♪ 輕熟有約

夫妻生活中，雙方以愛的名義關懷對方，是維護感情的有效方法；但如果關懷過度，沒有掌握好適度的原則，就會讓人厭惡。

比如，在一杯水裡面加糖，如果糖加得剛剛好，水就會變得非常好喝；但如果不斷加糖，糖的濃度越來越高，某個時候達到飽和，妳還繼續加糖的話，糖就不會再溶解，還會沉澱在水底，造成浪費，夫

妳的輕熟時代
即使青春退場，也要繼續從容美麗

妻生活中的關愛也是這樣。

輕熟女人，要想經營一段幸福的婚姻，不要把所有的心事都和老公分享，因為妳需要獨立完成一些事情；不要把所有的心思都放在老公身上，因為妳自己也需要磨練和昇華；也不要把老公看成是唯一的依靠，因為妳更應該依靠自己。

輕熟女人，要想經營一份長久的愛情，需要對老公依戀而不依賴，關心而不黏人，這樣才能得到老公的欣賞和愛護。即使已為人妻，女人也有可愛的權利。無論是什麼時候，只要不失掉這種可愛，就一定能經營好婚姻。

心理課堂

在婚姻生活裡，加糖的人常常是女性，但是怎樣把糖加得剛剛好，營造幸福，則是一門學問。丈夫希望回家後能看到妻子溫柔的背影，而這個背影如果有一段距離，反而就會產生美感。所以，女性一定要懂得在夫妻之間保持剛剛好的距離。

勇翔是一個苦惱的男人，他找到心理學家說：「我現在真的很害怕回家，非常害怕見到我老婆。我自己也覺得這樣對我和老婆都沒有好處，但我控制不住自己。每當公司的同事都興沖沖準備回家的時候，我卻寧願在辦公室加班。」

心理學家問勇翔：「您不是一個工作狂吧？」

勇翔搖著頭說：「基本上在沒有結婚之前，每次公司休年假的時候，我都會去滑雪或者去旅遊。結婚後我也和老婆去過一次，那次之後，我完全沒有興致了。」

心理學家問：「妳和老婆在結婚前相處愉快嗎？」

勇翔點頭說：「當然。可是我沒有想到的是，在結婚以前，我老婆吸引我的地方恰恰是現在我討厭回家的原因。」

第六章 情感心理學——滋養妳的生命和幸福
第五節　夫妻之道，別以愛的名義黏著他

接著勇翔就向心理學家講述了自己的經歷。原來勇翔在美國成長，性格獨立，做什麼事情都有條不紊，非常有主見。在和老婆結婚以前，他最喜歡老婆的地方就是溫柔體貼。

有時候，他開車去開會，老婆會打電話叮囑他一定要注意休息；塞車時，老婆會關切他：「心情不好吧？快，喝口水緩和一下。」。每當這種事情發生的時候，他心裡都會想，這才是我真正要尋找的老婆。

兩個人幸福走入了婚姻殿堂。然而，結婚一段時間以後，勇翔發現老婆的關心有時候讓他透不過氣。因為他是一個事業型的人，在公司常常會工作到很晚才回家。一般來說，如果他超過下班時間一個小時不回家，老婆就會打電話詢問。如果不能確定回家時間，隔上十幾分鐘，老婆就會打一次電話。

有時候，因為工作壓力大，心情不好，回到家裡不想說話，老婆卻會不停詢問：「怎麼啦，為什麼不說話？有什麼事情？」

他在書房工作的時候，老婆也常常進出，一會兒為他倒水，一會兒為他削水果。如果聽到他有一兩聲咳嗽，還會立即拿藥丸給他，並不斷催促他吃藥，注意少抽菸，一定要早點休息。

有時候，老婆還會為他買一些他並不喜歡的衣服，並堅持說他穿上好看，強迫他穿。但是，有些衣服在他的工作環境裡穿很不合適。他知道這是老婆愛他的一種表現，但是這樣過度的關心也讓他很累。勇翔非常苦惱，也不想回家，特別是工作不順利、心情不好的時候，面對老婆的他會變得更加煩躁。

如果妳是勇翔的妻子，看到老公因為自己的關心而不願意回家，妳恐怕會非常傷心。妳可能會覺得勇翔不解溫柔，關心他難道不好嗎？關心他也有錯誤嗎？其實，過度的關心就是一種錯誤。

妳的輕熟時代
即使青春退場，也要繼續從容美麗

　　從心理學的角度分析，勇翔的妻子有「關心強迫症」的傾向，即一個人總是自覺、不自覺提供別人並不需要的關懷，使他人不能獨自處理問題，而當自己的細緻關懷被依賴時，她就會自我滿足於這份成就與價值，否則就會有較強烈的自責和痛苦。

　　有些女人把老公作為依靠，作為家庭的支柱，婚後對老公非常尊重，也很關心。這沒有任何錯，但無論是什麼形式的關心，都要有限度。還有很多女人埋怨，自己的老公婚後變另一個人，其實這是很正常的一種現象。結婚以後，雙方就要坦誠面對，而無論曾經是多麼親密的愛人，在結婚後也應該懂得保持一定的距離。

　　輕熟的女人要懂得聰明看待一些問題，更要懂得察言觀色。經營婚姻最需要智慧。兩個人生活在一起，本來就是一件不容易的事情，跌跌撞撞在所難免。如果不能體諒對方，自然就不能獲得幸福。

　　輕熟的女人要懂得怎樣和老公相處，為老公留自由的空間，也為自己留一些空間。沒有必要每天在老公背後不斷叮嚀，老公一旦感到妳的叮嚀是一種累贅，他就會想要逃避；而一旦這成為一種事實，婚姻生活就會變得不幸。

　　劉若英曾說：「人的一生，最難的事情就是剛剛好！往前一步或退後一步會怎麼樣？沒有人會知道，總之就是剛剛好！就把『剛剛好』當成是人生追求的一個目標吧。」其實這個「剛剛好」在經營愛情上也很實用。

♪ 情感小金庫

　　結婚之前，戀愛雙方獨立，但其實結婚以後，夫妻雙方也應該獨立。即使很依賴對方，也要知道自己應該、不應該做哪些事情。

第六節　為他點亮愛的明燈

♪ 輕熟有約

當真愛來臨常常讓人盲目,所以輕熟的女人在享受浪漫醉人的愛情同時,應該學會為愛情點亮一盞明燈。

女人的愛就像一盞明燈,閃爍著女人心靈深處最美麗的底色,照亮愛人最孤獨的心房,點亮愛情的行程和婚姻的歸途。

輕熟女人,愛是一個永恆的話題,如同輕柔的春風凝起一層薄脂,閃爍著童話般的光暈;它就像冬日暖陽的精靈,輕輕伏在妳的心坎上,用溫柔親吻心靈的每一個角落。

輕熟女人,需要用愛作為平凡生命中的補充,需要用愛滋潤平淡的生活。

輕熟女人,應該學會把痛苦作為祕密,深埋在自己的心靈轉角,永遠用微笑迎接父母的關懷,用歡顏感染老公的情致,用笑聲澆灌孩子的心靈,為妳至親至愛的人點亮一盞愛的明燈。

♪ 心理課堂

生活中的愛人,彼此之間不需要任何承諾,不需要海誓山盟,輕熟的女人要學會慢慢領悟生活的美好,珍惜彼此的擁有,雖然只是默默的關愛,沒有浪漫的詩意,卻能比詩更有韻意。

生活中,我們常常見到那令人為之動容的愛情故事:

翰海和荷亭結婚時家徒四壁,連床都是借來的,更不用說家具了;然而荷亭卻傾盡所有,買了一盞漂亮的燈掛在屋子正中。翰海問荷亭為什麼要花這麼多錢去買一盞奢侈的燈,荷亭笑著說:「明亮的燈可以照出明亮的前程。」翰海不以為然,笑荷亭輕信一些無稽之談。

妳的輕熟時代
即使青春退場,也要繼續從容美麗

　　日子漸漸富裕起來,兩人搬到新家,荷亭卻捨不得丟掉那一盞燈,小心用紙包好收藏。

　　不久,翰海在商場中搏殺一番後,贏得千萬財富。像許多有錢的男人一樣,翰海先是聘了一個漂亮的女祕書,很快女祕書就成了翰海的情人。翰海開始以各種藉口外出,後來乾脆無須解釋就夜不歸宿。荷亭勸翰海,以各種方式挽留,均無濟於事。

　　這一天是翰海的生日,荷亭告訴翰海無論如何也要回家過生日。翰海答應,卻想起漂亮情人的要求。猶豫之後,翰海決定去情人處過生日後,再回家過一次。

　　情人的生日禮物是一條精緻的領帶,翰海隨手放到一邊,這東西他已有太多,而半夜翰海才想起荷亭的叮囑,才急匆匆趕回,而他遠遠就看見寂靜黑暗的樓房裡有一處亮如白晝,翰海看出來正是自己的家,當初荷亭就是這樣夜夜亮著燈等翰海歸來。

　　推開門,荷亭正淚流滿面坐在豐盛的餐桌旁,見翰海歸來,荷亭不喜不怒,只說:「菜涼了,我再熱一下。」

　　翰海沒有制止荷亭,因為翰海知道荷亭的一片苦心。當一切準備就緒之後,荷亭拿出一個紙盒送給翰海,是生日禮物。翰海打開,是一盞精緻的燈。荷亭流著淚說:「那時候家裡窮,我買一盞好燈是為了照亮你回家的路;現在我送你一盞燈是想告訴你,我希望你仍然是我心目中的明燈,可以一直照亮我的人生。」

　　翰海終於動容,最終放棄了情人,回到荷亭的身邊。

　　一個女人選擇送一盞燈給自己的男人,應該包含著多少寄託與企盼?值得慶幸的是,他已經明白愛是一盞燈,不管它是否能照亮他的前程,但它一定能照亮一個男人回家的路。

第六章 情感心理學——滋養妳的生命和幸福

第七節　事業好搭檔，生活好伴侶

♪ 情感小金庫

愛這個字本身就是以友做基礎的，有愛才有情、有意，她蘊涵著理解、奉獻、溝通和培育，需要細心呵護，愛的明燈會在黑暗的夜晚讓人感到格外明亮，在寒冷的冬天讓人感到格外溫暖。

第七節　事業好搭檔，生活好伴侶

♪ 輕熟有約

曾有位女主持人曾經說過這樣一段話：「一個男人的房子、車子、打火機、西裝，當然都可以成為他品味的一部分，但最本質、最真實表現一個男人品味的，是他選擇什麼樣的女人。」

妻子的程度決定了男人情感生活的濃度和未來事業的高度，選擇了什麼樣的女人，就等於選擇了什麼樣的人生。選擇一個好女人，縱使日月星辰都冷卻，群山草木都失色，婚姻的光芒還能在記憶的最初，在任何可見和不可知的角落溫暖燃燒。

輕熟女人，要做個好妻子，好妻子的標準就是生活好伴侶、事業好搭檔。

輕熟女人要持家，妳要讓男人覺得還是家裡最溫暖。如果能把婚姻的搭檔延續成為事業搭檔，更是求之不得，誰可以成為最忠誠、最可靠、最能同甘共苦的夥伴？當然是妳最親近的愛人了。

輕熟女人要事業，妳不僅可以做他的「幕後英雄」，如果能成為他事業上的好搭檔，他會更加離不開妳。尤其是對事業有成的老公來說，他更需要的也許就是妳對他的事業的支持和幫助。

妳的輕熟時代
即使青春退場，也要繼續從容美麗

♪ 心理課堂

好妻子是一種香氣，能感染整個家庭和社會。征服比爾蓋茲的女人梅琳達·蓋茲就是這樣一名醞釀香氣的好妻子，她不但是老公生活上的賢內助，還是老公事業上的左膀右臂。

梅琳達出生於美國達拉斯市的一個中產階級家庭，從小聰明好學。一九八七年，梅琳達獲得杜克大學的電腦和經濟學雙學士學位；一九八八年，她又獲得了杜克商學院的工商管理碩士學位。畢業後，梅琳達憑藉自己的精明能幹加入了微軟。

在軟體銷售方面，梅琳達表現出卓越的才能，雖然她的相貌並不特別出眾，但引起了老闆比爾蓋茲的注意。據說，蓋茲和梅琳達都是工作狂，兩人常常在辦公室加班。每天，蓋茲從自己的辦公室看出去，正好可以看見梅琳達。一次，蓋茲來到梅琳達的辦公室，鼓足勇氣對她說：「請妳永遠為我點亮這盞燈！」此後，兩人開始正式交往，而他們經常約會的地方就是辦公室。

有一天，梅琳達鼓起勇氣穿了一件特別的T恤來到蓋茲的辦公室，上面寫著「娶我吧，比爾」。於是在一九九四年新年這一天，夏威夷的一間教堂裡響起了祝福蓋茲和梅琳達結婚的鐘聲。

一樁美滿的婚姻不可缺少共同的理想，一個好妻子所能夠做到的，就是幫助丈夫找出生命中最渴望得到的東西，然後才能與丈夫齊心協力實現這些理想。

相愛不是專注凝視對方，而是兩人望向一樣的遠方。輕熟女人，請做個好妻子，跟妳的愛人一起，不斷追求新的目標，一旦實現一個願望，立即樹立另一個新的目標，這才是真正的成功生活。

第六章 情感心理學——滋養妳的生命和幸福
第八節 讓妳的老公「提升」妳

情感小金庫

夫妻合作總是能夠讓愛情與日俱增,隨著歲月的流逝,丈夫更不會忘記妳為他的事業、家庭所做的貢獻。當他的事業出現危機時,更是需要妳的時候,而當老公熬過了艱難時期,他就會一輩子記得妳的好。

第八節 讓妳的老公「提升」妳

輕熟有約

常言道:「一個成功男人的背後必定有一個女人。」很多事業成功、婚姻美滿的女人用事實證明:一個成功女人的背後必定有一個提升她的男人。

輕熟女人,要有夢想。有些女人只想要擁有簡單的工作與簡單的愛情,與一個男人在一起幸福生活。而真正優秀的男人,他們也會希望自己的老婆是有抱負的女人,如果女人有夢想,男人會全力支持。女人完全可以讓夢想跟隨著自己嫁給男人,只要他願意幫妳實現夢想,就說明他是一個懂得欣賞自己的男人。

輕熟女人,要提升自己。女人不要總想著在廚房發展,有能力的女人才能夠讓男人們欣賞,外面有著大把精彩的世界等待女人去追求。當然,女人在發揮著自己獨特的優勢時,還需要老公做堅強後盾,女人才能遊刃有餘的征服這個世界。

心理課堂

現實生活中,目光短淺的女人會認為理想中的伴侶就是有錢人;而真正有遠見的女人則會認為,與其揮霍青春尋找輕鬆生活,不如充

妳的輕熟時代
即使青春退場,也要繼續從容美麗

實自己過魅力生活。

張采英是一名銷售經理,月薪五萬,還有豐厚的年終獎金,無論是自己還是家人,都對她的工作現狀非常滿意。

但是男大當婚,女大當嫁,張采英結束了自己「剩女」的生涯,嫁給了林坤宇。張采英剛認識林坤宇的時候,他還是個工人,在張采英的指點下,林坤宇開始向商界靠攏,開始代理紅酒。就在兩個人結婚的前一個星期,張采英向公司辭職,而她和林坤宇的結婚喜宴,也是他們的公司舉辦。

張采英之所以看重林坤宇,並引他走向經商這條路,是因為她知道林坤宇是一塊經商的好材料。他不但對人說話和氣,而且善於經營人脈,整日談笑風生,其實心裡有數。而張采英一直很想有自己的事業,老公林坤宇雖然不是那種精英型男人,但是他自身的潛力能夠幫助張采英完成這個期盼已久的心願。最重要的是,林坤宇和她一樣,兩人朝著同一個目標奮鬥。

張采英認為,結婚是談情說愛,但更是男人和女人的合作,這種合作讓彼此都有進步的空間。剛開始創業的時候,張采英利用工作中積累下來的經驗和優勢,簽到了一些經銷合約並批發到飯店,而林坤宇則開著一輛二手車穿梭在各個批發點,生意越發興隆。

有時他們的生意也會遇到資金周轉困難,讓張采英感到慶幸的是,老公林坤宇有一個長處:他很討人喜歡,讓人信任。張采英記得在他們的生意最困難的時候,有一天林坤宇偶然在朋友那裡說了兩句,結果那天下午朋友就借他們兩萬塊錢,而這位朋友之所以能這麼放心借錢,完全是因為信任她的老公林坤宇。

後來,他們的生意越做越好。張采英對好朋友說:「雖然我現在的生活看起來依然很辛苦,但我已經很滿足了。說實話,嫁給工人老

第六章 情感心理學——滋養妳的生命和幸福
第九節　丟什麼都不能丟浪漫

公是我賺到,起碼我實現了自己的目標,成為一個老闆。比起那些整日坐在辦公室裡的工程師,比起那些抱著鐵飯碗的公務員、教師,林坤宇最適合我。」

很多女人都表示,結婚能使自己越活越美麗、越活越踏實,這一切都要歸功於嫁了個能提升自己的老公。

女人在選擇「執子之手,與子偕老」的愛人時,一定要認清妳此時挑選的這個男人,能不能在以後的人生之路上使妳進步,讓你們的未來朝著一個充滿希望美好的方向前進。

♪ 情感小金庫

輕熟女人,如果妳的老公是一個積極樂觀的人,妳也會被他感染;如果妳的老公是一個悲觀主義者,整天只知道抱怨生活,卻不會腳踏實工作,時間久了妳同樣會被影響。所以,有一個優秀而且可以幫助妳的老公,是妳今生最大的幸福。

第九節　丟什麼都不能丟浪漫

♪ 輕熟有約

浪漫是什麼?

浪漫是夜窗剪燭絮語,紅袖燈下添香;浪漫是花前攜手吟詩,黃昏月下相約;浪漫是和煦春風裡的細語,寧靜田埂上的凝望;浪漫是春天晨曦中細細長長的柳葉,秋日黃昏裡綿綿長長的思念。

浪漫是一種精神上的體驗,只有當妳熱烈付出愛時,它才會翩然而至。

輕熟女人,不要忽視浪漫。浪漫的女人懂得創造浪漫、享受浪漫、

妳的輕熟時代
即使青春退場，也要繼續從容美麗

珍惜浪漫、品味浪漫，那是一瞬間就能泛起的燦爛漣漪和快樂心情。

輕熟女人，要懂得「被浪漫」。「被浪漫」的女人喜歡在紀念日裡花一整天布置房間，準備一桌菜肴，再拿出一瓶紅酒。然後滿臉幸福等待愛人的敲門，為妳帶回禮物。

♪ 心理課堂
心理學家告訴我們：浪漫使女人更美麗。

（1）浪漫為什麼那麼少

生活中，隨著婚姻的延續，愛情的浪漫成分確實會越來越少。

有一些女人抱怨自己夫妻關係中缺少「浪漫」，甚至有的女人杞人憂天的認為，這是因為已沒有愛，可能妳的愛人已經尋求新的情人。其實不是這樣。也有一些男人不明白為什麼那位曾熱戀過自己、為自己留下無數美好回憶的女孩已經不復存在。

為什麼浪漫這麼少？為什麼這麼多女人渴望浪漫？為什麼這麼多男人給不起浪漫？原來男人和女人對「浪漫」的解讀存在著差異。

有的男人認為，浪漫似乎是這樣一種關係，它是持續、忠誠的奉獻，沒有煩惱，能滿足自己的情欲，從根本上說，它是排他的關係。

有的女人覺得，浪漫似乎更多的是偶然因素，一連串特別的事件。例如，對於一個女人來說，某首特別的樂曲，一頓美餐和幾杯醇酒，柔情蜜語，還有明月、大海和沙灘等等，這就可以使她們在海灘上達到「被浪漫」的最大滿足。

女人心中的浪漫並非男人心中的浪漫，男人心中的浪漫又非女人心中的浪漫，因此，浪漫就在愛情中變得稀罕。

輕熟的女人要想成就一生的幸福，就必須學會浪漫與被浪漫。

浪漫的女人，是個精緻、嫻靜、有氣質的女人，平時穿著得體，

第六章 情感心理學──滋養妳的生命和幸福
第九節　丟什麼都不能丟浪漫

自然大方，不濃妝豔抹，但也不日常素顏，簡約而不簡單。

被浪漫的女人，是個工作有激情、生活有情調的優雅女人。

（2）輕熟女人最浪漫的事

每個輕熟的女人都夢想在有聲有色的年華裡，繪聲繪色浪漫一回；而巴黎的女人，她們可以稱之為世界女人的浪漫之最。她們的浪漫表現在「香奈兒五號」的香味，以及在香榭麗舍大道的法國梧桐下的漫步，那種難以言表的精緻浪漫，將人的每個神經末梢都熨燙舒展。

但其實，她們的浪漫都不能與東方女人的知性浪漫媲美。「最浪漫的事是陪妳一起慢慢變老」，當妳真正懂得笑看雲起共潮生時，也就明白那才是輕熟女人最浪漫的事情。

♪ 情感小金庫

輕熟女人，應該保持浪漫的心。浪漫的女人，是個有很多故事、並且會說故事的女人。閒暇之餘聽她娓娓道來，妳會深入其境，感受她的喜怒哀樂，體味人生的酸甜苦辣。

妳的輕熟時代
即使青春退場，也要繼續從容美麗

第七章
事業心理學——輕熟女人不做弱女子

　　這是一個最好的時代，因為這個社會給人平等的機會，人人都渴望成功。

　　輕熟女人，要想在激烈的競爭中脫穎而出，必須練就一身的功夫，撐起屬於自己的一片天，與男人齊頭並進。

　　輕熟女人，不要把事業輝煌看得那麼遙不可及，只要妳心中有希望，命運就掌握在妳自己手中。

第一節 看準方向再開船

輕熟有約

　　一個輕熟的女人要想成就一番事業，就應該有一個明確的奮鬥方向。

　　有很多女人不願意定目標，因為害怕失敗帶來的失望；然而她們卻不知道，設定目標才是走向成功的基石，因為設定目標可以堅定妳的意志，使妳朝著所希望的目標奮勇前行。

　　設定目標對人生方向的影響也許一開始不是很明顯。就像郵輪航行在大海上，一開始如果航向偏了一點點，也許沒人可以注意到；但

第七章 事業心理學——輕熟女人不做弱女子
第一節 看準方向再開船

是經過幾個小時甚至幾天之後，妳會發現巨輪已經偏離妳的目的地很遠。

輕熟女人，成功在一開始僅僅是一個選擇。妳選擇什麼樣的目標，就會有什麼樣的成就與人生。

輕熟女人，不要輕視設定目標的重要性。有一位著名的詩人曾說過：妳是自己命運的主人，是自己靈魂的領航人，要過什麼樣的人生全看妳自己。因此此刻就立下決定，因為不遠處就是妳的未來。

輕熟女人，切記要瞄準目的地，找到方向再開船，這樣才能成功駛達彼岸。

♪ 心理課堂

世界潛能大師博恩·崔西曾經說過這樣的話：「成功等於目標，其他都是這句話的注解。」非常有道理。

比塞爾是撒哈拉沙漠中的一個小村莊，它的旁邊就是一塊十五平方公里的綠洲，而且只有從這裡才能到達綠洲，而走出去需要三天三夜，而第一個走出這片沙漠的人是肯·萊文，他在一九二六年發現這片綠洲。

為什麼在此之前，世世代代的比塞爾人始終走不出那片沙漠？原來比塞爾人不認識北斗星，在茫茫大漠中，沒有方向的他們只能憑感覺向前。然而，在一望無際的沙漠中，一個人若是沒有固定方向的指引，就會不斷繞回起步的地方。

肯·萊文發現這個村莊之後，就把識別北斗星的方法教給當地的居民，比塞爾人也相繼走出了他們世代相守的沙漠。如今，比塞爾已經成了一個旅遊勝地，每一個到達比塞爾的人都會發現一座紀念碑，碑上刻著一行醒目大字：「新生活是從選定方向開始。」

沙漠中沒有方向的人，只能徒勞重複著圈子；生活中沒有目標的

妳的輕熟時代
即使青春退場，也要繼續從容美麗

人，只能無聊重複日夜。沙漠中的人，新生活是從選定方向開始；現實中的女人，新生活是從確定目標開始。

請看哈佛大學一份有關目標對人生影響的追蹤調查：

百分之二十七的人沒有目標；百分之六十的人目標模糊；百分之十的人有比較清晰的短期目標；百分之三的人，有十分清晰的長期目標。

二十五年後，追蹤調查發現：那百分之二十七的人，幾乎都生活在社會基層，他們的生活都過得不如意，常常失業，靠社會救濟，並且常常在抱怨他人，抱怨社會；那百分之六十的人，幾乎都生活在社會的中基階層，能安穩生活與工作，但沒有什麼特別的成績；那百分之十的人，大都生活在社會的中上層，共同特點是不斷達到那些短期目標，生活品質穩定上升，成為各行各業不可缺少的專業人士，如醫生、律師、工程師、高階主管等；那百分之三的人，幾乎都不曾更改過自己的人生目標，他們始終朝著同一個方向不懈努力，成了各界頂尖成功人士，如白手創業者、產業領袖、社會精英等。

哈佛大學的這則調查報告告訴我們：一個人要想成功，最關鍵的一步，就是首先為自己樹立一個明確的奮鬥目標。

試想一下：假如有一艘船在大海上航行，妳問船長：「船在哪裡靠岸？」船長說：「我不知道。」很難想像這艘船最終會停在什麼地方；假如有一個神射手拿出槍準備射擊，妳問他：「靶心在哪裡？」他說：「我不知道。」大家認為他能擊中目標嗎？假如妳坐上計程車，計程車司機問妳：「妳要去哪裡？」妳能說「我不知道」嗎？

一位母親這樣教育她的女兒：「我希望妳能成為一匹良馬。良馬在奔跑時戴著眼罩，這樣牠的目光就會向前直視，並按照自己的跑道向前跑，而不會受到其他馬的影響。」

第七章 事業心理學──輕熟女人不做弱女子
第二節　成為完美的女主管

輕熟的女人必須知道自己的方向，堅持自己的目標，無論遇到多大的困難和干擾，始終專注，才不會與成功擦身而過。

♪ 事業小清單

當某人達成不尋常或似乎不可能的目標時，常有些人說他運氣好、占了天時地利或上天眷顧。然而，當妳接觸過眾多各界的成功人士之後，妳會發現一個很有意思的現象，那就是他們之所以能有如此大的成就，全在於這相同的第一步：設定一個期望的目標。

第二節　成為完美的女主管

♪ 輕熟有約

有人說：「做人難，做女人更難，做個成功的女人則是難上加難。」的確，女人的成功可能需要比男人付出更多的努力。

輕熟女人，當主管難，當個好的女主管更難，現代社會不但要求領導者具有豐富的專業知識、高超的管理藝術，還要有良好的氣質修養，以及得體的儀表。

輕熟女人，她的領導威望來自於崇高的理想、高尚的情操、博大的胸懷、堅強的意志和卓越的領導才能，而這些內在素養，一旦透過某些外在形式反映，便成為某些女主管特有的風度。

輕熟女人，要成為完美的女主管，要說得漂亮，慧言智語；要做得漂亮，謀事在前，成事在後；還要活得漂亮，生活有滋有味，工作有節奏。

♪ 心理課堂

主管不是隨隨便便就能當好，尤其是女主管，其角色定位與社會

妳的輕熟時代
即使青春退場，也要繼續從容美麗

倫理規範與男人有很大的區別，所以對一名女主管來說，懂得一些必要的規則和技巧，對於自己的事業來說有莫大助益。做到了以下十四點，妳也許就算得上一個漂亮的女主管了。

（1）及時消除誤會

輕熟的女人一旦當上主管，免不了會有許多應酬，如與一名男士單獨吃飯。在某些時候，尤其在晚飯時間，常會被人誤作夫妻或情人。禮節上應由男士做解釋，但有些男人不會即時作出反應，而是「不懷好意」聽之任之。一是懶得解釋；二是有意戲弄。遇到這種情況，便自己解釋就好了。

（2）恩威並用有奇效

對於女主管，一些男下屬常不願服從，作為女主管，妳若對他苦口婆心，他會看扁妳。因此對待這類男性下屬，沒有必要處處謙讓，而應拿出上級的權威，讓他感到妳的威嚴。當然，若能恩威並舉最有效，只不過這種恩要建立在威的基礎上，對女性來說更應如此。

（3）樹立強者的形象

柴契爾夫人是英國歷史上第一位女首相，她對自己的衣著非常在意，對自己的化妝、服飾非常講究。在她身上，沒有一般女人的珠光寶氣和雍容華貴，只有淡雅、樸素和整潔。從少女時代開始，她就十分注重自己的衣著，但並不標新立異、譁眾取寵，而是樸素大方、整潔俐落。她的衣著給人老成的感覺，因而公司的人稱她為「瑪格麗特大嬸」（瑪格麗特是柴契爾夫人的小名）。

每個星期三下午，她去參加政治活動時，都頭戴老式小帽，身穿黑色禮服，腳穿老式皮鞋，腋下夾著一個手提包，顯得持重老練。雖然有人笑話她打扮土氣，但她卻有自己獨到的見解：這樣的打扮能在政治活動中取得別人的信任，建立威信。她的衣服從不皺，讓人覺得

第七章 事業心理學——輕熟女人不做弱女子
第二節　成為完美的女主管

井井有條。

從上例中可知，從服飾方面注意自己的儀表形象，對柴契爾夫人事業的成功的確有一定的影響。

（4）靠自己打天下

作為女人，在私下交往中，得到男人的關心呵護完全可以理解；但在職場上作為主管的妳，千萬不要依仗男人。

（5）公私分明

主管工作的基本常識就按律辦事，公私分明。但要在工作上嚴格照規則走卻並不容易。通常，有些人便會鑽人情漏洞，不按常規辦事，有些男人會設下愛情或友情陷阱，誘騙女主管，就不知不覺成為男人的工具。所以輕熟的女人遇到一些曖昧或者別的情感因素的干擾時，一定要理智對待，不可感情用事。

（6）維護下屬的自尊心

人的自尊心非常脆弱，一遇到別人威脅，便會產生抗拒的心理。所以作為女主管，妳就必須懂得在適當維護下屬自尊，並誇獎他們。

作為一個女主管，當面臨下屬沒做好工作而需要批評時，往往會覺得難以啟齒，擔心傷害男人的自尊心。但為了大局，妳還是應該不顧情面，該批評的就批評。在批評之前，最好先讚賞幾句，然後再具體提出建設性的批評意見，並提供改進的方法。批評人時，要講究方法，最好在單獨情況下，面對面提出。

（7）善於納諫

女主管善於徵求下屬的意見，就表示妳在讚賞下屬，這表示妳重視他的見解和經驗，令他感到自己的重要性。但妳在徵求意見時，不要讓他覺得妳事無大小都要過問，這樣會令他覺得妳根本沒有判斷力，不配當主管。

妳的輕熟時代
即使青春退場，也要繼續從容美麗

（8）隨時互動
作為一個出色的女主管，要想和下屬建立良好的工作關係，一定要會察言觀色，針對不同的情況採取不同的辦事方式。當妳的下屬心情特別好的時候，妳可以和他商討解決困難的問題；當妳的下屬情緒低落時，妳要善於解悶，為他打氣。

（9）營造良好的辦公氛圍
辦公室不僅代表妳的職位和身分，更反映了妳個人的風格氣質。妳可以適當重新布置，或購買一些裝飾品，不但可以創造一個理想的工作環境，有時還能無形中增加妳的威勢。

例如，妳可以放一兩盆花卉，但不要把房間布置得太花俏；妳可以掛畫，選擇高雅的版畫或油畫。不建議掛海報，因為看上去會像是大學生宿舍。

（10）防人之心不可無
林子大了什麼鳥都有，在公司中也一樣，有的人會不擇手段拆妳台，一個能幹的女主管也不能倖免。最常見的手段就是下屬有意向妳洩露假消息或假情報，令妳在緊要關頭措手不及。作為女主管，害人之心不可有，但防人之心不可無。

（11）珍惜自己的眼淚
有的女人常用哭宣洩自己緊張鬱悶的情緒，但在工作環境裡，這種情緒表現卻要不得。雖然這一哭可能會立刻得到同情，但從長遠的眼光來看，不但有損妳的威嚴，也對妳的事業形象有害。在有些情況下，男人能接受某些女人的眼淚，但對一位女主管卻不同，他們鄙視動不動就哭的女主管，並以此斷定該人不能做大事。作為女主管，千萬要珍惜自己的眼淚。

第七章 事業心理學——輕熟女人不做弱女子
第二節　成為完美的女主管

（12）虛心改過

有的女人做事很主觀，別人一批評，常常不經考慮就立刻反唇相譏，令人覺得妳不能接受建設性的批評。所以，作為女主管，有必要不斷提高自己客觀的分析判斷力，虛心誠懇接受批評。否則，妳的下屬和上司難以和妳溝通，不能和氣傾談，這對妳不利。最好的方法是平心靜氣聽他人說完，分析之後，有則改之，無則加勉。

（13）主管就要做主管的事

有的女人一旦升遷，便覺得自己更應努力，很容易事無巨細都親自接手而心力交瘁。同時，如果妳通通都要做，下屬也會因此事事依賴妳。要改變這種被動狀況，妳必須學一些領導能力，不要身為女主管仍做一般職員的工作，而應學習指導別人，從一個新角度展開工作。

（14）善與上級多走動

妳若想保持女主管的形象，並要別人承認妳這個地位，妳應該與自己同級或更高職位的朋友來往，這並不是勢利眼而是現實情況。透過和同級或更高一級的主管接觸，更有助於了解整體規劃構想，對全域有一個更深入更明晰的認識，便於自己圈內工作的順利開展。

♪ 事業小清單

職場交際和處世技巧，有待於女主管們自己去體會和總結。輕熟女人，要成為完美的女主管，學會悟透某些祕密「玄機」，才能讓自己的事業更上一層樓。

妳的輕熟時代
即使青春退場，也要繼續從容美麗

第三節　激情是工作的靈魂

♪ 輕熟有約

　　激情是每一項偉大的發明、每一件精湛的作品、每一首絕妙的詩歌創作過程中最具活力的因素。激情是工作的靈魂，激情是事業的保證，有激情的女人，不僅可以提升自己的能力，還能深刻改變自己的精神面貌，不僅會為她的家庭和事業帶來蓬勃活力，還能為身邊人帶來一生的幸福和成功。

　　輕熟女人，不要說妳對工作沒有興趣，妳的工作沒有成就感，或者妳厭倦現在的工作，如果願意去找，總有千百個藉口在等著妳，為妳開脫和逃避。但是，這樣的藉口沒有用，這種藉口只能讓妳更加懈怠，最終一事無成。

　　輕熟女人，無從選擇和迴避自己的工作和環境，但對工作的態度，有沒有工作的激情，全在於自己。讓激情勃發，妳要相信自己就是一塊熱鐵，要相信自己的熱量能夠讓冰冷的水沸騰，這種強烈的欲望和激情會讓自己的夢想變成現實。

♪ 心理課堂

　　作為一名輕熟的女人，激情是妳事業成功的基石。但遺憾的是，有些女人剛工作的那段時間充滿激情，有聲有色；但隨著時間消逝和人事的消磨，她們會變得懈怠不堪，對工作缺乏熱心，每天只是應付。有些職場女性還經常抱怨：工作單調乏味，提不起興趣；激情與我無關，我整天打哈欠。

　　那麼，曾經在工作中激情飛揚的事業女性到哪裡去了？為什麼在工作中有如此多的抱怨和議論？是什麼讓女人在工作中逐漸變得機械

第七章 事業心理學——輕熟女人不做弱女子
第三節 激情是工作的靈魂

麻木？

其實答案就在我們心中，那是心中缺少「激情」。激情是心靈之火，讓智慧女人熱情擁抱生命和生活，擁抱工作和事業，讓輕熟女人活力無窮、堅強有力、生機勃勃、光芒四射。

（1）激情是事業女人的靈魂

作為一名職場女人，如果不努力工作或者工作沒有業績的話，就有可能被公司淘汰出局。在競爭異常激烈的現代社會，得過且過者將無法立足，不勞而獲者無處藏身，被淘汰和拋棄的，是那些沒有工作激情、不投入的員工。

美國通用電氣公司將其員工分為五類。第一類是頂尖人才，占百分之十；第二類是上等人才，占百分之十五；第三類是中等水準的員工，占百分之五十，他們的變動彈性最大，他們有機會選擇何去何從；第四類是中下等職員，占百分之十五，需要對他們敲響警鐘，督促他們上進；第五類是最差的，占百分之十，只能毫不留情辭退他們。

激情不是一個空洞的口號和虛無的噱頭，它體現在工作的每個細節和具體的行動。一個女人如果沒有激情，她的事業就是一潭死水，她自己就是那死水裡的魚，遭遇的將是缺氧。

（2）用活力點燃工作的激情

激情是工作的靈魂，沒有了激情的工作，就如同一個人沒有了靈魂，而沒有一個智慧的女人願意容忍這種失魂落魄似的消極，霍桑效應（Hawthorne effect）就是一個很好的例證。

一九二四年十一月，以哈佛大學心理專家以梅奧為首的研究小組，在美國霍桑工廠，試圖透過改善工作條件與環境等外在因素，找到提高勞動生產率的方法。他們選定了繼電器車間的六名女工作為觀察對象。在實驗中，主持人不斷改變照明、薪水、休息時間、午餐、環境

妳的輕熟時代
即使青春退場，也要繼續從容美麗

等因素，希望能發現這些因素和生產率的關係。但是很遺憾，不管外在因素怎麼改變，試驗組的生產效率一直沒有上升。

這個令人困惑的結果引發了管理學上的一場革命，經過一段時期的實驗和研究，人們終於意識到了，人不僅僅需要受到外在因素的刺激，更要有自身的激勵，由此誕生了管理行為理論，開始將人當作「人」而不是機器的附屬物來看待。這種由於受到額外的關注而引起績效或努力上升的情況，就是著名的「霍桑效應」。

「霍桑效應」給我們最大的啟示就是，每個人都有無窮的潛力和激情，妳認為自己是什麼樣的人，妳就能成為什麼樣的人。因此，輕熟的女人要相信自己是個對事業充滿激情的人，那樣妳就會成為事業輝煌的人。

（3）妳生來就是一塊熱鐵

當今企業中有很多具有潛力卻不自信的人。試想一下，一個女人如果連最基本的自信都沒有，又怎麼能在工作中熱情洋溢呢？

威利是美國福特公司的歐洲行銷部總經理，是個活力四射的人，但是他剛進公司的時候完全不是這個樣子。他剛剛就職時，在資料室打雜，工作十分無趣，成天無精打采，心不在焉，因此常常出錯，遭到上司責罵。

有一天回家，他向父親抱怨這個工作單調無趣。他的父親是個鐵匠，聽了兒子的話後，沉默了一下便轉過身，拿起一把大鐵鉗，從火爐中夾起一塊被燒得通紅的鐵塊，丟入了身邊的冷水中。這時，水沸騰了，縷縷白氣向空中飄散。

父親說：「你看，水是冷的，鐵是熱的。當你把火熱的鐵塊丟進水中之後，水和鐵就開始比賽——水想使鐵冷卻，鐵想使水沸騰。工作中又何嘗不是如此呢？工作好比是冷水，你就是熱鐵，如果你不想

第七章 事業心理學——輕熟女人不做弱女子
第四節　收穫心理：事業女人的心靈雞湯

被水冷卻,就得讓水沸騰。」

聽了這番話,威利深受啟發。反省和調整後,威利工作時充滿激情,很快便得到公司的重用,三十二歲就成為福特公司歐洲行銷部總經理。

每個人生來都是一塊熱鐵,除非妳自己想讓它冷卻,將自己的激情消退,否則肯定會讓水沸騰。這種激情燃燒所釋放出的光和熱,不但能讓自己昇華,還能將光和熱傳遞給周圍所有人。

事業小清單

「拿出妳的激情！」這句話送給那些至今仍沉睡、迷惘、抱怨、指責、消沉,那些還沒有真正開始工作的每一個女人。

第四節　收穫心理：事業女人的心靈雞湯

輕熟有約

輕熟的女人總是擁有魅力的財富,任何其他人都無法相比,也無法用金錢買到。那麼怎樣才能讓自己的財富發揮最大效應,讓自己受益終身呢？這就需要女人時時刻刻具備收穫心理,要有明確的目標和實現目標的姿態。

輕熟女人,擁有收穫心理,首先就要有明確的目標。目標是人生的燈塔：我們今天的生活狀態不是由今天決定,而是我們過去生活目標的結果；明天的生活狀態同樣不能由明天決定,它將是我們今天生活目標的結果。

輕熟女人,以收穫心理做事,不要用竹籃打水。在做人做事的時候不要硬做,講究方法和技巧,方法總比問題多,有了方法和技巧,

妳的輕熟時代
即使青春退場,也要繼續從容美麗

做事情才能事半功倍,甚至扭轉乾坤,講究方法才能讓自己的收穫心理變成現實。

♪ 心理課堂

法國博物學家讓·亨利·法布爾曾做過一項有趣的研究,這個研究的趣味性在於他研究的對象是毛毛蟲。

法布爾把一組毛毛蟲首尾相接,放在一個大花盤的邊緣,排成一個圓形,毛毛蟲開始繞著花盤的邊緣不斷前進。當法布爾在毛毛蟲隊伍旁邊擺了一些食物的時候,他本以為毛毛蟲會厭倦毫無意義的爬行,解散隊伍,轉向食物;但是出人意料的是,出於本能,毛毛蟲沿著花盤邊緣以同樣的速度爬了七天七夜,只要不餓死,牠們就會一直爬下去。試驗中的毛毛蟲一直在遵循著本能、經驗、習慣,或者說是傳統,不辭勞苦的付出,卻明顯毫無意義。

很多的時候,我們首先要明白自己想要什麼、目標是什麼,然後再去努力付出,才不會在努力之後卻發現自己的付出毫無意義。

沒有目標,我們就幾乎失去了能幫助我們成功的一切因素,會失去機遇、別人的幫助,因為妳自己不知道妳要什麼,當然也看不到好運,也就不知道需要什麼樣支持。

其實,成功不僅僅與目標有關,還與實現目標的技巧有關。「四兩撥千斤」是太極中的一個名詞,意思是用很小的力量撥動很重的東西,其中的訣竅當然是「巧」字。抓住最佳的地方,巧妙用力,抓住最佳的時機,巧妙撥動,自然可以將本來很難對付的東西輕易擺平。

露西和她的女同事去海邊度假。一天,她們在大海裡划船,卻迷路了,而狂風大起,每個人的生命都在飄搖。露西與同伴瑪利亞知道正確的方向應該向西,而瑪利亞馬上說出了自己的想法,態度堅決;但其他人都誤認為應該向東。在生命危急的時刻,大家都很混亂,不

第七章 事業心理學——輕熟女人不做弱女子
第四節　收穫心理：事業女人的心靈雞湯

相信瑪利亞的意見，而露西卻保持沉默。

瑪利亞和其他人開始爭執，最後瑪利亞被失去理智的眾人扔進大海。船繼續向東航行，露西也假裝認為應該向東，如果不這樣做，她就會和瑪利亞一樣葬身大海，但她必須想辦法矯正船的方向，否則也是死路一條。

於是，露西和就其他人培養好關係，慢慢取得大家的信任。她提出由她來掌舵，理由是她比較年長，有歷險的經驗，大家同意了。船繼續向東航行，但露西在船每走一段距離時，就稍微調整方向，大家都沒有察覺。在船繞了一大圈之後方向變成朝西，最終到達了西面的陸地。這個時候，露西才告訴大家真相，大家把她當作女英雄。

這就是方法的重要性，瑪利亞由於太死板，結果只能葬身大海；而露西靈活運用了方法，成了大家的英雄。

有些女人認為，這個世界上只要有遠大的目標就沒有什麼事情辦不到，可是她們卻沒想到除了目標之外，還要有淵博的知識和巧妙的方法。

輕熟的女人做事有技巧，金榜題名不一定要受傷流血，良好的做事方法才是業績優異的保障。

♪ 事業小清單

沒有方法妳可能永遠也無法到達成功的彼岸，有了方法妳就會少走很多彎路。

妳的輕熟時代
即使青春退場,也要繼續從容美麗

第五節　輕熟女人的成功關鍵字

輕熟有約

成功的女人之所以成功,原因在於她能吸取前人以及同仁的經驗,轉化成自己成功的動力,踏著前人的腳印勇往直前。

輕熟女人,要追求成功,要有一個完備的計畫、一個精緻的想法、一個突出的念頭,妳還要著手去做,然後不斷改進,要懂得嘗試,努力實現自己的目標。

輕熟女人,要成就事業,專心致力於那些有可能完成的事情,對自己面臨的每一項挑戰,都全力以赴,甚至背水一戰。

輕熟女人,要收穫成功,妳要經常對別人微笑,這樣才能得到別人的微笑。輕熟的女人對經歷過的活動總是積極評論,並總是熱情洋溢回憶自己與他人共處的時光。

心理課堂

女人成功的路有許多條,但無論選擇哪一條,都必須先練好自己的內功,以下是輕熟女人成功路上的七個關鍵字,為她們留下精神財富和智慧箴言,但願追求成功的輕熟女人有所啟迪和幫助,讓她們活學活用,擁抱燦爛的明天。

(1) 實踐

輕熟的女人要明白:世上任何宏大的目標,都是靠完成一件一件的小事來實現,而很難成為一步登天的火箭。

值得提醒的是,目標再宏偉迷人,它也只是藍圖,望著它自我陶醉,那是對水中月、鏡中花癡迷的愚人。

輕熟的女人應該知道,想要獲得事業成功,在想要改變或創新的

第七章 事業心理學——輕熟女人不做弱女子
第五節 輕熟女人的成功關鍵字

領域中努力,是取得成功的關鍵。

追求成功的女人有這樣的特徵:不管情緒如何,總是堅持正常工作。

(2) 堅持

成功是一個緩慢的積累過程,目標一步一步達到,需要時間,有時甚至需要成年累月。成功女人明白這一點,當她們為成功奮鬥時,她們懂得即時滿足是不現實的,既要實際努力,又要不懈堅持。

對輕熟的女人來說,重要的是要明白,那些功成名就的女人,通常都是從基層幹部做起!她們努力工作,慢慢升遷,就像是一點一點存錢,隨著在知識和經驗方面的日益富有,她們就成了學識廣博的人。

輕熟的女人應該懂得學習需要時間,知道不可能在一日之內就攀上理想的巔峰,在各種挫折面前不斷努力、視失敗為益友,積極吸取教訓。

(3) 投入

成功女人之所以成功,是因為她們能積極與其他成功者相較,把他們當成楷模。她們靠著早起熬夜、堅持不懈戰勝困難,在別人說她不具備資格時,也絕不放棄希望,相信只有行動才能引向成功,即使灰心也絕不後退。

(4) 積極

成功女人不管何時何地都積極熱情,一切美好情感都可以陶冶她的心靈,大自然的迷人讓她感到愉悅,她還善於把自己的思路和言談轉換成振奮人心的觀點;善於體驗現實中的美好事物,認為過去是一個可供借鑑的資訊庫,而未來是快樂、前途無限、引人入勝的樂園。她積極解決問題,把環境中的消極方面壓縮到最小限度。

妳的輕熟時代
即使青春退場，也要繼續從容美麗

（5）友好

成功的女人都是友誼至上的靈氣女人，她們對別人的幫助非常感激並由衷讚揚，極少說消極的話；她們致力於維護互相關心的友好氣氛；失敗時，她們承擔責任而減少衝突，很快化解別人的戒備，投入工作；她們真誠肯定對方，並且說：「請告訴我你的觀點。」然後注意傾聽，而不去爭論。

她們即便是得到一點幫助，都會真心誠意回報；她們理解別人發火可能是由於內心的恐懼，而平心靜氣和對方商討問題，同時糾正消極評論，不使矛盾在唇槍舌戰中激化。

（6）誠實

成功的女人總是喜歡自豪、直率的說真話。當妳真誠、坦白把自己的情況告訴大家時，會贏得大家的信任。

成功的女人很誠實，她們告訴別人自己在想什麼、需要什麼。如果有不同意見，就會面對面、溫和而直截了當的解釋明白。她們深知誠實比說謊更輕鬆。高情商女人在初次與人交往時也不掩飾自己，由於她們的坦誠，別人願意進一步了解她們。她們透過使別人了解自己的方法，而不靠專挑別人的錯誤和問題表明自己的真誠，她們重視別人的感受。

（7）堅定

任何女人的成熟之路都不是一片坦途，凹凸不平的路上照樣會堆放著幾塊石頭。有的女人在這時有些猶豫，有些對自己能力產生懷疑，從而感到畏懼，其實這是不必要的。

輕熟的女人在逆境中，不會只顧低頭歎息，而能把挫折變成前進的動力。壓力越大，她的興致和熱情越高，緊迫的工作任務、疲憊的身體、精神情感的苦悶，通通被她們當作乾柴投入事業的熔爐裡，而

第七章 事業心理學——輕熟女人不做弱女子
第六節　別出心裁的女人價值千萬

面對這熊熊烈焰，是堅定的笑容。

事業小清單

　　成功的女人也會犯錯，但這也正是光明磊落之人所做的一切。輕熟的女人要誠實坦率，有時承認自己沒做好，反而會收到更多讚美。

第六節　別出心裁的女人價值千萬

輕熟有約

　　別出心裁就是突破慣性思維。

　　慣性思維就是被過去的思維影響，總是按照既有的思維模式，它能使思考者省去許多摸索、試探的步驟，不走或少走彎路，大大縮短思考的時間，提高思維效率，使思考者駕輕就熟、輕鬆愉快。

　　但是，慣性思維是成功的大敵，因為慣性思維會禁錮人的頭腦，跳不出原來的圈子，就難以有精彩的創意思維。被慣性思維禁錮住的女人難以成就一番大事業，因為她們會隨波逐流、人云亦云，不可能在競爭激烈的社會中脫穎而出。

　　輕熟女人，若想獲得事業成功，要有做創意思維，才能解決在事業發展過程中所遇到的新問題，才能找出新的解決方式。只有依靠自己的智慧別出心裁，才能走上成功的捷徑。

心理課堂

　　「岡田屋」是日本川崎市的一家商店，生意異常興旺，在其他商店只能勉強維持的時候，它卻保持生意興隆，不斷擴展業務，商店的銷售額和利潤年年增加。這是為什麼？原來這家商店的老闆在長期的經營活動中善於觀察，創造出許多與眾不同的經營策略。

妳的輕熟時代
即使青春退場,也要繼續從容美麗

在商業零售中,常常有因零錢不足而無法找錢的問題,而岡田屋推出了一個解決問題的辦法,既解決了零錢不足的問題,又招來了顧客。這個辦法就是在門口營業廳設立一個個「抽獎處」,顧客每支付一日元就可獲一次抽獎的機會。顧客購物時往往要求不找零錢,而用零錢抽獎。這種別出心裁的手法,不但滿足了顧客用小錢獲大獎的投機心理,而且本身也為商店增加了一筆收入,關鍵在於顧客都樂於到這個商店「購物」和「碰運氣」。

一九八四年,聖誕節前的美國朔風刺骨,玩具店門前卻通宵達旦排起了長龍。原因是人們心中有一個美好的願望:領養一個身長四十多公分的「椰菜娃娃(Cabbage Patch Kids)」。

原來,「椰菜娃娃」是一款獨具風貌的玩具,由美國奧爾康公司的羅伯茲創造。

透過市場調查,羅伯茲了解到,歐美玩具市場的需求正由「電子型」、「益智型」轉向「溫情型」。他當機立斷,設計出了別具一格的「椰菜娃娃」玩具。與以往的洋娃娃不同,以先進電腦技術設計出來的「椰菜娃娃」,有著不同的髮型、髮色、容貌,不同的鞋襪、服裝、飾物,這就滿足了人們對個性化商品的需求。

另外,「椰菜娃娃」的成功,還有其深刻的社會原因。離婚給兒童造成心靈創傷,也使得不到子女撫養權的一方失去感情的寄託。而「椰菜娃娃」正好填補這個感情空白,不僅受到兒童歡迎,而且也在成年婦女中暢銷。

羅伯茲抓住了人們的心理需求大做文章,別出心裁把銷售玩具變成了「領養娃娃」,把玩具變成了人們心目中的孩子。

奧爾康公司每生產一個娃娃,都要在娃娃身上附有出生證明、姓名、手印、腳印,臀部還蓋有「接生人員」的印章。顧客領養時,要

第七章 事業心理學——輕熟女人不做弱女子
第七節　女人天生會策劃

莊嚴簽署「領養證明」，以確立「養子與養父母」關係。

分析顧客心理需求後，羅伯茲又做出了創造性決定：「配套一條龍」——銷售與「椰菜娃娃」有關的商品，包括娃娃用的床單、尿布、手推車、背包，以至各種玩具。

領養「椰菜娃娃」的顧客既然把她當作真正的孩子與感情寄託，當然把購買娃娃用品看成是必不可少的事情，這使奧爾康公司的銷售額就大幅成長。

後來，「椰菜娃娃」的銷售地區擴大到英國、日本和香港等國家和地區，保持奧爾康公司在玩具市場上首屈一指的地位。

奧爾康公司靠想像力，虛構了令人喜愛的「椰菜娃娃」，當「椰菜娃娃」成了搖錢樹，它又引發了一系列相關產品的誕生，別出心裁使奧爾康公司受益無窮。

♪ 事業小清單

某些別出心裁的創新方法能在短時期內取得巨大的成功，輕熟的女人若能深悟其內涵，便能找到一條通往成功的捷徑。

第七節　女人天生會策劃

♪ 輕熟有約

輕熟女人的成功並不是從天上掉下來，而是需要用心策劃，其中的經驗需要有心的女人掌握。

輕熟女人，當前的經濟地位和教育水準低下並不可怕，可怕的是失去了對於前途和事業的信心。輕熟的女人只要懂得策劃自己的人生，善於經營自己的理念，遲早有一天會摘到累累碩果。

妳的輕熟時代
即使青春退場，也要繼續從容美麗

輕熟女人，一定要及時為自己的幸福人生規劃，把最大的夢想標在金字塔頂端，然後從下往上，把妳每個階段要實現的目標，都逐一標註出來，然後按照這個圖往上攀登。

§ 心理課堂

白領麗人讓人羨慕，金領精英讓人仰慕，但她們的成功並不是註定的，下面是輕熟女人成功的五大職業策劃：

（1）重新定位

如果妳現在的定位不夠成功，不妨觀察一下妳身邊的其他機會，考慮更遠大的前景。在門口找機會比在遙遠的地方更容易。所以到一個機會不多的地方去發展是不明智的，哪怕是為了一份好工作，有時跳槽比升遷更有利，所以輕熟女人要擁有創業者的決心。

（2）老闆心態

輕熟的女人要學會透過分析公司目標、特權和策略，提高自己在公司的價值，然後推算如何為公司做出具體貢獻，如何才能在公司以老闆的心態工作。

（3）及時談心

事業女人不要等著別人評價妳的工作，每隔三個月和老闆談一次，直接聽取他對妳工作的建議。接受意見時心胸要開闊，要把它作為學習的機會，主動尋求回饋可以顯示妳虛心好學的態度，並為自己爭取時間。

（4）挑戰自我

優秀的女人透過在公司的積極表現，提高妳的名聲，使妳成為核心員工，多幫助他人，使妳更受大家歡迎。一旦妳對現在的工作駕輕就熟，就要將妳的成績和進步記錄在案，總結時就能一目了然，以便

第七章 事業心理學——輕熟女人不做弱女子
第八節　好人緣成就妳的升遷

申請新的任務或承擔新的挑戰，不斷為自己設定新的目標。

（5）網羅人際

輕熟女人，需要學習新知識，與科技同步。網路時代的今天，需要我們用網路知識武裝自己，創造良好的人際關係。

善於精心策劃人生的女人，必定會成為一名成功的女人。

∮ 事業小清單

有遠見、有策劃是輕熟女人成功的關鍵所在，輕熟的女人善於動腦，以智慧贏得成功。

第八節　好人緣成就妳的升遷

∮ 輕熟有約

升遷充滿艱辛，作為職場中的輕熟女人來說更是如此。

輕熟女人，從妳踏入職場的第一天起，就要開始經營人際關係。有困難找妳商量；有什麼糾紛，也找妳調解；有關福利的事情，也會推選妳出來負責，妳在公司的地位也就更加穩固，那麼妳的升遷就指日可待。

∮ 心理課堂

好的人緣是女人成功的基本保障。

作為一名事業女性，當妳在工作中遇到一些人際交往方面的麻煩的時候，一定要努力改善人際關係。那麼，怎樣才能培育好人緣呢？

（1）勤學好問

在妳初接到一件工作，不知道來龍去脈的時候，妳必須時時請教別人。這時候，如果妳的態度不夠虛心，不夠耐心，就容易收到別人

妳的輕熟時代
即使青春退場，也要繼續從容美麗

的白眼，或是得不到客氣的待遇。如果不經心犯了一點錯誤，更容易招致不滿的批評。這時候，如果妳火氣太大，或者自命不凡，一定對於這些現象難以忍耐，因而破壞了同事的關係，使自己的工作更不順手。

輕熟的女人要注意修正自己的態度。既然自己對工作不熟悉，就要很虛心、很耐心的向別人請教。如果犯了錯，只有坦白承認，並且立即用心糾正，即使偶爾受到不公平的待遇，也不要斤斤計較，這是一種社會風氣，不是兩個人的問題。對妳不客氣的人，可能在初來時也被別人欺負過，只要自己將來不學他，不對新來的同事不客氣就行了。

（2）樂於助人

妳不妨做一個樂於助人的人，假如有同事把一些本來不歸妳負責的工作交給妳，妳盡量做好。第一，反正總要做事，只要是公事，只要不妨礙自己的工作，就一律照做；第二，把這些工作當成一種學習的機會，多學會一種工作，多熟悉一種業務，對自己總會有好處；第三，這是跟同事接近和建立良好關係的機會。假如某同事把自己應做的工作交給妳，如替他建一個表格或寄一封郵件，如果妳很樂意接受，並很認真做好，彼此都會有良好的印象；第四，這些都是暫時的現象，因為妳是新來的，可能沒有固定的工作，所以別人有機會把各種工作都拿來給妳試試，或者請妳幫忙，等到妳對工作與環境都漸漸熟悉，執掌工作也漸漸清楚，妳跟同事之間建立良好關係後，這些現象就會自然消除。所以，妳大可不必在開始的時候，因為多做一點事就和別人發生不愉快。

（3）待之以禮

輕熟的女人對同事要待之以禮。一般的公司都是金字塔形態，表

第七章 事業心理學──輕熟女人不做弱女子
第八節 好人緣成就妳的升遷

明上下的職責和分配工作範圍。但東亞企業還有年紀之分，不論其職務是什麼，年紀較輕的人，一定要尊敬年紀較長的人，在公司裡年資最久的人，往往是公司的元老。元老如果能信任妳，對於妳來講將有莫大的幫助，只要妳真有才能，把真實的成績拿出來，機會一到，自能扶搖直上。

（4）先公後私

妳在一個公司工作久了，不免和同事私下來往，很容易陷於這樣的境地：對於妳所不喜歡的人，在公事上也不跟他合作，甚至故意為難他；相反，對於時常來往的同事，妳把他們當作自己的好友，因而在公事上也給他們許多「方便」，即使他們在公事上犯了嚴重的錯誤，妳也不加糾正，甚至替他們隱瞞。

這兩種做法都會招致不良的後果，不但會貽誤公務，使整個機構的業務受到損失，等於是破壞了全體人員的共同利益，包括妳自己和朋友。

我們都應該抱著認真負責的態度，先公後私，這是工作的最高守則。

因此，對於某一個同事，如果私下裡有什麼不愉快的衝突，無論多麼不喜歡他，在公事方面，還應竭力和他保持良好的關係，絕不在公事上故意為難對方。在公事上要關心他、幫助他，有什麼困難，設法幫他，誠懇、和諧解決，同心協力把工作做好。

另一方面，跟自己私交很好的朋友，也千萬不可隨便縱容他們做對公司不利的事，遇見嚴重的錯誤必須糾正。姑息朋友犯錯，這樣只會毀了他的前途和名譽。

如果妳能在工作上絕對認真負責，對各種業務非常熟悉，對同事誠懇和善，對自己的私生活嚴肅純正、樸實健康。如果妳能夠努力做

妳的輕熟時代
即使青春退場，也要繼續從容美麗

到這幾點，擁有良好的人緣就不會離妳太遠。

§ 事業小清單

好人緣將會鋪就成功的事業之旅，輕熟的女人若能遵循職場的一些基本規則，用心經營人際關係，妳的事業從此就會一片坦途。

第九節　擁抱妳的競爭對手

§ 輕熟有約

女人行走職場，難免跌跌撞撞，碰到令自己不愉快的人，雖然可以發洩，但往往會因此得罪人，無意間為自己樹敵。

對手的力量會讓一個人激發出巨大的潛能，創造驚人的成績。尤其是當對手強大到足以威脅到妳生活的時候，一刻不努力，妳的生活就會有萬分驚險。

輕熟女人，要想做一個人脈高手，就應該欣賞妳的對手，擁抱妳的對手。

輕熟女人，請擁抱妳的對手，也許這是一件很難做到的事，因為絕大部分人看到對手都會咬牙切齒，都會有滅之而後快的衝動。即使環境不允許或沒有能力消滅對方，至少也是保持冷漠，甚至會說一些讓對方不舒服的嘲諷。正因為難，所以人的成就才有高低之分、大小之別。

輕熟女人，和別人相處時大度一些，容天下人、天下物，出入無礙，進退自如，而這恰恰是成就大事業的重要本錢。

§ 心理課堂

欣賞對手能發揮極大效果，它會給妳帶來幸福、友誼，乃至成功。

第七章 事業心理學——輕熟女人不做弱女子
第九節　擁抱妳的競爭對手

輕熟女人，當妳確立一個對手的時候，妳所得到的將不只是一個對手，妳在精神上所受到的威脅將十倍、百倍於實際給妳的威脅。

排斥對手對事情沒有幫助，弄不好還會兩敗俱傷；相反，如果抱著欣賞對手的心態，則可能贏得人心。

請看下面的一個例子：

有一位動物學家研究非洲大草原奧蘭治河兩岸的羚羊群。他發現東岸羚羊的繁殖能力比西岸強，奔跑速度也比西岸快。而這些羚羊的生存環境和種類都相同，飼料來源也一樣，這是為什麼呢？

於是，他在東西兩岸各抓了十頭羚羊，分別送往對岸。結果，運到西岸的十頭羚羊一年後繁殖到十四頭，運到東岸的十頭羚羊只剩下三頭，其餘七頭都被捕食。

現在妳一定可以明白，東岸的羚羊之所以強健，是因為在牠們附近生活著許多肉食動物，西岸的羚羊之所以弱小，正是因為缺少了天敵。沒有天敵的動物往往最先滅絕，有天敵的動物則會繁衍壯大，這一現象在人類社會也同樣存在。

(1)　「報仇」的代價

人與人之間用真心交流，就會增進了解，消除隔閡，使他人變成妳的朋友，把對手當成動力，不是更有利於妳的成功嗎？

當妳用高尚的人格感動了一個對手，使他成為朋友時，妳得到不只是一個朋友，妳感受到的歡樂和輕鬆也十倍百倍於自己。

請看看一個女人「報仇」所需要的投資：

首先，是精神的投資。每天計劃「報仇」，需要花費無數精力，想到切齒處，情緒心神的劇烈波動，很有可能影響身體的健康。

其次，是財力的投資。有人為了「報仇」而投入一輩子的事業，大有「玉石俱焚」的味道，就算不放下一輩子的事業，也得花費不少

妳的輕熟時代
即使青春退場，也要繼續從容美麗

的財力部署。

最後，是時間的投資。有些「仇」不是說報就能報，三年、五年、八年、十年，甚至二十年、四十年都可能報不成，就算仇報了，自己也已經鬢髮斑白。

因此，一個成熟、有智慧的女人，要懂得權衡輕重，知道什麼事有意義，「報仇」這件事儘管可消心頭恨，但同時也迷失了自己，所以「仇」可以不報。

（2）「擁抱」的收益

許多女人都犯了一個致命的錯誤：詛咒我們的對手，或者因為自己遇到了對手而失魂落魄。妳應該為自己擁有對手而慶幸，為自己遇到的艱難慶幸，因為這正是妳脫穎而出的機會。

人生中一定會遇到各種對手，妳可以想像，但不必擔心。因為對手是一把雙刃劍，可能對妳造成威脅，但也可能成為妳進取的動力。

在現實生活中，妳沒有必要憎恨對手。若深入思考，妳也許會發現，真正促使妳成功的、激勵妳昂首闊步的，不是順境和優越，不是朋友和親人，而是那些常常可以置妳於死地的打擊。

競技場上比賽開始前，比賽雙方都要握手敬禮或者擁抱，比賽後也要再來一次，這是最常見當眾擁抱競爭對手的方式。

擁抱對手，妳就站到了主動的地位，採取主動制人而不受制於人。不僅僅迷惑了對方，使對方不明白妳對他的態度，更迷惑了第三者，不明白妳和對方到底是敵是友，甚至可能誤認為妳們已化敵為友。如果對方沒有擁抱妳，那麼他將會被別人定義為心胸狹窄，兩相比較，二人的分量不言自明。擁抱妳的對手，妳就是勝利者。

第七章 事業心理學——輕熟女人不做弱女子
第九節　擁抱妳的競爭對手

♪ 事業小清單

擁抱妳的對手,是輕熟女人人脈關係中的必修課,也是最難的一課。跟對手握手,才能壯大自己的力量。感謝妳的對手,因為正是他們使妳變得更加傑出。

妳的輕熟時代
即使青春退場,也要繼續從容美麗

第八章
交際心理學──輕熟女人成就好人氣

　　交際是輕熟女人闖蕩社會必備的能力,更是安身立命的智慧。會交際的輕熟女人,無論是在生活中,還是在職場上,都能夠左右逢源、人見人愛,成為最受好運青睞的幸福女人。

　　輕熟女人,要想在交際場上如魚得水,不僅需要掌握各種交際策略和語言技巧,更要學會運用女性自身的優勢和魅力達成目標。

第一節　交際需要良好的禮儀

♪ 輕熟有約

　　培根曾說:「相貌的美高於色澤的美,而優雅合適的動作美又高於相貌的美。這是美的精華。」

　　輕熟女人,言談舉止要溫文儒雅,落落大方,往往能給人留下深刻而美好的印象。良好的禮節,可以體現出妳的才華和修養,可以幫助妳得到良好的社會聲譽,可以為妳獲得更多人脈,為妳鋪平成功的道路。

　　東方民族性格含蓄,因此在禮節上非常講究。每個人都希望得到別人的尊重,每個人都清楚,只有受到別人的認可和尊重,而彬彬有

第八章 交際心理學——輕熟女人成就好人氣
第一節　交際需要良好的禮儀

禮，是尊重和認可的最簡單方式。

古語云：「文質彬彬，然後君子。」一個人從外表到本質都儒雅有禮，才能受到歡迎，也是使妳在交際中更具品味的基本要求。

輕熟女人，從現在做起，隨時隨地注意禮節，贏取更多人脈。

♪ 心理課堂

《禮記·曲禮上》說：「禮尚往來，往而不來，非禮也，來而不往，亦非禮也。」

什麼是「禮」？跟別人見面時，雙方一般先打招呼，然後互相握手致意。關係要好的朋友，可以伸出雙手用力緊握；關係普通的人，伸出手一握即止，這就是「禮」。

良好的禮儀，能夠向對方展示妳的優點，它往往決定機遇是否會降臨。

比如在公司，妳的衣著是否得體，就可能影響到妳的升遷和與同事的關係；請客戶吃飯，妳的言談舉止是否得體，或許就影響到交易的成功與否；在辦公室，無意間的不雅言行，或許就會讓妳失去參加特殊宴會的機會……所以說，禮儀可以表達出尊敬、友好、真誠的感情。

但是，有些人往往不注意禮儀，說話做事粗魯，招致別人的厭惡，久而久之就喪失了很多人脈，對事業、家庭等方方面面造成不利影響。

比如，參加聯誼舞會，在衣著穿戴上，男士要莊重整潔，小姐要持重典雅。進入舞廳的時候，也應該彬彬有禮，對親朋好友要點頭問好或握手致意，對陌生人也要以禮相待。跳舞的時候，步態盡量輕盈。邀請舞伴，男士應該主動邀請小姐，先行一個半鞠躬禮，然後輕聲邀請，等女方點頭表示同意，才可以並肩走入舞池。

隨手開門或關門，是一個很小的禮節。但是，有人往往忽視這個

妳的輕熟時代
即使青春退場，也要繼續從容美麗

小禮節的重要，時常「碰」一聲把門打開或關上，如此大的聲響，便讓人誤以為妳是在「撞」門，非常不禮貌；但也不能用力太小，如果妳開門都需要很長時間，會給人一種畏畏縮縮、鬼鬼祟祟的不良印象。因此，在開門、關門的力度輕重上，就可以體現出一個人的修養，更重要的是，這個小禮節會直接影響到對方對妳的印象。

現在，不妨設想一個人大聲而粗暴開門的情景，當然，這個人可能無心，只是由於不良習慣或不在意。

某人去拜訪一個客戶，他走到會客室門前，「碰」的一聲把門打開。接下來，接待人員應聲而來，見到這個人後對他說：「請您稍等，我先去向老闆通報。」下面可能是接待人員與老闆之間的對話。

接待人員：「老闆，客人來了。」

老闆：「噢，他還蠻準時的，我馬上就去見他。不過他是什麼樣的人？第一印象怎麼樣？」

接待人員說：「老闆，他究竟是什麼樣的人不好妄下定論。表面上看他衣冠楚楚，也非常守時，給人的感覺還是很好；可是，他開門的聲音非常大，當時嚇了我一大跳，這種行為顯得魯莽，不太禮貌。」

上面的故事中，接待人員對老闆說的話，輕則可能影響第一印象，重則可能影響會談效果。因為前來拜訪老闆的這個人，在未與老闆見面之前，就給對方留下了一個不太好的印象。

其實，大家都明白，在日常生活中，禮尚往來中的細節極其重要，所以在平時千萬要注意。即使對方是自己的老主顧或比較熟悉的公司，也應該多加注意禮節。否則，給別人留下了壞印象，就可能導致以後的事情都往壞的方面發展。

有個送貨員與一家電腦公司業務往來比較多，很受這家公司老闆的青睞；但是，這個送貨員有一個開關門不太禮貌的毛病。

第八章 交際心理學──輕熟女人成就好人氣
第二節　為他人智慧圓場

一天，送貨員由於業務原因，進出該公司多次，來往之間，每次都把門弄出很大響聲。終於，公司裡的人對送貨員忍無可忍的批評。

「你這是怎麼辦事？你是有什麼意見嗎？每次開關門都那麼用力，製造那麼大的響聲，難道非要罵你一次才行嗎？請你以後一定要注意！」

想想看，這樣的情景多麼尷尬！送貨員的這個壞習慣，可能對他以後的工作也會有不利影響。說不定，這家電腦公司會中斷與他的業務往來。

一定要記住，禮節上的細節，足以影響到妳的學習、工作和生活。

♪ 交際小金律

彬彬有禮，這個道理誰都明白，也時常這樣要求別人，但自己並不一定能做好，這就要求輕熟的女人加強修養。

第二節　為他人智慧圓場

♪ 輕熟有約

在社交場所，難免會有些不和諧的音符，造成尷尬的氛圍。這時，聰明的女人就可以來一兩句機智幽默的話打圓場，化解尷尬。透過積極主動的態度應對尷尬，用特定的話語緩和氣氛，從善意的角度出發，調節人與人之間的關係。

輕熟女人，當妳的朋友或身邊的人發生口舌爭執時，夾在中間比較尷尬。當爭執雙方的觀點明顯不一時，如果妳能巧妙將雙方的分歧點分解為事物的兩個方面，讓各方面都正確，必定是一個上策。

輕熟女人，要善於為妳周圍的人解圍，當雙方都尷尬時，如果妳

妳的輕熟時代
即使青春退場,也要繼續從容美麗

能巧妙為雙方打圓場,讓凝滯的氣氛變得輕鬆,妳就可以獲得別人更多的賞識,提升自己的人緣魅力。

心理課堂

如果在社交場所遭遇尷尬的氣氛,那可是件非常令人沮喪的事。這個時候,作為旁觀者的妳就要站出來打圓場,緩和尷尬氣氛,當局者就會對妳心存感激。

輕熟的女人在打圓場時要注意一個問題,就是不偏不倚,讓雙方都覺得妳沒有任何偏私,否則恐怕就是火上澆油,還不如不說。

劉方離職後開了一家餐廳,生意還算興隆。一次,一位老婦人來餐廳吃水餃,劉方讓服務生耐心幫老婦人選擇了清淡口味的水餃,但是老婦人堅持要辣味。水餃端了上來,老婦人想先嘗一口湯,可是,湯的味道刺激了她的呼吸道,打了一個噴嚏,她的唾沫和著湯同時噴在了對面一位顧客的身上和碗裡。這可惹火了這位顧客,他站了起來吼道:「妳怎麼亂打噴嚏!」

老婦人也被自己的不雅之舉驚呆了,趕緊向對方賠禮道歉。待自己緩過神來後,馬上對老闆劉方喊道:「我告訴妳不要放辣椒,妳幹嘛硬要放?妳賠我的飯錢,我還要賠人家的飯錢呢!」劉方馬上問服務生,服務生也很委屈,他明明就沒有放辣椒。

結果顧客、劉方及周圍的群眾開始七嘴八舌,鬧得沸沸揚揚。最後劉方感到這樣沒辦法,就趕緊打圓場,對著廚房揮揮手:「算啦!再下兩碗水餃,鈔票都不用啦,和氣才能生財嘛!」

兩位顧客這才平靜下來表示接受,此後還和劉方成了朋友。

輕熟女人,在打圓場時,一定要用理解的心情,找出尷尬者陷入僵局的原因,最終達到「妳好我好大家好」,硝煙開頭、和氣收場的目的。那麼,打圓場有什麼絕招呢?

第八章 交際心理學——輕熟女人成就好人氣
第二節　為他人智慧圓場

（1）迂迴一步

有時候，面對別人無意中造成的疏忽怠慢，不好明言又無法接受，這個時候，聰明的女人不妨迂迴一步，藉彼言此，委婉提醒對方改正或彌補失誤，調和氣氛。

一個抱著孩子、提著包包的婦女擠上公車，一位青年看見她這種情況連忙主動讓座。這位婦女氣喘吁吁，又要哄**寶寶**，又要緊緊拿著包不放，竟忘了道謝，讓座的青年很不高興。

一旁的乘客見狀，摸著寶寶的臉說：「多可愛的**寶寶**啊，你知道是哪位叔叔讓位給你嗎？」那婦女猛然醒悟，連忙起身向那讓座的青年道謝，讓座的青年也笑了。

（2）將錯就錯

有時，尷尬局面已經形成，倉促遮掩反而更加尷尬。這個時候，智慧的女人不妨順水推舟，將錯就錯，製造輕鬆自然的氣氛，也可以達到擺脫尷尬的目的，請看下面的兩則小故事：

一位知名的鋼琴家到美國密西根州的弗林特城演出，發現座位多半空著，不免尷尬。他靈機一動，先向觀眾說道：「朋友們，我發現弗林特這個城市的人都很有錢，我看到妳們每個人都買了兩三個座位的票。」話音剛落，大廳裡頓時充滿了笑聲，音樂會就在和諧的氣氛中開始了。

（3）轉移尷尬

當尷尬的場面已經無法停止的時候，輕熟的女人要懂得轉移尷尬。

（4）妙語生花

輕熟的社交女人要善於「妙語生花」，將常用的語言經過個人精心組合或另作他解，以達到出人意料的效果。交際場合中，將造成尷尬的言談或舉止行為及時轉換角度，別出心裁給出另外的解釋，創造

妳的輕熟時代
即使青春退場，也要繼續從容美麗

和諧氛圍。

李經理的下屬有一對「金童玉女」，他們是王先生和汪小姐，在李經理的撮合下，他們很快就喜結連理。

在王先生和汪小姐的婚宴上，賓客們都為他們舉杯道賀。宴至酒酣時，新郎王先生起身敬酒，一不小心，酒竟潑灑在新娘汪小姐的頭上，真是大煞風景。

這時，李經理端著酒杯，慢慢站起身來說：「為新娘的幸福從頭而來乾一杯！」頓時哄堂大笑，氣氛更為活躍，王先生和汪小姐也更加開懷，他們暗自慶幸自己遇到這麼好的主管。

（5）明順暗駁

有的社交場合一旦陷入窘境，即便看破，也不點破，這時，妳可以表面順應，暗地回擊，巧說妙解，以擺脫困境，贏得尊重。

愛爾蘭劇作家蕭伯納，有個劇本叫《武器與人》，首演很成功，觀眾紛紛要求蕭伯納上台，接受群眾的祝賀；但當蕭伯納剛剛走上舞台，突然一個人向他大聲喊道：「滾回去，誰要看你的劇作，糟透了，收回去吧！」

觀眾都安靜下來，屏息看著蕭伯納，只見蕭伯納不僅沒有生氣，反而滿面春風向那人鞠了一躬，彬彬有禮的說：「我的朋友，我完全同意你的意見，但遺憾的是，」他指了指劇場的其他觀眾，又說道：「我們兩個人反對這麼多觀眾有什麼用處呢？我們能禁止這劇本演出嗎？」觀眾席爆發出熱烈的掌聲和笑聲，那個故意挑釁的人夾著尾巴跑掉了。

總之，在交際場合中，輕熟的女人要學習智者前輩，善於察言觀色，適時得體「打圓場」，一定能夠助妳走出窘境，協調好人際關係，彰顯出人格魅力。

第八章 交際心理學——輕熟女人成就好人氣
第三節　不要拿別人的隱私開玩笑

♪ 交際小金律

輕熟女人，有時要為自己的過失打圓場，有時要為上司的過失打圓場，有時要為他人的爭吵打圓場。做好了，誰都好；做不好，不僅不能息事寧人，還可能火上澆油，擴大事態。

第三節　不要拿別人的隱私開玩笑

♪ 輕熟有約

有的女人對別人的私事似乎抱有極大的興趣，這種熱情和追求也許不會帶來太多麻煩，卻有可能對別人造成極大的傷害。

每個人都有自己的隱私，既然是隱私，當然只能是自己的祕密，無法跟人分享，即使是父母和最親密的朋友也不例外。隱私與個人的名譽密切相關，背後議論他人的隱私，會損害他人的名譽，女人在交際中如果對別人的私事也抱有同樣的興趣，那麼極有可能被捲入煩惱的漩渦而不能自拔，從而引起雙方關係的緊張甚至惡化，這是一種有害的行為，也是一種不光彩的行為。

輕熟女人，千萬不要拿別人的隱私開玩笑，否則妳會付出很多的代價。即使有朋友把他的隱私告訴妳，也證明他對妳極度信任，妳也不能到處散布，而只有分憂解難的義務，否則妳會失去這個朋友，因為在散播別人的隱私的同時，妳正在銷毀自己的誠信。

♪ 心理課堂

輕熟的女人應該懂得對別人的隱私守口如瓶，真正聰明的女人是絕對不會把傳播別人的隱私當作趣事，對她們來說，別人的私事只不過是過眼雲煙。

妳的輕熟時代
即使青春退場，也要繼續從容美麗

　　羅藝涵剛進入一家公司當業務祕書，當她第一次進辦公室的時候，嚇了一跳，因為坐在對面的吳曉莎竟然與自己住在同一社區。她清楚記得半個月前，吳曉莎曾被幾個人打得遍體鱗傷，從一個氣勢洶洶的女人接連不斷的叫罵聲裡，她知道吳曉莎是別人丈夫的小情人。

　　吳曉莎也認出了雖然面熟，但彼此沒有說過話的羅藝涵。她臉上突然閃過的驚訝與不快使羅藝涵心裡有一絲異樣的感覺。果然，這位鄰居的女同事不但沒有給她任何幫助，而且與她合作得很不愉快。比如，她常常在快下班的時候讓羅藝涵整理出她需要的檔案；在週末做報表時故意拖到很晚才把相關資料告訴羅藝涵，使羅藝涵每次交報表都很緊張；她在工作中會故意出錯，然後向經理解釋說是羅藝涵沒有配合她；她更是盯住那些與羅藝涵說話的人，再套出她們的談話內容。因為羅藝涵與別人的接洽也很多，她便話裡話外警告她少管別人的閒事。

　　吳曉莎想在試用期擠走羅藝涵，只要羅藝涵尚在公司一天，吳曉莎的祕密就有被洩露的危險，她就一天不踏實。

　　羅藝涵是聰明人，但她不願與吳曉莎正面衝突。然而當吳曉莎又一次故技重演，把她的錯誤推到自己的頭上時，一忍再忍的羅藝涵終於在下班後攔住了她。

　　兩個人在空蕩蕩的辦公室裡，心懷鬼胎的吳曉莎幾乎不敢正視羅藝涵的眼睛，而羅藝涵則平靜對她說：「我覺得妳似乎對我總有一些敵意，我不知自己的感覺是否正確，如果我們的家不是住得很近，也許我們之間會相處得很好。」

　　吳曉莎的臉上露出一絲尷尬的神色，羅藝涵相信這些話已向她點明了，自己知道總受刁難的原因。羅藝涵接著說：「我今天只想對妳說明一件事：我是來這裡工作的，我對工作以外的其他事情毫不感興

第八章 交際心理學──輕熟女人成就好人氣
第三節　不要拿別人的隱私開玩笑

趣，包括他人的隱私、愛好和家庭，即便我無意中知道了別人的一些私事，我也只不過把它當成過眼的風景。」

吳曉莎沒有說一句話，但最後她對羅藝涵說：「我們一起去吃晚飯好嗎？」後來，她們成了一對很好的搭檔。

上例中，一次推心置腹卻又觀點明確的對話，化解了羅藝涵的危機，羅藝涵的成功在於，她知道在辦公室這種強調個人、排他利己、複雜敏感的小世界裡，學會分清公眾與個人、工作與私事的界限，是立足職場的必修課，而尊重別人的隱私則是保護自己的最好方法。

請看下面一則因處理隱私不當而深受其苦的例子：

李佳芬是一家外貿公司的辦公室祕書，由於辦公室場地有限，她被分配到一個小辦公室，跟業務員王方恩共用一個房間。

有一天，李佳芬無意中發現業務員王方恩偷偷從電腦中調出別人的客戶資訊據為已有。李佳芬便把這件事告訴了老闆面前的紅人張亞麗，以此作為討好張亞麗的手段。當張亞麗在與王方恩的一次爭執中譏諷她竊取別人的客戶時，惱羞成怒的王方恩馬上意識到這是李佳芬說的，因為那次只有李佳芬跟她在同一間辦公空間裡。

於是在以後的工作中，王方恩經常向經理報告李佳芬工作中總有失誤：比如打錯了價單、傳真沒有及時發出、忘了把客戶的留言轉告她……一年一度的調薪時，李佳芬沒有趕上那次漲幅高達百分之三十的薪水調整，而張亞麗在經過這件事後並沒有拉近與李佳芬的關係，反而與李佳芬更加疏遠。

上例中，自以為是的李佳芬之所以空留懊悔，因為她把同事的祕密當成了取悅別人的手段。其實，排擠別人、成群結黨、打擊一方來取悅另一方，是很不光明的行徑，張亞麗最終沒能成為李佳芬所希望的「知己」，便是最好的證明。

妳的輕熟時代
即使青春退場,也要繼續從容美麗

輕熟的女人在職場或者社交中要把握好同事或者朋友間的尺度,以寬容平和的心對待別人的隱私,實際上是在為自己減少不必要的危險與煩惱,這種機會也潛在為女人事業上的成功做準備。

⸎ 交際小金律
輕熟的女人應該記住一句真理:「靜坐常思己過,閒談莫論人非。」達到了這種境界的女人,成功的機會應該比別人更大。

第四節　拒絕要委婉,否定要婉轉

⸎ 輕熟有約
當別人對妳有所要求而妳辦不到時,妳不得不拒絕他,但是拒絕很難,不得已要拒絕的時候,妳要學會拒絕的藝術。

輕熟女人,要學會婉轉拒絕。真正有不得已的苦衷時,若能委婉說明,以婉轉的態度拒絕,別人還是會感動於妳的誠懇。

輕熟女人,在拒絕的時候,要面帶微笑,態度要莊重,讓別人感受到妳對他的尊重、禮貌,就算被妳拒絕了,也能欣然接受。

輕熟女人,在拒絕的同時,如果能提供其他的方法,幫他想出另外一條出路,實際上還是幫了他的忙,這是一種慈悲而有智慧的拒絕。

⸎ 心理課堂
一生中總會遇到很多需要拒絕的地方,如何婉轉明確拒絕他人,是一門高深的學問。不會拒絕別人的女人往往性格溫順、心地善良,因為害怕對方難以接受事實,生怕看到到對方受傷的樣子。其實,這樣優柔寡斷反而會傷害到彼此的感情。

比如,妳身邊可能會有人愛慕妳,無數次向妳表白,可是妳一直

第八章 交際心理學——輕熟女人成就好人氣
第四節　拒絕要委婉，否定要婉轉

把他當成知己，看作一個朋友，但從來沒想過在感情方面發展，卻因為妳不願意傷害他，怕對方承受不了妳的拒絕，以致對方有錯覺，這樣一直拖下去，最後還是會傷害到雙方的友誼。

再如，朋友託妳辦一件令妳很為難的事，這件事對妳來說很困難，但妳卻不忍心當面拒絕，妳只能含糊其辭、半推半就，以致妳的朋友翹首以待，等待妳的消息，妳卻不能把事情辦好，又耽誤了朋友的時間，這樣下去反而傷害到朋友。

肖媛是琇婷在公司裡最好的朋友。肖媛屬於嘴巴很甜的女人，她經常求助於琇婷，而下班就忙著去約會，常常把做不完的工作推給琇婷。每次琇婷都想拒絕，可是遇到她的熱情，都不知道怎麼開口說「不」。

快下班的時候，琇婷接了一通電話，一聽耍賴的語氣就知道是肖媛，她說：「救我幫我寫個方案吧！客戶已經催了好幾次了，可是我實在是沒有時間啦！妳知道我兒子小傑這個暑假要學鋼琴，我老公又忙於升遷，我最近太忙了，妳幫幫我，就算支持我的家庭啦……週末我請妳吃韓國料理！」

琇婷只好放下自己手中的工作幫助肖媛，結果在公司的考核時，琇婷的業績很不理想，琇婷的老公和孩子也對她不能及時回家做飯有意見。

同事需要相互幫助的時候很多，在力所能及的情況下，幫助同事是舉手之勞，這樣做也會帶來很多的益處，比如良好的人際關係和高效的工作。但也有一些人會提出一些不合理的請求，那麼怎麼辦呢？

（1）先傾聽

輕熟的女人在對方提出要求時，應當先認真傾聽對方的情況，然後再說「不」。當同事向妳提出請求時，心中通常也會不好意思，擔

妳的輕熟時代
即使青春退場，也要繼續從容美麗

心妳拒絕，擔心給妳帶來麻煩。因此，在妳決定拒絕之前，要注意傾聽，請對方把處境與需求講得更清楚，自己才知道能不能幫他、如何幫他，然後對他的難處表示理解。

「傾聽」能讓對方有被尊重、被接納的感覺，在妳婉轉表明拒絕的立場時，也比較能降低傷害，因為他能在妳的傾聽中感受到妳的真誠。如果妳的拒絕是因為工作負荷過重，傾聽可以讓妳清楚界定對方的要求是不是妳分內的工作，而且是否包含在自己目前的重點工作範圍內。或許妳仔細聽了他的情況後，會發現幫助他還有助於提升自己的工作能力。這時候，妳可以在不影響自己本職工作的前提下，協助同事完成任務，如此，妳在收穫工作能力與經驗的同時，又能贏得同事的友誼。

即使妳幫不了他，但是「傾聽」完他的情況之後，作為非當事人，可能會看得更清楚，妳可以針對他的情況，提出比較好的建議。這樣即使妳不能親自幫助對方，對方一樣感激妳。

（2）再婉拒

輕熟的女人，在說「不」的時候要委婉。當妳傾聽之後，認為自己應該拒絕的時候，說「不」的態度必須溫和堅定。即使是炮彈，也應當裹上糖衣。即要委婉拒絕，不要嚴詞拒絕，因為溫和的回應總是比情緒化的過度反應好。情緒具有感染性，嚴詞拒絕會引發他人強烈的負面感受，所以，當妳必須拒絕他人時，就不要再以不友善的言行火上加油。例如，當對方的要求不合公司規定時，妳就要委婉向他解釋自己的職權，表示沒有權力做這件事，違反了公司規定。在自己工作安排已經很滿的情況下，要讓他清楚自己目前的狀況，並暗示他，如果幫他這個忙，會耽誤正在進行的工作。一般來說，同事聽妳這麼說，一定會知難而退，再想其他辦法。

第八章 交際心理學——輕熟女人成就好人氣
第五節　用「吸引力法則」改善人際關係

善良的女人在表示拒絕的時候，要從對方利益出發，說明自己愛莫能助的理由。從對方的利益考慮，往往更容易說服對方。比如，同事要求妳在一個不合理的期限內完成工作，與其說明妳如何不可能辦到，不如讓對方相信這種倉促行事的做法對他而言並沒有好處。這樣的話，同事不僅不會懷疑妳的意圖，還會對妳心生感激。

（3）後安慰

輕熟的社交女人在拒絕他人之後，對他人的情況表示關心，最好能夠提出一些建議。有時候拒絕是一個漫長的過程，對方會不定時提出同樣的要求，若能化被動為主動關懷對方，並讓對方了解自己的苦衷與立場，可以減少拒絕的尷尬與影響。

當然，在妳拒絕同事的時候，除了技巧，更需要發自內心的耐性與關懷，表達友好和善意是我們拒絕時最重要的原則。否則，對方一旦察覺到妳在敷衍他，那麼，妳在同事心中的地位就會下降，人際關係也會受到傷害。

♪ 交際小金律

智慧輕熟的女人明白，拒絕是一門藝術，它最核心的原則就是，無論用什麼方法，一定別忘了為對方留個台階，讓對方感受到妳的真誠和善意，從而取得共識。

第五節　用「吸引力法則」改善人際關係

♪ 輕熟有約

輕熟女人，在人際交往中，要維繫自己與他人之間的長久關係。吸引力主要表現在內在美，即人格魅力，它包括一個人的性格、才智、

妳的輕熟時代
即使青春退場，也要繼續從容美麗

人品、修養等。如果女人有一張美麗的面孔，再加上善良和智慧，那麼她將魅力無限。

心理課堂

人際關係的好壞，不僅受到認知，還受到行為方面的影響，最重要的就是交往雙方的心理吸引程度的影響，就是「我是不是喜歡他」。雙方在情感上喜悅程度越大，關係也就會越密切，還能成為知音。

怎樣才能改善人際關係呢？對此，透過分析「吸引力法則」，提出以下九種建議：

（1）特質互相吸引

特質吸引是所有吸引的前提。大多數女人都喜愛真誠熱情的人，厭惡自私、奸詐、冷酷的人。因此女性要提高自己的修養，令自己具備高尚、被人所喜愛的特質很重要。

（2）性格互相吸引

輕熟的女人，好性格是吸引人的一個重要因素。通常，一個性格開朗、大方熱情、勇敢機敏的女性，較之沉默內向的女性具有更大的魅力。一個女性的性格特徵，即她的涵養、禮貌、熱情，比相貌好以及較高的地位等更具有魅力。

（3）儀表互相吸引

有的時候不得不承認這樣一個事實：人們總願意與好看的人交往，而如果妳是相貌平常的女性，可以在提升自己的修養上下功夫，提升學識與氣質。

（4）能力互相吸引

人人都喜歡有才能的人，有才能的人可以幫助自己或者滿足自己的需求；有才能的人容易使別人對他產生羨慕感；與有才能的人在一

第八章 交際心理學──輕熟女人成就好人氣
第五節　用「吸引力法則」改善人際關係

起能夠有所成長。

如果妳長相普通但是很聰明、能力很強或者是在某一方面有專長,這也很容易提升吸引力。

(5) 近鄰了就吸引

遠親不如近鄰,兩個人的空間距離越近,則雙方越容易接近或者視為知己,在交往的初期更是這樣。若近鄰之間相互都渴望交往,那麼距離越近,好感就越強,吸引力也就越大。

那麼,為什麼近鄰就容易產生相互之間的吸引力呢?原因有如下兩點:一是近鄰交往很方便,相互之間便於了解與幫助;二是近鄰對於行為有很大的影響,因此人們大多願意和近鄰建立和諧的關係。

(6) 熟識了就吸引

老朋友相互了解,吸引力就牢固,還可以減少誤會,便於雙方交往。

其實,人常常不由自主力求以最小的代價換取最大的報酬,跟熟悉的人交往能夠花最小的工夫,來獲取更多的資訊,與熟悉的人交往也容易產生安全感。

(7) 相似了就吸引

每個女人都喜愛與自己相似的人,也就是說,每個女人都喜歡態度、信念、價值觀與自己相似的人,最好的朋友一般與自己條件十分相似。因此在交往當中,雙方如果認識到彼此的情況很相似,就容易相互吸引。

為何相似就能在女人當中產生吸引力呢?原因有三點:一是大多數女人傾向於保持協調性,喜歡將相似的看成是同一組合,同一組合引發了喜歡;二是相似能夠促進「我是正確的」感覺,這種感覺促使同一組合之間更加喜歡;三是相似的人之間共同行動,能夠減少防禦

妳的輕熟時代
即使青春退場，也要繼續從容美麗

以及不協調的壓力。

（8）互補了就吸引

在女性社交中，如果雙方不僅有差別，還能夠融洽組合，常常能夠引發更強烈的吸引力。因為當雙方的需求、個性特徵以及社會特徵不同，然而雙方卻互相補充的時候，容易使雙方互相喜歡。

出現互補吸引的原因是什麼？具體有兩點：一是因為社會生活非常複雜，雙方補充度越大，社會行為越有效率，互補會使雙方受益匪淺；二是因為一方的特徵恰好符合了對方的需求，互相補充使得雙方都得到了自己想要的東西，容易協調。

（9）回報了就吸引

有一種社會報酬就是受到別人的尊敬或者喜歡，有一種社會懲罰就是受到別人憎恨與討厭，因為人人都喜歡愛自己的人，討厭懷恨自己的人。

輕熟女人在與人相處時，往往容易出現回報吸引，因此在與人交往的時候，女性若能有效運用回報，不失為提升人際交往的方法。

作為一名輕熟的女人，在熟記了以上九種提升吸引力的因素後，還要按照這些因素去做，這樣能夠提升妳人際交往的魅力，達到改善人際關係的目的。

❀ 交際小金律

輕熟女人，人際吸引關係著她的交友模式，通常的交友模式有：酒肉型朋友、保護型朋友、引薦型朋友、資訊型朋友、共振型朋友、互補型朋友、鼓勵型朋友、爭論型朋友、忘年型朋友、異性型朋友、故友等。

第八章 交際心理學──輕熟女人成就好人氣
第六節　做職場達人，展交際魅力

第六節　做職場達人，展交際魅力

♪ 輕熟有約

每個輕熟的女人都有一種與生俱來的魅力，只要積極經營它，就能成為獨一無二的武器，這是輕熟女人的優勢所在。

輕熟女人，妳的裝飾、舉止、態度、言談、氣質、心境、內涵等都能反映出與眾不同的特點，或文靜活潑，或乖巧聰明，或溫柔調皮，這些都是妳的內心蓄集的無窮睿智，就是最引人注目的交際魅力。

輕熟女人，在交際中女性要表現出個性魅力，顯得與眾不同，讓他人有交往的熱情。只要借助正確的方式，融洽與他人相處，就能體會到交際的真諦與人格魅力。

♪ 心理課堂

輕熟的女人一向被教導要做個「有魅力的女人」，得體的裝扮、溫柔的氣質等等。魅力是一種優雅的風格，能讓女人在追求事業和人際交往的時候獲益良多。

（1）美好的儀表

有的時候，有些女人會抱怨：工作上勤勞任怨，業績不俗，但老闆只注意男同事，一點都不注意自己，甚至對自己一點印象都沒有。這樣下去，什麼時候才能輪到自己升遷和加薪？

如果妳的頂頭上司和老闆都是男性，要吸引他們的注意力，除了具備專業知識和工作能力之外，穿著絕對是引人注目的法寶。一件能充分展示線條美的裙子，或是短裙套裝，加上高跟鞋，濃淡合宜的妝容，既有女人味又不失端莊。一旦妳的穿著打扮給人留下深刻而良好的印象，也許妳的好運就即將來臨。

妳的輕熟時代
即使青春退場，也要繼續從容美麗

當然，妳裝扮的目的是要妳的老闆或者妳的客戶欣賞妳的穿著品味，注意妳，認真看待妳的工作能力，而不是要他們把妳當作性感尤物。

（2）不慍不火的獨特風格

在職場交際中，輕熟的女人要建立個人工作風格，不可過分冷酷、果斷、倔強、積極進取，也不可以過度柔弱、被動、情緒化、猶豫不決。許多男人對女性的看法是：不懂得控制情緒，過於直接表達情感。

有智慧的女人要建立獨特的工作風格，要不慍不火、不驕不躁、不急不慢、剛柔並濟、張弛有度、有條不紊、有板有眼。

（3）獲得男人的友誼

輕熟的女人應該相信，讓男同事、男主管注意妳，甚至喜歡妳，絕對好處多多。當他們喜歡自己時，工作上的各種困難，自然就會有人幫忙解決。並非要妳和男人打情罵俏，而是要妳保持幽默感，臉上時時帶著笑容，讓男同事了解妳，欣賞妳的魅力，和妳產生共鳴。

有個善於與男人相處的女性說：「我發現，當我工作較輕鬆的時刻，和男同事聊些私人話題，他們都顯得興味盎然。而和他們成為談得來的工作夥伴之後，工作遇到難題時，自然就能夠得到援助，工作也變得輕鬆許多。」

（4）巧妙的妥協與討教

輕熟女人的溫柔是最好的緩衝，當妳和辦公室的男同事意見不一時，不要臉紅脖子粗。大部分男人都是吃軟不吃硬，當妳用溫柔的話表示願意妥協時，他往往會先軟化，妥協得比妳更徹底。

輕熟的女人還要學會向男同事討教，這也是提高男性尊嚴的好方法，男人樂於為妳解決任何問題。大部分男人好強，喜歡扮演照顧人的角色，當妳徵詢他們的意見時，他們覺得被需要、被敬重，也就樂

於向妳敞開心胸，而他們的建議，常常會對妳有莫大的助益。

♪ 交際小金律

女人的成功之路有時比男人更為艱辛，但如果能恰當運用一些交際技巧，或許就能化坎坷為坦途。

第七節　在男人的世界裡奔跑

♪ 輕熟有約

輕熟女人，不要在意妳在他的世界是什麼地位，妳可以當他世界中的每一個重要角色，妳只要用心做好每一件事，妳就會成為他的世界裡不可割捨的一部分。

輕熟女人，不要處處在男人面前逞強好勝，來硬的永遠不是男人的對手；而即便妳不會來軟的，也可以來點智慧。

輕熟女人，妳要明白，男人不是老虎，就算是也還有武松。學著和身邊的男人快樂輕鬆的相處，不能相親就相遠，不能同路就擦肩，這樣才能贏得男人的尊重與幫助，享受來自於男人的幸福與溫暖。

♪ 心理課堂

輕熟的女人，若想在男人的世界裡奔跑，必須懂得必要的人際交往規則，以下五點經驗值得每個女人學習。

（1）學習男人的愛好

許多男人喜歡談論體育、股票之類的話題，輕熟的女人要想融入男人圈子，最好知道一些他們感興趣的知識。

吳小姐的公司百分之九十的職員都是男性，午休的時候大家聚在一起有說有笑，吳小姐卻插不上嘴，只能遠看。

妳的輕熟時代
即使青春退場，也要繼續從容美麗

　　吳小姐開始強迫自己看一些體育新聞和評論；有時她也捨去逛街的機會，陪他們一起去酒吧看球。「歐洲盃後，他們已經可以拍著我肩膀說話了。而且他們聊足球時，也順便講了許多工作上的事情，我學到了不少經驗。」

　　（2）心照不宣

　　有時候男人在辦公之餘閒聊，是為了炫耀自己的知識面廣及傳達這樣的資訊，但其實他們所知也不過皮毛，互相心照不宣而已。而作為一名輕熟的女人，妳要是依仗自己的好奇心「打破砂鍋問到底」，讓男人陷入尷尬的境地，那談話可能就無法繼續下去了。

　　小眉很喜歡聽男同事小偉的閒聊，小偉特別喜歡在工作之餘在辦公室侃侃而談，好像無所不知：政治、軍事、高科技、股票等等。小眉在佩服之餘，也不時刨根問底，讓小偉經常詞窮；不久後，小偉就有意無意避開她了。

　　聰明的小眉開始遵守玩牌下棋那樣的「交談規則」，不再事事「求甚解」。慢慢，小偉又開始接納她了。

　　（3）職責分明

　　有一些投機取巧的男人不願插手細節工作，美其名曰「女人才細心」，藉此把細節工作推給女人。其實他們很清楚細節工作費時費力，又不容易有成績，他們的目光只聚焦在能直接帶來成果的工作上，這時候的聰明女人該怎麼辦？

　　柳羽與另外一個男同事一起負責一件大型工程，但男同事總是很自然將大量的文字處理工作推給她。結果數百頁的資料收集及計算工作，使她遠遠落後於男同事的進度。

　　柳羽後來找到上司，明確了自己在工程中最主要的職責，她只承擔投標檔中商務部分的文字工作，另外把主要精力放在研究的可行性

第八章 交際心理學——輕熟女人成就好人氣
第七節　在男人的世界裡奔跑

調查中，而她的搭檔則要親自完成技術部分的數位及文字處理工作。

不久以後，柳羽出色的完成了自己的任務。

（4）坦然面對否定

如果妳的男老闆或者男上司對妳說「不」，常常會被理解為這是他對妳的否定，妳的想法可能無法實現。

作為一名輕熟的女人，妳不要聯想到「自己不行」，要立即思考，相信老闆的否定與妳本身的聰慧和天賦毫不相關，妳要做的就是展開攻勢說服老闆。

慧雯因為上司對她精心策劃的廣告方案說了「不」，沮喪得連飯也吃不下：「他一定是覺得我不行，我該怎麼辦呢？」同事宥婷告訴她：「其實上司沒妳想像的那麼苛刻，妳看他吃飯的時候不是對妳笑嗎？妳要自信，好好修改一下計畫，再報上去！」

慧雯明白了這一點，開始冷靜面對上司的否定，認真找出原因並修改計畫，果然第二天她的方案就順利通過了。

（5）摒棄個人色彩

有些女人在工作中易犯一種錯誤，那就是看事情會帶有強烈的個人色彩。這種情緒會干擾妳客觀的判斷，也會影響妳實施理智的對策。妳可以不喜歡妳的合作者，但不必為此浪費過多的時間和精力。

曼蕾在一家工程公司做專案經理，她很能幹，但是喜歡根據自己的喜好抱怨別人。

「與張鈞合作簡直是災難。大家都知道，他的專業知識少得可憐，就會陪客戶洗桑拿。我徹夜計劃，到後來他竟成了主要功臣。」

曼蕾的憤憤不平使她在新工作伊始就非常疲憊和不開心，也讓一些男同事不願意跟她接觸。

後來，曼蕾終於認識到自己的問題，她保留了獨特的見解和方案，

妳的輕熟時代
即使青春退場，也要繼續從容美麗

並在適當的時間和場合提出，在大家的共同努力下，新案子順利完成。

　　輕熟的女人，如果掌握好了男人世界的交際技巧，便多了一把打開成功之門的鑰匙，可以在男人的世界裡盡情奔跑。

♪ 交際小金律

　　輕熟的女人不得不承認，世界到目前為止多數是由男人主宰，女人的地位和身分雖然日益提高，但在短時期內無法與男人抗衡，所以輕熟的女人必須要適應這一既定的遊戲規則，學會在男人的世界裡奔跑，當妳有朝一日成為長跑高手時，那麼妳離成功也就不遠了。

第八節　學會彎腰，收穫尊貴

♪ 輕熟有約

　　生活中，很多女人的「傲氣」有時候會讓她們受盡折磨，可是礙於面子和架子，大有一種「士可殺不可辱」的精神。事實上，真正聰明的女人在得理的時候都會謙虛低頭彎腰，不好意思的笑一笑。

　　輕熟女人，學會捨得低頭，捨得彎腰，巧妙穿過人生荊棘。它既是一個女人人生進步的策略和智慧，也是一個女人立身處世不可缺少的風度和修養。

　　輕熟女人，做人處世要像水一樣。水總是順勢而下，從不爭一時一地的高低，但誰也別想任意阻其向前，誰也改變不了它匯入大海的志向！面對一切阻擋，水或容妳，或改道，最終匯成了世上最寬闊、最深遠的海洋，這就是敢於放低自己的力量。

♪ 心理課堂

　　能夠把自己壓得低，才是真正的尊貴。

第八章 交際心理學——輕熟女人成就好人氣
第八節　學會彎腰，收穫尊貴

強勢的傲慢和挺直的腰板並不代表尊貴，尤其是妳不得理的時候，學會低頭也是一種捨棄的藝術，若硬是要強出頭，只有碰壁。泰山壓頂，先彎一下腰又何妨？折斷了就永遠斷了，彎一下腰還有挺直的機會。

富蘭克林年輕的時候是個氣宇軒昂的傢伙，有一天，他昂首挺胸，邁著大步去拜訪一位德高望重的老前輩。不料一進門，他的頭就狠狠撞上門框，痛得他一邊用手揉，一邊看著比他矮一大截的門。

恰巧，這時那位前輩前來迎接他說：「很痛吧？可是，這將是你今天來訪問我的最大收穫。」

富蘭克林疑惑的看著他。

「一個人要想平安過活，就必須時刻記住：該彎腰的時候就彎腰，該低頭的時候就低頭。這也是我要教你的事情。」老人平靜闡發著他的睿智。

據說，富蘭克林把這次拜訪得到的教誨當作一生最大的收穫，並把它作為生活準則，受益終生。

由此想到，人生要歷經各種坎坷，敞開的大門並不完全適合我們，有時甚至還有人為的障礙，我們可能要不停碰壁，或伏地而行。若一味講「骨氣」，到頭來不但被拒之門外，而且還可能撞得頭破血流。

大多數時候，我們都遵循著「人往高處走，水往低處流」的人生哲學。人生總是向上，這是人們的共識，也是人生的理念。其實不光是人要往高處走的問題，它還提醒世人，做人也要學習水的哲學。

上帝創造的萬物都蘊含智慧，無論是天空還是土地，抑或是每天都離不開的水。老子有言：「上善若水。水善利萬物而不爭，處眾人之所惡，故幾於道。」水善於滋養萬物，卻默默無聞，不與萬物爭利，甘於卑窪之地，所以最接近於自然之道，也享譽了人世間「肯低頭的

妳的輕熟時代
即使青春退場，也要繼續從容美麗

尊貴」。

蘇東坡在〈留侯論〉中有這樣一段話：「天下勇翔者，卒然臨之而不驚，無故加之而不怒，此其所挾持者甚大，而其去甚遠也。」這也算得上是對學會低頭和彎腰的另一種註解吧。

武老師是一位和藹可親的小學女教師。

一次，在數學考試中，武老師誤扣了一位學生分數。卷子發下來，這位調皮的學生舉手：「老師，我認為這道題我答對了，理由是……」武老師重新看後糾正，按說這件事就過去了；不料，一會兒這位學生又舉手，以挑釁的口氣說：「老師，您錯了，應該向我道歉，品德課上老師是這麼說的。」

頓時，教室裡一片寂靜，所有同學都想看這位平時嚴格的女老師因尷尬「出醜」，武老師也愣住了。但片刻，她微笑彎下腰鞠躬說：「是我疏忽了，對不起！」學生都為武老師的這一舉動而驚訝，響起了雷鳴般的掌聲。

有人問武老師：「妳當時不覺得很沒面子，很窘嗎？」她卻說：「這也沒什麼，雖然有點窘迫，但這一彎腰鞠躬卻換來了學生對我的尊敬，他們比從前還聽話。像這樣有道德勇氣的學生很少見，我喜歡。」

上面的故事表明：儘管道歉是一個再平常不過的細節，但作為老師，在學生面前承認自己的錯誤並誠懇道歉的並不多。因為道歉對於老師來說，承擔著「威信」一落千丈，學生效仿「找碴」等風險。但武老師做到了，她用平等的態度呵護了學生心田中剛剛萌芽的聖潔之光。

試想，如果武老師堅持維護個人「尊嚴」，不肯彎腰低頭，而且還訓斥學生的話，那她在學生心目中的形象和威信不僅不會樹立，還會一落千丈，她的一時彎腰，換來了學生的信任。

第八章 交際心理學——輕熟女人成就好人氣
第九節　多放人情債，建立好人脈

♪ 交際小金律

學會彎腰，才能順利通過生活中意想不到的低矮「門框」，免受無謂的傷害。能夠把自己壓低才是真正的尊貴，因為退卻不是妳的軟弱。

第九節　多放人情債，建立好人脈

♪ 輕熟有約

人情就是財富，輕熟女人要善於放人情債，建立好人脈。

輕熟女人，要關注人情細節，為自己增加無形財富。

輕熟女人，對於一個身陷困境的窮人，幾枚銅板的幫助可能會幫助他熬過饑餓和困苦，或許還能闖出一番事業。

輕熟女人，對於一個執迷不悟的浪子，一次促膝交心可能會使他建立做人的尊嚴和自信，或許在懸崖勒馬之後奔馳於希望的原野，成為一名勇士。

輕熟女人，對一個正直的舉動給予可信的眼神，這一眼神可能就是正義強大的動力；對一種新穎的見解報以贊同的掌聲，這掌聲無意中可能就是對新穎思想的莫大支持。

輕熟女人，要時刻存有樂善好施、成人之美的心，才能為自己多儲存些人情債。這就如同一個人為防不測，須養成「儲蓄」的習慣，甚至會讓子孫後代得到好處。

♪ 心理課堂

人脈網是個大染缸，它可以是個良性的環境，也可以是一個惡性的沼池。在現代社會中，輕熟女人要把握一些人情技巧和細節，建立

妳的輕熟時代
即使青春退場，也要繼續從容美麗

良好的人脈，並定期檢查、改善和優化。

賈小姐離職了，一年多都沒找到新工作，直到有一天有份好工作主動找到他。為什麼有這麼好的事情呢？這要追溯到五年前。

五年前，賈小姐為了幫兒子籌措大學學費，決定出租自己的房子。在出租房子時，賈小姐認識了一家仲介公司的陳經理。在會談中，雙方商談十分愉快，並成了好朋友。後來，賈小姐搬到別的地方，與陳經理的公司距離變遠，雙方聯繫也變少了。

不久，賈小姐工作的工廠破產，個人承包後，賈小姐被迫離職，賦閒在家。一次賈小姐巧遇陳經理，雙方聊起來，在得知賈小姐離職在家待業後，陳經理說自己的公司正在擴張，需要一個辦理產權手續的員工，不知道賈小姐是否願意屈就。賈小姐想，自己和人家只是為了出租房子打過幾次交道，雙方又有好長時間未曾謀面，認為這不過是一句客套話，因此並未認真，只是口頭說回家考慮一下。

可哪裡知道，賈小姐剛辦完事回到家，陳經理就打電話問她下個星期能否上班。陳經理說，辦房地產手續對公司而言是一個重要職位，交給陌生人不放心，賈小姐熱心，又是熟人，如果方便的話可以馬上上班。

就這樣過了一週，賈小姐就到陳經理的公司上班了。後來陳經理的公司又擴張了，賈小姐成了一名分部經理。

貴人是妳人生中一筆可觀的基金，是關鍵時刻可以倚靠的人脈大樹。

那麼怎樣改善人脈狀況、結交貴人、優化人脈圈呢？以下建議值得一看：

（1）主動結交

採取主動的姿態參與各種社交活動是拓展交際圈的一個必然途

第八章 交際心理學——輕熟女人成就好人氣
第九節　多放人情債，建立好人脈

徑，我們可以選擇一個社團，加入集郵社或健身俱樂部等。最常見的被動方式是，旅途中我們必須學會和陌生人相處。所以我們要樂於結交朋友，無論何時何地，如果有人想主動結識妳，絕不要當場拒絕，而應馬上友善回應，向對方展示妳的真誠。永遠記住，多善待一個希望結識妳的人，妳就能多增加一份人脈，並可能因此多得一次事業良機。

（2）自信社交

每個女人都有一套拓展人脈的方式，接待人的特點也都不同，但是有一點可以肯定，善於社交的女人必然是個自信、開朗的女人，一個靦腆、保守的女人很難打入新的社交圈。

輕熟的女人要對抗這種「社交恐懼症」，最根本方法是培養自己的信心。一個女人如果不自信，就不願意主動與人交往，更不用說拓展人脈了。

（3）寬容社交

社交要有開放的心態，要勇於聽取朋友們的意見和批評。只有善於吸收意見的女人，才成長得最快。如果妳想要有更多好朋友，就應該養成開放寬容的心態。我們建立人脈的目的之一，就是增加發展的外力，能提供意見的朋友，是世界上最珍貴的朋友。處處尋找朋友，聽取他們的建議，才是一個女人理性和成熟的體現。

（4）應酬社交

應酬是一門人情練達的學問，結婚、生日、喜得貴子、升遷，這些事要避當然也能避開，但別人會說妳不懂人情世故。那些善於社交的人，常常會打聽這些事，幫忙「找分母」，送禮請客，為什麼？因為他們懂得，應酬可以幫助他們在感情帳戶上儲存更多資源。

妳的輕熟時代
即使青春退場，也要繼續從容美麗

♪ 交際小金律

輕熟的女人萬不可在交際對象身上粗心大意，應處處留心對方的小事。人情玄妙很多，細心的女人一定會在細節上為自己贏得無形的財富，鋪就自己的成功之路。

第九章
智慧心理學——讓妳的魅力不再空洞

輕熟女人的智慧是什麼？輕熟女人的魅力在哪裡？

輕熟女人，智慧是才識和經驗，是積極的人生態度，是良好的工作習慣，是活潑開朗的性格，是獨立自信的人格。

輕熟女人，魅力來自品味和修養，來自清新持久的慧心、左右逢源的人緣、寬容豁達的胸懷，以及堅韌不拔的特質。

第一節　低調一點也無妨

輕熟有約

輕熟女人，如果能夠穩健走好人生的每一步，她會收穫幸福；如果能夠低調處事做人，她可以下自成蹊；如果天生美貌卻不以美女自居，她會成就幸福的婚姻和成功的事業；如果勤勞善良，樸實務實，她會更加美麗動人。

輕熟女人，妳要相信：為別人讓一條路，就是為自己留一條路。妳要懂得：才高而不自滿，位高而不自傲。做人不可過於顯露自己，不要自以為是，更不該自吹自擂。妳要知道：要想贏得友誼，就必須平和待人；要想贏得成功，就必須學會低調做人。

妳的輕熟時代
即使青春退場,也要繼續從容美麗

輕熟女人,低調做人是做人成熟的標誌,也是一個女人成就事業的基礎。向日葵在籽粒尚不飽滿的時候,金黃色的花瓣高昂著頭,隨著太陽的東升西沉擺盪,唯恐別人看不見自己;而一旦籽粒飽滿,它便會低下沉重的頭,蛻變成熟。

低調做人是非常值得讚賞的品格,是一種智者的風度、一種賢者的修養、一種強者的謀略、一種明者的胸襟,是做人的最佳選擇。

輕熟女人,學會低調和謙虛,散發智慧的光芒,幸福經營一顆年輕沉著的心,贏得他人的心悅誠服。

♪ 心理課堂

低調做人是一種生存的智慧,是一種韌性的技巧,比剛強更有力。

放低姿態不是奉承諂媚、低聲下氣。放低姿態是一種藝術,當對話的雙方地位懸殊時,地位高者採用適當的低姿態,能滿足地位低者的心理需求,理所當然會受到對方的尊敬。

美國曾有一位很低調的總統,有一次在慶祝自己連任時開放白宮,與小朋友親切「會談」。

小約翰問總統:「小時候哪一門科目最糟糕?是不是也會被老師罵?」

「我的品德課不怎麼好,因為我特別愛講話,常常干擾別人學習,老師當然常常罵我。」總統的回答使現場氣氛非常活躍。

後來,有一名來自芝加哥的貧民區、叫瑪麗的小女孩對總統說,她每天上學都很害怕,因為她害怕路上遇到壞人。

此時總統收起笑容,嚴肅的說:「我知道現在小朋友過的日子不是特別如意,因為有關毒品、槍支和綁架的問題,政府處理得不理想,我希望妳好好學習,將來有機會參與到國家的正義事業中。也只有我們聯合起來對抗壞人,我們的生活才會更美好。」

第九章 智慧心理學——讓妳的魅力不再空洞
第一節　低調一點也無妨

　　總統緊緊抓住了小朋友的心,使小朋友認為總統和他們是好朋友,即使場外的大人看到這樣的對話場面,也會感到總統很親切。

　　總統告訴小朋友們,自己的過去和他們一樣,也常被老師批評,但只要努力,也會成為有用的人。總統在認同小朋友對社會治安的擔心時,還會鼓勵小朋友參與正義事業,因為那樣正義者的力量會更大。

　　總統放低姿態的談話方式使小朋友發現,總統和他們之間沒有任何距離,也像他們一樣是普通人,也可以親近。

　　大人物和普通人說話時放低姿態,不僅拉近了雙方的距離,而且更容易溝通,更容易讓對方接受自己。

　　作為一名輕熟的女人,在職場處於高位時,自然是可喜可賀的事。但如果別人一奉承,妳就陶醉而喜形於色,這就會在無形中加強別人的嫉妒心理。

　　姜姐經過多年的努力,終於升遷了。

　　「姜姐提升為業務經理了,真了不起,大有前途呀!祝賀妳啊!」有人欽佩恭喜姜姐。

　　「沒什麼,沒什麼,小妹妳過獎了。主要是我們這裡風氣好,主管和同事抬舉我。」姜姐見到比自己大一歲卻沒有升遷的袁姐在一旁一聲不吭,便壓抑著內心的欣喜,謙虛回答。

　　袁姐雖然也嫉妒姜姐被提拔,但見她這麼謙虛,也就笑盈盈主動打招呼。

　　不難想像,姜姐此時如果說什麼「憑我的水準和能力早該被提拔了」之類的話,那麼袁姐不妒忌才怪!

　　在辦公室中言談中多一些謙虛,就能有效弱化同事的嫉妒心理。面對別人的恭賀,應謙和有禮,才能顯示出自己的君子風度,淡化別的嫉妒心理,維持和諧良好的人際關係。

妳的輕熟時代
即使青春退場，也要繼續從容美麗

♪ 智慧小助手

輕熟女人，要懂得在低調中修練自己。低調做人無論在官場、商場還是政治軍事戰場中，都是一種進可攻、退可守，看似平淡，實則高深的處世謀略。低調是一種智慧，是為人處世的黃金法則，懂得低調的女人，必將得到人們的尊重，受到世人的敬仰。

第二節　獨立的女人最光彩

♪ 輕熟有約

說到獨立的女人，人們就會想到堅決與男人對抗的女英雄形象；實際上，女人獨立並不在於與男人的抗爭中，而在於找到自己的定位。

輕熟女人，獨立是一種很高的境界，它需要良好的心態和正確的價值觀。現代社會很開放，制約女人獨立、使女人在追求獨立過程中吃盡苦頭的，是女人自己。

輕熟女人，獨立的目的不是泯滅本性。社會向女人提供了很多經濟獨立的機會，女人不一定要像男人一樣打拚，這其實是美麗的陷阱。

輕熟女人，精神上的獨立最重要，女人的精神世界無比神祕豐富，精神方面的獨立是對自己的認可。

輕熟女人，請放下美貌與身段，投入一份得心應手與熱愛的職業，不但能夠收穫物質上的獨立，還能收穫眾多的人生樂趣，讓妳享受創造價值的愉悅以及感受社會的進步。

♪ 心理課堂

現實中，有些女人缺乏自我意識，不能為自己做主，但如果一個人所有的事都讓別人來做主，必然不會有什麼發展。

第九章 智慧心理學——讓妳的魅力不再空洞
第二節 獨立的女人最光彩

心理學博士曼紐爾（Manuel J. Smith）曾研究有關獨立的難題。他的論點是：如果妳的本意是「不」，但妳還是說「是」，其原因首先不在妳，而在於妳被某個他人左右，這就是思想不獨立的明顯標誌。曼紐爾建議大家要提高自我獨立意識和能力。

作為一名輕熟的女人，妳應該盡可能站穩、挺直腰板，堅持對自己說：「我就是我，我有我的意志和思想，別人無權替我決定！」

（1）興趣獨立

輕熟的女人不必為自己的愛好辯解。例如，一個女店員對妳說：「為什麼妳不喜歡這件大衣？」妳說：「我不喜歡這個顏色。」店員說：「這顏色現在很流行，我們所有顧客都喜歡它。」這時妳不應該參與進一步討論，因為一旦妳開始為妳的興趣提出理由或者辯解，妳就削弱了自我價值，並且使別人有機會擺布妳。

（2）行為獨立

輕熟的女人也有權犯錯。比如妳的雇主說：「不管怎樣，妳週末必須完成顧客分析報告！」妳說：「不行，我的家庭更重要。」雇主說：「這對妳沒有幫助，妳的分析報告一年前就很少，現在妳必須受罰。」妳可以說：「沒有人是完美無缺的。我寧願受罰，並在您的幫助下努力進步！」如果妳學會了自信，那麼妳就被允許犯錯、道歉，並且與他人一起制定解決方案。妳不應該反覆責備妳自己的錯誤和強迫自己接受懲罰。

（3）情感獨立

輕熟的女人有權判斷自己的感覺。例如妳的主管說：「妳應該去訪問張先生，並且勸他與我們公司合作。」妳說：「這必須由別人來做，因為張先生是我的老師。」主管說：「就是因為這個！妳能做好這件事！」這話聽起來是鼓勵，其實是想利用妳情感的手腕。但是，

妳的輕熟時代
即使青春退場，也要繼續從容美麗

妳對於自己的情感和別人對妳的看法有權利支配。妳應該這麼說：「我不可能做這個工作，你應該指派其他人，這樣對其他合夥人更好！」

（4）判斷獨立

輕熟的女人要自己學會獨立判斷。如果妳應該解決別人的問題，妳就有權判斷問題。比如妳的上司說：「明天妳到機場接我的姑母。」妳說：「你自己去，我已經為你做很多了！」上司說：「我並不這麼認為，如果我的上司地位對妳還有意義的話，妳將為我做更多。」產生了針鋒相對的判斷。在這個例子中，妳如果說「好吧」，並且因此不再堅持妳的意見，妳們的關係就失去了平衡，並且別人就可以繼續擺布妳直至崩潰。只有當判斷相互平衡，並且伴侶之間相互諒解，才能提出令人滿意的解決辦法。

（5）決定獨立

輕熟的女人有權做決定。比如妳的愛人說：「妳應該放棄在社區委員會工作。」妳說：「不行，它對我很重要。」愛人說：「我這樣想當然是為妳好，妳太興奮激動了。」儘管是擺布妳，但妳愛人陳述的理由是有道理和合乎邏輯。妳應該堅持妳的「不」，並且引導談話轉向不同的需求：妳陳述感情上的理由，妳的愛人陳述邏輯上的理由，兩個人都有理由，並在這個基礎上相互諒解。

總之，妳做一件事，十個人會對妳有十種不同意見。所以妳不能因為別人說什麼，就以為自己是什麼，要有獨立思維和判斷，懂得為自己做主，做個獨立的輕熟女人。

♪ 智慧小助手

輕熟女人，妳的美麗人生將從提高獨立能力開始，逐漸讓自己離開靠青春、靠美貌被動生活的局面，逐漸讓自己擁有更深刻的內在魅

第九章 智慧心理學──讓妳的魅力不再空洞
第三節　生活智慧：越簡單越快樂

力與能力，讓妳的價值在青春美麗的基礎上更上一層樓。

第三節　生活智慧：越簡單越快樂

♪ 輕熟有約

簡單的生活，意味著妳能夠把複雜的事情清晰化、條理化，抓住重點，以點帶面，這樣能集中精力。

輕熟女人，當妳剔除心中各種物欲和焦慮時，妳就生活在簡單中。簡單的意義，不是幻想生活，而是面對生活，祈求心靈的寧靜，有追求，不貪心。

輕熟女人，人要生活，就要有一定的物質保證，以滿足基本的生存需求。適當的物質追求天經地義，即使功名利祿，只要付出所得，也應受之無愧。但若變成無止境的追求，並以此作為人格追求、價值追求，必然會貪心不足蛇吞象。

輕熟女人，應該追求簡單生活。物質財富只是外在的榮光，真正的快樂來自於發現真實獨特的自我，保持心靈的寧靜。簡單是平息外部無休的喧囂，回歸內在自我的唯一途徑。

♪ 心理課堂

「澤雉十步一啄，百步一飲，不蘄畜乎樊中，神雖王，不善也」，就是說不管外界有多少有形無形的枷鎖，精神意志卻是自由。

（1）請做個精神漫步者

誠如盧梭所說：「在所有的一切財富中，最為可貴的不是權威，而是自由。真正自由的人，只會想他能夠得到的東西，只做他喜歡做的事情。」「放棄自己的自由，就是放棄做人的資格，放棄人的權利，

妳的輕熟時代
即使青春退場，也要繼續從容美麗

甚至於放棄自己的義務。」當然，自由不是隨心所欲，任何自由都是有限度、有規則的，所謂「絕對的自由世界」純屬子虛烏有。

經驗告訴輕熟的女人，心願與現實常常有落差，或歪打正著。妳想當演員，各種因素卻同時把妳放在工人的位置上，成不了「星」還得鋪路。但只要肯努力，懷抱希望，不斷充實自己，天生我才必有用。「哀莫大於心死」，只要「不死心」，精誠所至，金石為開，也能在精神世界裡汪洋恣肆、自由騰飛。

還是盧梭說得對：「人的自由並不僅僅是在於做他願意做的事，而在於能夠做他不願做的事。」把做事做人分開，才會有更廣闊的天地，只要妳願意當「精神漫步者」，生活就是如此簡單和快樂。

(2) 不要被物質壓倒

一個女人未曾被日常瑣事和焦慮干擾而簡單生活，這就是快樂。簡單應該是每個人的目標，生活在簡單中的人，就能夠朝目標邁進，不至於誤入歧途。

當輕熟的女人為擁有一幢豪華別墅、一輛漂亮汽車，而加班拚命工作，每天晚上在電視機前疲憊倒下；或者是為了一次小小的升遷，默默忍受上司苛刻的指責，一年到頭陪盡笑臉；為了接連而來的應酬，精心裝扮，強顏歡笑，回家後面對的只是一個孤獨蒼白的自己，那根本不是快樂。

大多數女人都希望生活能夠達到「簡單並快樂」的最佳狀態，但是她們真能做到嗎？毫無疑問，這是一個大大的問號。為什麼呢？因為大家都會被生活壓得喘不過氣來。

知名捷克作家米蘭‧昆德拉有一句名言：「承受生命之重。」絕大多數女人不堪承受生命之重，因為她們被物質財富，即好房、名車、高收入、高消費等欲望折磨得疲憊不堪。其實，物質財富並不如很多

第九章 智慧心理學——讓妳的魅力不再空洞
第三節　生活智慧：越簡單越快樂

人想像的那樣重要。

一項統計顯示，在美國社會，一對夫妻一天當中只有進行十二分鐘的溝通；一週內父母只有四十分鐘與子女相處；約有一半的人處於睡眠不足的狀態，時間的危機實際上是感情的危機。大家好像每天都在為一些大事瘋狂忙碌，然後疲憊不堪，沒有時間顧及其他。大家都在勞動，都在創造，但並不快樂。

物質財富不是衡量一個人是否成功的唯一標準。我們可以看到，很多人並沒有因為財富增加而變得更快樂。物質財富的增加常常使人們作繭自縛，例如，LINE、電話、電子郵件是工作不可缺少的幫手；不過，如果一項工作每天都面對源源不絕的資訊，就很可能產生「資訊疲乏」。許多企業界的經理人和高科技工作者抱怨，每天必須接聽的電話和處理的電子郵件，造成精神上莫大的壓力，「資訊疲乏」甚至會造成長期失眠，嚴重影響健康。至於伴隨文明發展而來的噪音、汙染等問題已無須贅述。

（3）成功 = 簡單 + 快樂

許多忙忙碌碌了一生的女人，也許只有到人生盡頭的時候才會悲哀的發現：自己的一生原來這麼不快樂，而所有的成就在生命終結之時，都顯得那麼微不足道。

有人問：「簡單生活」是否意味著苦行僧般的清苦生活，辭去待遇優厚的工作；靠微薄存款過活，並清心寡欲？美國著名心理學家皮魯克斯（German Lux）說：「這是對『簡單生活』的誤解。『簡單』意味著『悠閒』，僅此而已。豐富的存款如果妳喜歡，那就不要失去，重要的是要收支平衡，不要讓金錢為妳帶來焦慮。」

無論是誰，都可以盡量悠閒生活，在過「簡單生活」這一點上人人平等。

妳的輕熟時代
即使青春退場，也要繼續從容美麗

簡單的好處還在於：也許妳沒有海濱前華麗的別墅，只是租了一套乾淨漂亮的公寓，這樣妳就能節省一大筆錢做自己喜歡的事，比如旅行或者是去買渴望已久的攝影機。妳再也用不著在上司面前唯唯諾諾，妳自己就是自己的主人，提升並不是唯一能證明自己的方式，很多半日工作或者是自由業者，他們就有更多的時間支配。而且如果妳不是那麼忙，就推掉那些不必要的應酬，妳將可以和家人、朋友交談，分享一個美妙的晚上。

我們總是把擁有物質的多少、外表形象的好壞看得過於重要，用金錢、精力和時間換取優越生活，卻沒有察覺自己的內心在一天天枯萎。

按照最完善的成功心理學，一個女人成功的最高標誌是簡單＋快樂！輕熟女人，請做一個簡單並快樂的女人吧！

智慧小助手

一個女人要有所成就，就必會經歷一番風雨，但不表示成大事就得活得很辛苦，簡單生活才是我們的追求。所以，輕熟的女人要有簡單的心理，成就簡單的狀態。

第四節　聰明女人以理服人，以情感人

輕熟有約

輕熟女人，最重要的是要以理服人、以情感人，沒有道理就等於沒有生命，沒有感情就等於沒有靈魂。

從表面上看，口才不過是用嘴巴敘述，而實際上是用心、用感情和聽眾交流。當然，感情不可能憑空產生，感情要來源於平時的經歷

第九章 智慧心理學——讓妳的魅力不再空洞
第四節　聰明女人以理服人，以情感人

和積累。沒有豐富人生情感經歷的演員不可能成為出色的演員，同樣，沒有豐富情感經歷的女人不可能有豐富的情感語言。

情真意切，才能動人心魄、感人肺腑，真摯的情感永遠是輕熟女人說話時最寶貴的東西，也是女人口才的最高境界。

好口才要有好情感。女人要充滿精神、充滿情感，說話才能感染人。話是死的，但情感是活的。同樣一句話，不同的人說有不同的效果；同樣一句話，同一個人用不同的情感表現出來，意思大不一樣，這些要靠語言表達，也要靠情感渲染。

輕熟女人，妳把自己的感情表達出來了嗎？妳體會到情感對聽者巨大的感染力了嗎？沒有情感的語言是最無力的語言，把自己的喜怒哀樂，把自己的情感體驗融入話語中吧！

♪ 心理課堂

無論在生活中，還是在工作中，飽含情感說與乾巴巴說，效果完全不同。例如，在缺乏熱情的賣場裡，往往語言簡單，或者講幾句話就無話可說了，或者總是找不到話題，最後讓顧客感覺尷尬，甚至有點不好意思；而在充滿熱情的賣場裡，銷售人員滿面笑容，說出來的話能溫暖人心。在這樣的銷售人員面前，顧客肯定都很樂意買他的東西。

糖果店的經理魯小姐，善於熱情接待顧客，從她嘴裡說出來的話，總是讓人感受到溫暖。

有一天中午，商店裡的人不多，一位女顧客氣呼呼來到糖果櫃檯前，魯小姐含笑迎上：「您想買點什麼糖？」

「不買，難道不能看看嗎？」

說完，這位顧客連看都不看魯小姐一眼，繃著臉從中間櫃檯向右邊櫃檯走。魯小姐也隨著她向櫃檯右邊走，邊走邊想：她一定是遇到

妳的輕熟時代
即使青春退場，也要繼續從容美麗

了什麼不順心的事，越是這樣，我越是要熱情接待她。

魯小姐一邊走，一邊還是和顏悅色的說：「最近來了幾種新糖果味道不錯，您想看看嗎？我幫您介紹一下……」

顧客被魯小姐那火一般的熱情感動了，她抱歉的說：「剛才我對您發火，您沒見怪吧！我的孩子不吃飯就去游泳，氣得我真想揍他。所以剛進商店的時候，我的氣還沒消！」

「教育孩子是應該的，可要注意方法，不能打孩子。」

這位顧客感動的說：「您的服務態度真好，我無緣無故向您發火，您還這樣耐心給我意見……」

從這以後，這位女顧客每次來超市，都要到糖果櫃檯前跟魯小姐打招呼。

熱情的人總是笑口常開、說話好聽、樂於助人，一個對妳滿臉微笑的人，一個對妳說話好聽的人，一個在妳有困難時給予妳幫助的人，妳是否願意和他打交道呢？答案毫無疑問。工作中這樣，生活中也是如此。即使是一家人，談話的時候也需要動之以情，曉之以理，而不能蠻橫要求對方。

🎵 智慧小助手

說話時如果違背常理，就會為別人留下把柄。因此在談話時輕熟的女人要記住，話不要說過頭。

第五節　真誠不是實話實說

♪ 輕熟有約

輕熟女人，要真誠，更要技巧。

聰明的女人懂得，世界上難以逾越的距離不是天與地，而是人類心與心的距離。謊言在人們的心靈上加了一道鐵門，阻止了多少溫暖，遮蔽了多少真情。

智慧的女人知道，人無論處在何種地位，也無論是在哪種情況下，都喜歡聽好話，喜歡受到別人的讚揚。做工作很辛苦，雖然人的能力有大有小，但畢竟是盡了自己的一份力，當然希望自己的努力得到社會的承認。有時，鋒芒畢露的實話實說，並不是最明智之舉。

輕熟女人，要真誠，要有技巧的真誠，要智慧型的真誠。在現實面前，必然避其鋒芒，即使覺得他做不好，也不會直言相對。此時如果實話實說，這就讓人覺得妳太過鋒芒畢露。有鋒芒也有魄力，在特定的場合顯示一下自己的鋒芒很有必要，但是如果太過，不僅會刺傷別人，也會損傷自己。

♪ 心理課堂

從前有一個老實人，他不管到哪，總是被人趕走，無處棲身。

最後，老實人來到一座農莊，希望能被收容。農場主人見過他、問明原因以後，就讓他安頓下來。

農莊裡有幾頭已經不能勞動的牲口，農場主人想把牠們賣掉，可是不想派手下的人到市集，怕他們私吞賣牲口的錢。於是，他就叫這個老實人把兩頭驢和一頭騾子牽到市集上賣。

老實人在買主面前只講實話說：「尾巴斷了的這頭驢很懶，喜歡

妳的輕熟時代
即使青春退場，也要繼續從容美麗

躺在稀泥裡。有一次，長工想把牠從泥裡拉起來，一用力就拉斷了尾巴；這頭禿驢特別倔強，一步路也不想走，他們就抽牠，因為抽太多下毛都禿了；這頭騾子呢，是又老又瘦。如果能做事，農場主人幹嘛要把牠們賣掉？」

結果，買主們聽了這些話就走了，這些話在市集上一傳開，誰也不來買這些牲口了。於是，老實人晚上又把牠們趕回農莊。聽完誠實的人講述完市集上發生的事，農場主人發火說：「朋友，那些把你趕走的人是對的！我雖然喜歡實話，可是我不喜歡那些跟我錢包作對的實話！你想去哪就去哪！」就這樣，老實人又從農莊裡被趕走了。

其實，故事中「老實人」的遭遇，現實生活中也不乏類似的例子。

十九世紀的舞蹈家鄧肯，小時候常常「坦率」得令人發窘。有一年聖誕節，學校舉行慶祝大會，老師一邊分糖果、蛋糕，一邊說：「看啊，小朋友們，聖誕老人替大家帶來了什麼禮物？」

鄧肯馬上站起來，嚴肅的說：「世界上根本沒有聖誕老人。」

老師雖然很生氣，但還是壓住心中的怒火，改口說：「相信聖誕老人的乖女孩才能得到糖果。」

「我才不在乎糖果。」鄧肯回答。

老師勃然大怒，處罰鄧肯坐到前面的地板上。

那輕熟的女人要怎麼做，才能既表達出我們的真實感受，又不傷害別人呢？聰明的思路是：

(1) 有時適當「言不由衷」一下

現實生活中經常見到「說謊」的人，大人物也不例外，比如，內心反感開會的人常說：「非常高興有機會參加這次會議……」對相貌平平者說：「妳很漂亮！」在忙得不可開交的時候接到話不投機朋友的電話，偏偏他講了五分鐘還沒有掛斷的意思，於是只好來一招：「對

第九章 智慧心理學——讓妳的魅力不再空洞
第五節　真誠不是實話實說

不起,我馬上就要開會!」明示對方結束話題。儘管是言不由衷,但於人於己都無害,別人也容易接受。

(2) 有時候「幽默」可以化解尷尬

布拉姆斯是德國著名的作曲家,一次他參加一場晚會,卻遭到一群厚臉皮的女人包圍,他邊禮貌應付,邊想辦法脫身。忽然他心生一計,點燃了一支粗大的雪茄;不久,那群女人便被一團團淡紫色的煙霧包圍。很快,有幾個女人忍不住開始咳嗽,布拉姆斯照樣泰然自若抽他的雪茄。

終於有人忍不住對布拉姆斯說:「先生,你不該在女人面前抽菸!」

「不,因為我認為,有天使的地方不該沒有祥雲!」布拉姆斯微笑回答。

(3) 說好與人為善的謊言

講謊話一定要注意原則,切不可從私利出發,顛倒黑白、混淆是非,否則只能遭受別人的唾棄。

輕熟的女人要把握住一點,真誠的核心和靈魂有利他人,也就是與人為善。如果對別人來說,「謊話」更適宜和容易接受,又不會傷害任何人的利益,我們不妨放棄對「完全誠實」的固執;但在任何時候,都絕不能為了個人利益而放棄誠實。但是,如果一個人想要就他的地位、達到目的的前景,以及他的不足之處等問題欺騙人們並一直欺騙下去,絕對不可能,那些經常為私利表現不誠實的人不會獲得成功。

🎵 智慧小助手

在生活中做一個真誠的人不容易,因為它不能有半點虛假和功利,需要實實在在付出、奉獻。真誠待人、克己為人的人,也許偶爾會被

妳的輕熟時代
即使青春退場,也要繼續從容美麗

欺詐,但他們會真正時時受人歡迎。作為一個輕熟的智慧女人,要懂得善用受人歡迎的說話技巧。

第六節　減壓智慧:與自己散步

♪ 輕熟有約

輕熟女人,喜歡在晚餐後、傍晚餘暉下獨自出門散步,讓輕柔的晚風沁入身體,撫摸每一寸肌膚。

女人都喜歡這種感覺,而這種感覺也能非常簡單獲得。

輕熟女人,如果有什麼事讓妳感到憂傷,讓妳無法自拔,不要躲在房間暗自神傷。何不放下那些牽掛和羈絆出門走走。走出來吧,外面有更廣闊的天地。

或許妳覺得現在正缺少功名利祿,妳無法抽身閒眼看浮雲。人生就是一場馬拉松,何必時刻想爭第一,時時刻刻繃緊神經,蓄勢待發?

無論有多麼累,只要走進林蔭小道,看著歡快的孩子在身邊跑來跑去,一天中所有疲憊和煩惱都會煙消雲散。

♪ 心理課堂

輕熟的女人,缺少的不是功名利祿,而是一雙適合妳的鞋子。穿上它輕鬆邁出家門,穿過公園,走過院子的羊腸小徑,感受陽光與清風,聆聽樹上鳴唱的小鳥。這個時候,妳會發現,陽光並不像平時那樣刺眼,而是給妳溫暖;清風吹亂妳的頭髮,但也是一種溫柔撫摸。

妳並不需要規定目的地,只要漫無目的,即使走到天邊也無妨。妳不需要擔心自己迷路,因為只有這個時候,妳的思緒最放鬆清醒。

走累了,可以坐在石頭上歇息,當然也可以坐在地上,傾聽自己

內心的聲音。平時忙著與別人說話，忽略了自己內心的聲音，就讓自己說個夠吧。

此時此刻，這個世界是妳的，妳可以悠閒散步，也可以歡快奔跑，不必在意別人的眼光，也不必窺探別人的心事，沒有利益之爭，也沒有猜疑和壓力，妳體會到的只有輕鬆。

一個人散步，能讓心靈獲得寧靜，只要能保持淡泊清淨的心境，就能夠理智從容對待生活，妳也會發現人生處處有美麗風景。

♪ 智慧小助手

懷抱千山萬水的夢出發，從此不再孤單，從前不敢想、未曾想的事將變成現實。無論攀登上高山之巔，還是沉醉在燈火闌珊，或是美夢到醒，妳都會收穫一樣的幸福和快樂。

第七節　知性美女魅力無極限

♪ 輕熟有約

知性是輕熟女人的專利和財富，知性讓輕熟女人流露出一種歲月歷練後的美麗。知性美女不再通宵達旦飲酒作樂，而是在燭影搖紅中與朋友相對，在舒緩的爵士樂裡輕輕舉杯，細訴陳年舊事，聊聊別後經歷，留給彼此一個思念和祝福的背影。

輕熟女人，做一個知性的女人，婉約有致，內涵豐富，像寬闊平穩的江河，雖然浪花減少，色彩轉淡，可積澱變多，韻味十足，其中每一條波紋，每一滴水聲，都讓人心醉。

輕熟女人，感性卻不張狂，典雅卻不孤傲，內斂卻不失風趣。即使沒有天姿國色，卻都很有才情，而且溫和、清爽、真實，飄散著溫

妳的輕熟時代
即使青春退場，也要繼續從容美麗

潤的芬芳，愈品愈香。

輕熟女人，知性和閱讀有關。對書的鍾愛，能讓女人收穫知識，收穫人生感悟，從而可以從容觀察世界。知性女人，就像一塊璞玉，經過時光的細細打磨，越發顯得晶瑩圓潤，讓妳時時感到美麗綿延無期，青春輾轉無盡。

♪ 心理課堂

知性的女人是輕熟的女人、智慧的女人、有主見的女人。

曉曉上大學的時候，曾經發生過一件很有趣的事情：

一天傍晚，班上的一群同學相約到學校附近的廣場看表演。從學校到廣場大概要走半小時的路程。走著走著，無聊中，有一個男孩出了個主意：讓大家同時望著天空中的某一個地方，擺出好奇探索的樣子，看路人有什麼反應。

大家對這個惡作劇很感興趣，於是紛紛抬頭望天，手臂若有其事指向天上同一個位置，嘴裡含糊不清說著自己也聽不懂的話。

果然不久，路上的行人就有了反應，跟著他們一起抬頭看天，真以為天上有什麼吸引人的東西。

抬頭望天的人越來越多，有的人邊走邊看，有的人停下來認真看，但卻沒人過來問他們究竟看什麼；等大家覺得惡作劇該結束的時候，他們繼續往前走，背後卻留下了一群看天的人！

這個惡作劇至今給曉曉留下了很深的印象，她會聯想到安徒生的〈國王的新衣〉。

很多人總是這樣，習慣跟著別人的思路走，別人說有就覺得有，別人說無便認為無，沒有自己的看法。

一家著名的外商企業需要聘一位公關部的接待祕書。在經歷了主管、部門經理、副總經理等人一層層嚴格的面試後，有兩位女孩勝出，

第九章 智慧心理學——讓妳的魅力不再空洞
第七節　知性美女魅力無極限

其中一位擁有英語檢定證書，並從名牌大學畢業的漂亮女孩；另一位則是相貌平平、學歷一般的競爭對手。

這個漂亮女孩對自己非常有信心，別說她是名牌大學畢業，僅憑著她的相貌就能讓面試官眼前一亮，而相貌對於公關祕書來說，占有很重的分量。

事實也確實如此，面試官都對她表示滿意，當即通知她下週到公司報到；但同時卻告訴她，公司對這個職位有一個變動，她必須先到公司的生產部工作半年，問她是否有異議。

女孩面對這一突如其來的變化，有些不知所措，生產比起公關來顯然苦多了，她對考官說：「這個我需要先跟家人商量一下，家人都希望我在辦公室工作。」考官聽了不由一愣，然後很平靜的說：「好吧，那妳就商量吧。」

第二天，漂亮女孩來到公司，告訴考官說：「爸媽都同意我先到生產部工作，她們說在那裡能學到很多東西。」

她本以為面試官會十分滿意歡迎她的到來；可遺憾的是，面試官告訴她，這個職位已經有了合適的人選，而這個人選就是那個既沒有她漂亮、也沒有她學歷高的女孩。漂亮女孩傻眼，質問為什麼。考官告訴她：「我們並不是臨時改變了職位，而是我們需要一個有主見的人。」

這個面試官所說，實際上是職場淘汰人的一種規律，工作所需要的是有主見的知性女人。

♪ 智慧小助手

有主見的知性女人必定是獨立、自信、堅強、有野心的女人，人人都欣賞這類女人；而凡事只懂得隨聲附和的女人，只會一輩子受人支配，永遠無法做自己的主人。

妳的輕熟時代
即使青春退場,也要繼續從容美麗

第八節　敞開心扉,學會分享學會愛

◊ 輕熟有約

敞開心扉,讓陽光住到妳的心裡,這是分享愛的智慧。

輕熟女人,敞開心扉,世界就在心中。探求世界的祕密,發覺世界的美好,提高自己的修養,豐盈自己的內心。

輕熟女人,要創造自己的美麗人生。妳的人生是積極明朗的,充滿勇氣與感動,無論是晴霞滿天還是風雨交加,妳都要乘著自由的快馬日夜兼程。

輕熟女人,要點亮自己的心靈,為夢想重新燃起鬥志,妳要不斷追逐,那是一種精神上的自我忠誠。

輕熟女人,妳的心裡除了分享和愛,還有友誼、親情,還有世界、宇宙。

獨步人生,我們會遇到種種困難,甚至舉步維艱、悲觀失望。征途茫茫,有時看不到一絲星光;長路漫漫,有時走得並不瀟灑。這時,請敞開心扉去面對現實。

輕熟女人,何必讓妳的心處在陰晦中呢?為自己的心開一扇窗,讓陽光進來。當明媚的陽光溫暖妳,那是一種愛的感覺。

◊ 心理課堂

少女時期在無憂無慮的歡笑中一晃而過,快得讓人有些難以回憶。很多女人都會在結婚,或者三十歲以後,開始覺得孤獨。

雯雯正值輕熟年齡,她的老公是一家私營公司的經理,算是十分成功的男人,他們在雯雯二十歲時結婚。

為了老公的事業,雯雯沒有生孩子,但她也沒有上班,總是無所

第九章 智慧心理學——讓妳的魅力不再空洞
第八節　敞開心扉，學會分享學會愛

事事坐在家中。久而久之，由於很少與外人交流，心中便有了極強烈的孤獨，慢慢性格變得孤僻。

她開始煩悶，首先是和老公因一些小事鬧彆扭，後來便是經常吵架，最後她終於因為忍受不了這種生活而與老公離婚。

在現實生活中，許多女人都承認她們沒有一個可以完全信賴和吐露心事的朋友；然而，她們又似乎都認為這種現象正常，可以接受。

有一位成功的女人在談到友誼時說：「我真希望有一個知心朋友，我有不少生意場上的朋友，但沒有一個知己，我覺得十分孤獨。偶爾心血來潮，毫無緣由打電話，結果也僅僅只是問個好，沒有這樣可以傾吐的對象。」

在建立聯繫的過程中，有些女人似乎自始至終都受約束，她們不願意讓別人知道自己的弱點，例如挫折、焦灼、失望等。她們怕被人視為懦弱，表現得像只會一味怨天尤人的失敗者，使他人對自己失去興趣和尊重。同時，她們也不願意與人分享自己勝利的歡樂，因為她們怕激起別人的競爭、嫉妒心理。

內心世界的封閉，使女人無法建立真正的友誼，使現代女人陷入一種強烈的孤獨感。那麼，如何才能消除孤獨感呢？

（1）克服自卑

由於自卑而覺得自己不如別人，不敢與別人接觸，這如同作繭自縛。

其實，人與人之間無須相比，每個人都有長處和短處。一個輕熟的女人只要自信一點，就能鑽出自織的繭，克服孤獨。

（2）結束獨處的日子

獨自生活並不意味著與世隔絕，雖然與外界交流有困難，但依然可以透過某些方式交流。如當妳感到孤獨時，可翻翻舊日的通訊錄，

妳的輕熟時代
即使青春退場，也要繼續從容美麗

看影集，也可寫信給某位久未聯繫的朋友、打電話或請幾個朋友吃頓飯。

當然，與朋友的交往和聯繫，不應該只是在感到孤獨時。別人也和妳一樣，需要友誼的溫暖。

（3）溫暖身邊人

如果妳在與別人相處時感到孤獨，這種孤獨感甚至是妳獨處時的十倍，因為妳和周圍的人格格不入。例如，妳到了一個語言不通的地方，由於妳無法與周圍的人交流，也無法進入那種熱烈的情感中。

因此在與別人相處時，無論是什麼樣的情境下都要熱情，並設法為他人做點什麼，妳應該懂得，溫暖別人的同時，也會溫暖妳自己。

（4）走進大自然

生活中有許多活動充滿了樂趣，只要妳能夠充分領略它們的美妙，就會走出孤獨。如有些人遇到挫折，心情不好，但又不願對別人傾訴，就會到海邊或空曠的田野，讓清風盡情吹拂。

（5）有所愛、有所求

現代女人越來越害怕自己跟他人不一樣，害怕在不幸時孤立無援，害怕自己不被人尊重或理解，這種因激烈的社會競爭導致的內心恐慌，無疑使一些人越來越孤獨，心靈也越脆弱。輕熟的女人要克服這種恐慌與脆弱，為自己確立人生目標，培養和選擇一些興趣愛好，一個人活著有所愛，有所求，就不怕寂寞。

女人需要打開內心緊閉的大門，積極與人交流，真誠接納他人。多了幾個能推心置腹的朋友，就少了幾分孤獨，戰勝了可怕的孤獨，就會有更多的人為妳喝彩。

第九章 智慧心理學——讓妳的魅力不再空洞
第九節　美麗讓男人停下，智慧讓男人留下

✶ 智慧小助手

輕熟的女人，要學會分享，學會愛。做到這些，妳就不會在苦悶失落中迷失自己，妳就不會在色彩繽紛的社會中失去方向。妳將擁有超然豁達的人生，將擁有陽光般的笑容。

第九節　美麗讓男人停下，智慧讓男人留下

✶ 輕熟有約

美麗是女人一時的資本，一種讓男人駐足的資本；智慧卻是女人一生的資本，一種能夠讓男人留下的資本。

輕熟女人，做個美麗而有智慧的女人，不僅對男人有很大的吸引力，同樣也會贏得同性的羨慕與欣賞。

輕熟女人，沒有美麗的外貌，不容易引人注目，讓人駐足在妳的身邊；而僅僅是美麗而沒有足夠的智慧，不用多久，當崇拜者出現審美疲勞，看不到妳更多吸引人的地方時，就會漸漸離去，找尋新的目標。

輕熟女人，鎖住男人的眼睛，讓男人駐足停留，要從塑造美麗外表開始。而征服男人的心，讓男人不願意離開妳，智慧永遠是法寶，所以，請用美麗和智慧打造妳的魅力，鞏固妳們的愛情基礎，維繫美滿幸福的婚姻吧。

✶ 心理課堂

輕熟的女人，如果妳完全不在乎男人的感受，妳既不需要美麗也不需要智慧，妳只需要隨心所欲。但是大部分女人不甘心這樣過一輩子，她們還是需要男人，而且不是那種「路人皆可得」的男人，她們

妳的輕熟時代
即使青春退場，也要繼續從容美麗

需要與一些看上去很優秀、很出色的男人，互相激發，分享生活，感受彼此的真誠和相處樂趣。假如妳是這樣的女人，妳就必須明白——美麗讓男人停下，智慧讓男人留下。

這是一則愛情電影的劇情：

窮小子麥克娶了姿色平平的富家女薇麗，但同時被菲瑞深深吸引，因為菲瑞實在太漂亮了。菲瑞是薇麗的哥哥維卡的女朋友，儘管菲瑞是一個來自底層的年輕女子，維卡仍然深深愛著菲瑞，並發誓要娶她。

但是，菲瑞除了有傾國傾城的外表外，幾乎沒有任何優勢；相反，她總是怒氣沖沖，一有不高興的事就喝酒，喝多了就什麼事都做的出來。換句話說，菲瑞是一個美麗迷人卻缺乏智慧的女人。

後來，維卡終於忍受不了這個沒教養的女人，這個時候，麥克也意識到自己的妻子薇麗是位知書達理的好女子，也回心轉意對自己的妻子一心一意；結果最慘的就是菲瑞，她最後因孤獨而自殺。

男人誇女人漂亮，就像我們去餐廳吃飯，誇兩句好吃，但這並不意味著打算留下來當廚師。男人對女人的這種態度充滿一種所謂的男性優越感，憑什麼女人就是餐廳，你有錢就來消費呢？那些優秀、能激發起我們好奇心的男人，我們不必討好他們，但是如果我們無法讓他們在我們面前停下或者留下，是不是會覺得有點難過？

米涵是個十分在乎男人評價的女人，她過著入不敷出的生活，節省一切開支，大方把錢花在名牌時裝以及髮型上。辦公室裡任何一個男人，只要對她稍微冷淡，她馬上就會注意到。同樣，任何人哪怕是一個毫不相干的人，在飯桌上誇她兩句，她立刻眉笑顏開。在女人面前極富攻擊性，但是到了男人那裡，卻溫暖機智，甚至還有點幽默感，雖然她的幽默是反覆練習和背誦。妳能觀察到她的情緒，在一個場合，假如她不能吸引到更多的男人，那麼她就會不高興。

第九章 智慧心理學——讓妳的魅力不再空洞
第九節　美麗讓男人停下，智慧讓男人留下

作為女人，我們和米涵一樣，在內心深處是渴望男人關注自己，至少我們喜歡被人喜歡、被人惦記、被人想起，既然這樣，我們不必否認這一點。

生活中，我們很在意男人對我們的感覺，如果有個很優秀、很出色的男人喜歡自己，一般情況下，我們會心情愉快。沒有哪個女人會以天下男人遠離自己為榮，以天下男人喜歡自己為恥。輕熟的女人要美麗且智慧。如果妳僅僅美麗，而沒有智慧的話，悲劇還會不斷重演，男人被妳吸引、留下，然後離開。當然，如果妳僅僅智慧，除非是妳的智慧能轉化為生產力，否則男人看不到。

有人說，好女人是一所學校，所以好男人就容易畢業，除非妳是一所名校，妳不僅有優美的校園，且妳還得有豐富的藏書，另外，妳得設計很多有吸引力的課程，這樣男人才會在妳這所學校讀下去，先是本科四年，然後研究所三年，畢業了還留戀，於是再博士三年，然後是博士後，還是捨不得離開，結果成為妳這個學校的終身榮譽教授，成為妳這個女人的終身伴侶。

♪ 智慧小助手

美麗讓男人回眸，智慧讓男人駐足！輕熟的女人，請用美麗與智慧鎖住男人心，做一個漂亮而又智慧的女人，擁有豐富的感情生活。

妳的輕熟時代
即使青春退場，也要繼續從容美麗

第十章
幸福心理學——平淡中感悟愛的真諦

　　什麼讓女人幸福？有人說是財富，有人說是愛情，還有人說是美貌，所有這些都與女人的幸福有關，但又都不是決定性的因素，真正能決定女人幸福的應該是心態。

　　輕熟女人只要能夠做到駕馭心態，做自己命運的舵手，那麼，幸福的畫卷將從此展開，人生將充滿快樂的色彩。

第一節　快樂是女人的資本

♪ 輕熟有約

　　快樂的真諦在於分享。與人分享快樂的女人，永遠都有享不盡的快樂。女人最美的時刻也是最快樂的時候，快樂很容易得到卻又難以把握，快樂不需要任何庸俗的東西做載體。

　　輕熟女人，不要跟自己過不去，請放下心中的苦悶和欲求，輕鬆生活。人生的旅途中，只有簡裝出發，輕鬆上路，才能享受到生活的樂趣，感受一路上的鳥語花香，生活得自由自在。也只有這樣，妳才能在人生的舞台上瀟灑演出。

　　輕熟女人，每天給自己一個笑臉。輕熟的女人，要想一生都擁有

第十章 幸福心理學——平淡中感悟愛的真諦
第一節　快樂是女人的資本

快樂，就一定要有知識、有智慧，有自給自足的能力，有內在的精神生活，有工作之外的業餘愛好，有讀書、運動、聽音樂的好習慣，有「寵辱不驚，看庭前花開花落。去留無意，觀天邊雲卷雲舒」的達觀心境。

輕熟女人，家庭快樂只是現代女性生活快樂的一部分，今天的女性更大的快樂是自我價值的實現、個人生活品質的提高、個人生命的自我完善。在這個過程中，再加上對生命意義的思考和實踐，女人就會踏上幸福生活的道路。

♪ 心理課堂

法國文豪大仲馬說：「人生是有無數小煩惱鑄成的念珠，達觀的人總是笑著數完這串念珠。」既然每個人的人生都是由這麼多的煩惱組成，何不自己讓自己更快樂？笑著數念珠就是智慧的人生態度。

智慧的女人就是快樂的女人，快樂的女人就是心胸寬廣的女人、眼界遠大的女人、心境豁達的女人。

岳小姐在年輕時拚命賺錢，年近四十時終於實現夢想，成為一個有錢的商人；可是物質的豐富並沒有讓她感到發自內心的快樂。

有一天，她去鄉下看望朋友閻小姐，她過著平凡卻快樂的生活，經營一家小型果園，她微笑採摘果實來接待岳小姐。

岳小姐很不甘心的請教這位朋友：「我的錢可以買一百座果園，可是為什麼我卻沒有妳快樂？」

閻小姐指著旁邊的窗子問：「從窗外妳看到了什麼？」

岳小姐說：「我看到很多人在果園勞動。」

閻小姐問：「那妳在鏡子前又看到了什麼？」

岳小姐看著鏡子裡的自己說：「我看到了我自己。」

閻小姐又問：「哪一個風景遼闊呢？」

岳小姐又說：「窗子當然看得遠。」

妳的輕熟時代
即使青春退場，也要繼續從容美麗

閻小姐微笑了：「就因為妳活在鏡子的世界裡呀！當妳試著將鏡子後面的那層水銀剝掉，妳就會看到全世界。」

輕熟女人，還要學會從工作中尋找樂趣，把展示才華當成是最大的快樂，能把工作和自己的興趣結合，把壓力轉化為動力，這樣才會收穫快樂，具體做法如下：

(1) 培養正確的態度

輕熟的女人把壓力視為生命中的轉機或挑戰。如果妳能接受這些挑戰，妳會更加了解自己，也能培養面對這些壓力情境的有益技巧，以免傷人傷己。另一方面，妳更能掌握自己的人生方向，更有信心面對未來，迎接挑戰。

(2) 保持適當的彈性

輕熟的女人要善於了解目標和工作的輕重緩急。如果過於擇善固執，反而會助長壓力。天有不測風雲，當妳碰到突來的壓力，要將其視為成長的機遇，而非破壞的來源，並勇敢接受它。

輕熟的女人不要認為自己的想法或感覺一定最正確，避免老調重彈、翻舊帳、遷怒，也不要埋怨老天爺對妳如何不公平。

輕熟的女人要善用權力與能力，盡量保持客觀，心胸開放，接受別人的看法，不要期望別人的行為會前後一致，而要在危機中尋找轉機，以達到目標。

(3) 採取及時溝通

輕熟的女人在面對壓力的時候要善於與人溝通，以獲取他人的幫助。例如，妳可以說出煩惱和壓力：「我一個人留在辦公室時，就感覺好像要被工作壓垮了，無法集中精神做事。」妳也可以就如何解決壓力的話題談起：「妳遲到的時候，我必須幫妳做事，哪天如果我要早點離開，妳能不能也幫我處理？」這些都能幫助妳減輕工作壓力。

第十章 幸福心理學——平淡中感悟愛的真諦
第一節　快樂是女人的資本

（4）接納現實的狀況

輕熟的女人不要把時間浪費在無法改變的事物上，努力尋找改善現狀的契機。接受妳無法施展影響力的事實，並不表示妳得放棄希望，它意味著妳可以將精力轉移到別的地方。

（5）找個知音聊天

在現實中，如果為如何與造成妳壓力的人溝通而煩惱，反而會增加自己的壓力。在妳的工作堆積如山時，冒犯妳的人也許早把工作做好了，或許正在飽餐一頓、睡覺或去打高爾夫球了。所以，為什麼要跟自己過不去呢？妳應該詳細規劃衝突時的應對守則，同時，找知音談談，把心中的挫折、憤怒和痛苦都發洩出來，做自己喜歡、有把握的事，並且下定決心，永遠不跟那些冒犯妳的人對抗。

（6）做個快樂深呼吸

輕熟的女人在面臨壓力時，最好讓自己暫時脫離焦慮。呼吸一點新鮮空氣，舒服坐在桌子前，閉上眼睛數到四。每一個數字花一秒鐘，數到四時用鼻子吸氣，讓肺部充滿空氣，直到有點不舒服。暫時屏氣凝神，再從一數到四。數到四時從嘴巴吐氣。只要重複幾次這個動作，就能減輕壓力。

這個方法如果能和視覺影像配合，效果會更好。一邊深呼吸時，一邊想像問題解決、壓力消除之後的成功情景。然後問問自己，要怎麼做才能達到那樣的結果，而這個答案就是妳的行動計畫。

把深呼吸和視覺影像配合好，可以使妳在輕鬆的狀態下集中注意力。這種集中狀態就是妳的成功之道，它讓妳了解，妳不一定要不擇手段，才能得到想要的東西。如果妳沒有時間深呼吸和想像，就把全身的肌肉繃緊二十秒，然後放鬆。這個方法雖無法解決任何實際問題，但至少能放鬆。

妳的輕熟時代
即使青春退場，也要繼續從容美麗

總之，輕熟女人，要學會善待自己，不必預支自己的健康和生命。每完成一件事，就把它從妳的行動計畫表上劃掉，休息一下，再做新的工作；把桌上和工作不相干的東西收起，每天檢視自己的努力成果，然後把工作留在辦公室。如果一定得把工作帶回家，要設定一段執行的時間，若超過時間，就不要再做，除非進度真的落後很多。記住，沒有什麼工作值得賠上妳的生活。

輕熟女人，讓每天都有一個愉快的開始，那麼所有的事都會變美好。

❖ 幸福小精靈

生活中的事情，大概有百分之九十都進行得很順利，只有百分之十有問題。如果我們想要快樂，我們要做的就是集中注意力在好事上，不去理會那百分之十就可以了。

第二節　常懷感恩的心

❖ 輕熟有約

輕熟女人，要懂得感恩，妳的心要常常沉浸在善意的微笑裡，而不是躲避在敵視的瞳孔中。

輕熟女人，要擁抱感恩，日子就像洋蔥，只要一片片剝開，總有其中幾片能讓妳感動流淚。

❖ 心理課堂

當有人對妳說一聲「謝謝」的時候，妳的心裡肯定很愉快；同樣，妳對別人禮貌說一聲「謝謝」，別人也會覺得妳很得體。

學會感謝他人，是一個輕熟女人必需的一項禮節，別人即使是做

第十章 幸福心理學——平淡中感悟愛的真諦
第二節　常懷感恩的心

了一件微不足道小事，妳也要說一聲「謝謝」。

多說一些客套話，看似微小，可當狹路相逢，妳有麻煩時，別人也不會坐視不管，因為妳平常會問候，很友好，別人也想多一個像妳這樣會感恩的朋友。在某一方面妳不熟悉，別人幫助妳，妳的工作也就能完成，老闆也就欣賞妳了，豈不很好？

有些人的感謝總是放在心裡，像對家裡人一樣，畢竟妳與同事的關係不怎麼密切，有很多情形下，倒還會產生錯覺。要感謝，就要大聲說出來，說到人家心裡。天下再也找不到第二個自己，有時候自己和自己都有隔閡，何況別人和妳？

感謝是一種禮貌，感謝別人最好指名道姓，那樣別人就會知道妳在感激他，心裡真的在乎他，這是對別人最好的感謝。

感謝要鄭重其事，而不是敷衍了事。大大方方，口齒清楚，那樣的女子令人舒心。

有一家頗有名氣的飯店，設施其實跟別家飯店差不多，而且位置也很偏僻，可是生意興隆，許多國家元首都拜訪過，這是為什麼呢？當人們走進飯店的時候，服務生會問候：「您好！歡迎您第一次光臨！」她這樣一說，妳絕對是第一次來；而妳要是曾經去過，服務生會這樣對妳說：「○○小姐您好，歡迎您的到來，生意還好嗎？在○○還愉快嗎……」

服務生會說很多關於妳的事情，妳當初是坐在哪一張桌子，和什麼人談話，穿的是什麼衣服，辦什麼事，哪一天來，哪一天離開，住在什麼房間，妳還要住那間房間嗎？妳是前幾天來的也好，妳是幾年前來的也好，絕不會出錯，在牆壁上印有明信片，明信片上還有妳的照片。

想想看，多年以後，一個不認識的人突然對妳說這些話，這麼多

妳的輕熟時代
即使青春退場,也要繼續從容美麗

年還記得妳,感動就不用說了,為什麼那家飯店的生意那麼好,也就是這個原因。和千千萬萬的普通人一樣,目前我們最重要的事情是「賺錢」,可是,我們還要學習變得快樂與灑脫,學習說「謝謝」和「我愛妳」,學會感恩,學會感動,學會愛。

「只要有一雙忠實的眼睛與我一同哭泣,就值得我為生命受苦」,羅曼·羅蘭(Romain Rolland)如是說。只有懂得感恩,妳才能感受春色滿園,陽光燦爛。

輕熟女人,要學會感謝一切,說明妳這個人胸襟寬廣,有一顆不平凡的心,自然也不會整天為小事而阻礙自己,妳所體現的氣質也是落落大方。

♪ 幸福小精靈
一顆愛的種子在時間和精神的澆灌下,能開出最美的花,這是對感恩最好的詮釋。

第三節　輕熟女人,需要陽光心情

♪ 輕熟有約
生活如同一面鏡子,妳對它燦爛的笑,它也會報以同樣燦爛的笑。妳想快樂,妳就快樂,盡量忘卻憂傷,努力汲取歡愉往事,常留微笑在嘴角,妳的世界也就逐漸明朗。

輕熟女人,當妳用新視野看生活,就會發現許多簡單的東西才最美麗,而許多美的東西正是最簡單的事物。利用行動改變我們的心情,利用心情來改變我們的行為,這是幫助我們度過困難、緩解壓力的有效方法。

第十章 幸福心理學——平淡中感悟愛的真諦
第三節 輕熟女人，需要陽光心情

輕熟女人，或許生活留給妳的是累累傷疤，但不如把自己從悲傷的情緒中抽出來，換一種態度對待所謂悲傷，用陽光的心情挑戰所謂不悅，生活將會少一份艱難，多一份容易；少一份憂愁，多一份快樂；少一份痛苦，多一份甜蜜。

心理課堂

心理學家艾克曼（Paul Ekman）的實驗表明，一個人老是想像自己進入某種情境，感受某種情緒，這種情緒很可能會真的到來。一個假裝憤怒的實驗者，由於「角色」的影響，他的心率和體溫會上升。

許多心理實驗研究證明，除非人們能改變自己的情緒，否則通常不會改變行為。心理研究的這個新發現，可以幫助我們有效擺脫壞心情，其辦法就是保持陽光心情。

一個女人煩惱的時候，可以多回憶愉快的過往，還可以用微笑激勵自己。當然，笑要真笑，盡量多想快樂的事情。高聲朗讀也有幫助，只是讀書時要有表情，且要選擇能振奮精神的文章而非憂鬱之作。

（1）**目標合理**

目標不宜定得太高，過高的目標，可能招致失敗，對生活失去信心。要根據自身實際情況量力而行，這樣實施，成功的把握就會大得多。小小的成功會帶來喜悅，也會提升妳的自信心，即使沒有達到預期效果，也應該樂觀對待。

（2）**形態樂觀**

有這樣一則故事：

有一個憂愁沮喪的女人，對什麼事情都很悲觀，這種壓力越來越大，最後到了無法忍受的地步。終於，她精神上有些崩潰了。

於是她離家出走，經過一個教堂時，她聽了一場布道，好像是專

妳的輕熟時代
即使青春退場，也要繼續從容美麗

門講給她聽的，題目是「能征服精神的人，強過能攻城占地的人」。

她靜靜聽到這樣幾句：「我知道妳不會覺得自己有什麼不同，因為妳還帶著妳所有麻煩的根源——就是妳自己。無論妳的身體或是妳的精神都沒有不對的地方。因為並不是妳所遇到的環境使妳受到挫折，而是妳已經陷入了自卑。」

聽到這裡，她忽然發現自己從前太愚蠢了。於是她回到家中，開始學著愛自己，愛家人，愛朋友，愛身邊的一切，後來她的生活越來越美好。

保持樂觀心態，可以打消一個處在不如意境遇中人的頹廢和自卑的念頭。充滿朝氣的思想，是治癒心理疾病的靈丹妙藥。

（3）選擇快樂

快樂是一種對生命不變的信念，懷著信心，迎接每一個挑戰，在困惑中依然精神抖擻，向著目標前進。在苦難裡不忘仰望蒼穹，輕輕哼唱，感激陽光雨水，讚美它的神奇無私。

輕熟的女人只有透過有節制的享樂和淡泊寧靜的生活，才能獲得真正的快樂，而由這個極端到另一個極端動盪的靈魂，是不會快樂的。盡量敞開胸懷，無須執著於一事一物、一種看法、一個原則、一個規範、一種做法。

♪ 幸福小精靈

人生猶如劇場，如果妳對上演的劇碼不感興趣，那麼人生也是索然無味。每個人都受欲望和好奇心的驅使，才能在每天清晨醒來，精力充沛的工作和學習。在矛盾充斥著的社會中，在巨大的壓力下，妳要保持陽光心情，笑對人生，才能快樂度過每一天。

第四節　接受生活，妳才不覺得累

§ 輕熟有約

少女時代的我們都渴望快點長大，在經歷了種種美麗與哀愁後，我們終於變得成熟。這個時候我們才發現，生活有時候真的很苦，工作有時候真的很累，現實有時候真的很無奈。面對這樣的近況，我們要懂得接受生活，享受工作，提升興趣，釋放心靈。

有的女人不是從生活中和工作中尋找樂趣，而是等待樂趣，等待未來發生能給她帶來快樂的事情。她們以為自己結婚、找到好工作、買下房子、孩子大學畢業以後，就會快樂輕鬆，這種女人往往是痛苦多於快樂。

輕熟女人，請接受生活，這樣妳才不覺得累。假如妳是一個話務員或者小會計，每天都做著相同的工作，單調無味到極點。假如妳想讓自己的工作變得有趣，妳就可以把自己每天的工作量都記錄下來，鞭策自己一天比一天進步。一段時間後，妳也許會發現妳的工作不再是單調枯燥，而是很有趣。因為妳的心理上有了希望，妳的生活就會美好。

輕熟女人，要明白，快樂是一種心理習慣、一種心理態度，這種態度是可以培養發展。正如亞伯拉罕·林肯所說：「只要心裡想快樂，絕大部分人都能如願以償。」

§ 心理課堂

在日常生活中，當我們在做自己喜歡的事情時，很少感到疲倦，也極少有壓力感，很多人都有這種感覺。產生疲倦和有壓力的主要原因，是對生活厭倦，是對某項工作特別厭煩，這種心理上的疲倦感往

妳的輕熟時代
即使青春退場，也要繼續從容美麗

往比肉體上的體力消耗更讓人難以支撐。

　　心理學家曾經做過這樣一個實驗：

　　將四十名學生分成兩個小組，每組二十人，讓一組學生從事他們感興趣的工作，另一組學生從事他們不感興趣的工作，沒有多長時間，從事自己不感興趣工作的那組學生就開始出現小動作，一下就抱怨頭痛、背痛，而另一組學生正做得起勁呢！

　　以上經驗告訴人們：人們疲倦往往不是工作本身造成，而是因為乏味、焦慮和挫折所引起，消磨了人對工作的活力。

　　英國有句名言說：「人之所以不安，不是因為發生的事情，而是因為他們對發生的事情產生想法。」也就是說，興趣的獲得也就是個人的心理體驗，而不是發生的事情本身。每一件事，每一個都珍奇獨特，只要願意，這一切都是無窮無盡的快樂源泉。輕熟的女人，只要用快樂的心情去感受，就能感到工作的快樂。這裡介紹幾種接受生活和工作的心理療法：

（1）發揮妳的創造力

　　也許妳會說自己是一名家庭主婦，並沒有從事任何創造性的事業，這妳就錯了。妳是否想過，妳的一日一餐就如設宴一樣，妳對桌布、餐具的鑑賞力都有獨到之處，能別出心裁，怎麼說沒有創造性！

　　現實中每一項工作都可以成為創意活動。一位教師上一堂好的課，不遜色於編排一齣精彩的戲劇；一名運動選手完美無缺的動作，從創造的角度來看，可以與莎士比亞的〈十四行詩〉媲美，並且可以獲得同樣的精神享受。

（2）只是為了自我滿足

　　生活也好，工作也罷，為了自我滿足而從事一項活動會是一種樂趣，如果這是強制的運動，就未必愉快。

第十章 幸福心理學——平淡中感悟愛的真諦
第四節　接受生活，妳才不覺得累

例如，一位婦產科醫師似乎心情特別愉快，因為他剛剛接生了第一百名嬰兒；一名足球運動員因他剛踢進十顆球而欣喜若狂，現在，他又為自己能踢進第十一顆球，興高采烈開始新訓練。

（3）其實妳是個藝術家

輕熟的女人要學會把自己的工作當成藝術創作，把單調枯燥的打字看成是在鋼琴前創作圓舞曲，把自己在廚房炒菜當作油畫創作，油、鹽、醬、醋就是妳的顏料。一位教授指著一名在附近挖排水溝的工人，讚賞的說：「那是一個真正的藝人，看著那些汙泥竟能以鐵鍬的形狀飛越空中，並剛好落到他想讓它落下的地方。」

（4）不是任務是娛樂

輕熟的女人如果把生活和工作當作娛樂，就能以生活和工作為消遣。請記住，勞動和娛樂的不同就在於角度不同。娛樂是樂趣，而勞動則是「必做」的。假如妳是職業足球選手，如果把注意力放在娛樂上，妳就可以和業餘足球運動員一樣，更加投入比賽。這裡不是說比賽本身不重要，而是不要把全部精力集中到比賽這個「賭注」上，而忘記了踢球本身就是娛樂，忘記「比賽」，獲勝的機會更大。

輕熟的女人要學會從生活和工作中獲得樂趣，即在苦中亦能尋樂，那將是妳人生成功的又一祕訣。心中充滿快樂時，自然感到身邊的工作也有趣，壓力會減輕許多。

♪ 幸福小精靈

每次轉換人生角色，痛苦的剝離中自有一分期盼。人生就是一場不斷抉擇的遊戲，有風雨有豔陽，重要的是，抉擇前慎重思考，決定後輕輕放下。人生的尋寶圖或許只有一份寶藏，但不要怕走錯路，珍惜每份體驗，保持好心情欣賞沿途風景。

妳的輕熟時代
即使青春退場，也要繼續從容美麗

第五節　對人寬一寸，見利退一步

♪ 輕熟有約

　　古語云：「大度集群朋。」一個輕熟的女人能有開朗的性格、寬宏的度量，她的身邊便會聚集許多知心朋友。

　　輕熟女人，對人要寬一寸，見利要退一步。若能時時寬心待人，凡事都能讓人一步，就不會被自私和貪婪引入歧途。在妳寬廣的胸懷下，既可尋求到化解矛盾的辦法，同時也會得到別人的理解與寬容。

　　輕熟女人，要勇於面對問題，解決問題。將有辦法解決的問題及無法解決的問題分別列出，能夠解決的問題全力以赴解決，無法解決的問題先尋求支持。精誠所至，金石為開，凡事盡力而為，必能得到諒解與支持。

　　輕熟女人，在與同事發生衝突時，當妳感到生氣、焦躁或是不安時，不要急著往前衝，而應後退兩步。後退兩步並不表示妳甘於懦弱，這樣做可以讓妳的視野更開闊，將情況分析得更透徹，從而做出正確的判斷。因為妳後退兩步，許多矛盾便會化解，從而讓妳擁有海闊天空的美妙心境。

♪ 心理課堂

　　美國政治家赫爾利（Patrick Jay Hurley）曾經說過：「人與人之間，原本存在許多隔膜與懷疑，唯有理解才能化隔膜為知己、釋懷疑為良友的橋梁。」理解和寬容可以拉近人與人之間的距離，化干戈為玉帛。

　　小莉大學畢業後到一家公司就職，她的工作挺順利，可不幸的是，碰上了一個愛拍馬屁、什麼本事都沒有的主管。這個人每天下班後沒

第十章 幸福心理學——平淡中感悟愛的真諦
第五節　對人寬一寸，見利退一步

有什麼事，也要拚命「加班」，無事生非，把白天整理好的檔案弄得一團糟，又把責任全部推給小莉。

小莉不是一個會爭執的女孩，所以每次被指派了任務都會忍氣吞聲。三個月過去了，主管還是一如既往沒有給過她好臉色，一氣之下小莉終於忍不住了，去了另一家外商公司。在那裡，小莉出色的工作獲得了許多同事的稱讚。

但是還是有一點讓她開心不起來，她無論怎樣努力工作，卻始終不能使苛刻、暴躁的經理滿意，她再一次感到心灰意冷。於是，又萌發了想要跳槽的念頭，衝動之下遞交了辭呈。

總裁沒有竭力挽留小莉，只是告訴她自己處世多年得出的一條經驗：如果妳討厭一個人，那麼妳就要試著從他身上找優點。

小莉聽了勸說之後，發現自己的上司雖然性格暴躁，對人苛刻，但他身上還是存在著別人沒有的兩大優點，一是工作認真，二是公平對待下屬。這麼一想，小莉也感覺自己的上司也有讓人敬佩的地方，於是她便收回了辭呈。

人非聖賢，孰能無過，能夠得到別人的寬恕或者寬容別人的過錯，對自己的心理健康非常重要。

張小姐是一家大公司的經理，在外人看來她什麼都有，應該很幸福，可她自稱「心裡非常累」。張小姐每天都在飯桌上觥籌交錯，卻苦於沒有任何知心朋友。

她說：「生意場上沒有『朋友』，大家都是為了利益而交往，自己的下屬更不可能成為知己，否則會影響工作，要將事情完美完成，就必須與他人保持距離。」

在她看來，激烈的商業競爭與人情水火不容，對他人不得不保持警戒，因而她平時從不願意和別人多說一句話。她的老公以及她身邊

妳的輕熟時代
即使青春退場，也要繼續從容美麗

的其他人都說，她的心是封閉的。日積月累，強大的心理壓力使張小姐變得十分脆弱。而一次小小的生意挫折就將她徹底擊垮了，於是，她整天將自己反鎖在屋裡，不見任何人、不做任何事。最後家人不得不把她送到醫院治療。

讓步既是一種智慧、一種胸懷、一種高尚、一種修養，更是一個鍛鍊自己心態的機會。

世上的事並不一定非要爭個妳死我活，誰高誰低。絕大多數發脾氣、鬥氣者的結局，往往不怎麼美滿，不是敗事，就是亡情。因此，許多人這樣評價善發脾氣者：「脾氣來了，福氣走了。」這話雖然難聽，但事理的確如此，給人深刻的啟迪。

美國第七任總統安德魯·傑克森，曾經和一個叫本頓的人決鬥，傑克森的左臂被本頓一槍擊中；二十年後，醫生幫傑克森取出了子彈，傑克森建議將子彈歸還本頓。

這個時候，本頓已經成了傑克森的熱情支持者，但他拒絕接受子彈。他說：「按照美國法律的規定，遺失物或被拋棄物的追索時間為二十年。現在二十年已經過去了，產權已經轉移，子彈的所有權歸屬你了。」

傑克森卻也調侃的說：「自從上次決鬥到現在還只有十九年，產權關係沒有變化。」本頓笑了笑回答說：「鑒於你對子彈的特別照顧，並且一直隨身攜帶，因此，我可以放棄這一年。」我們從安德魯·傑克森和本頓的交談中，發現兩人其實都沒有把二十年前的決鬥放在心上，這也使我們更容易理解他們決鬥之後的二十年，為什麼一個還是另一個的熱情支持者。

寬恕是給別人機會，當然，也是給自己機會。

第十章 幸福心理學——平淡中感悟愛的真諦
第六節 會放手的女人最幸運

♪ 幸福小精靈

當被別人曲解和傷害時，我們本能的反應就是報復。然而，報復雖然可以發洩怒氣，但會激化矛盾。因此，在生活和工作中要避免進入困境，最明智的選擇就是寬容，輕熟的女人要寬容大度，摒棄前嫌，化干戈為玉帛。

第六節　會放手的女人最幸運

♪ 輕熟有約

選擇，是量力而行的睿智和遠見。放手，是顧全大局的果斷和膽識。當妳站在人生的十字路口時，也許放手是最好的選擇。

輕熟女人，徘徊在人生的十字路口，體會著歡笑與淚水、激情與迷茫、希望與失落、幸福與孤單……當魚與熊掌不可兼得時，生活的真諦便在這取捨之間。選擇是一種智慧，放手是一種美麗。

輕熟女人，妳並沒有多少時間和機會來反悔，而不要等到風華被雨打風吹後才追悔莫及。妳所要領悟的，只是選擇的智慧和放棄的勇氣。每一個輕熟的女人，都能夠依靠與生俱來的悟性得到這份智慧和勇氣。

輕熟女人，可以不美麗，但不可以不幸福，而能否獲得幸福，常常取決於一念之間的抉擇。一個聰明的選擇，能為女人帶來一生好運；一次明智的放棄，將使女人收穫意外的成功。

輕熟女人，能否掌握自己的命運，有時候並不在於妳所處的環境，而是妳在選擇上的智慧。懂得選擇，學會放棄，讓妳在人生的岔路口不再迷茫，授予妳一柄慧劍，讓妳在該放手的時候不再猶豫，守住本應屬於妳的幸福。

妳的輕熟時代
即使青春退場，也要繼續從容美麗

§ 心理課堂

該放棄時一定要放棄，如果妳不放下手中的東西，妳就無法拿起其他的事物。

當擁有的時候，我們也許正在失去，而放棄的時候，我們也許又在重新獲得。對萬事萬物，我們不可能有絕對的把握。如果刻意追逐與擁有，就很難走出自己，人生那種不由自主的悲哀與傷感會更沉重。明白的女人懂得放棄，真情的女人懂得犧牲，幸福的女人懂得超脫。

有一種美麗叫作放棄，女人應當經常反思，當行則行，當止則止，尋找人生的臨界點。

不顧一切表現自己，不知道量力而行，不知道適可而止，結果是既傷了自己，又傷了別人。她們背負著沉重壓力，找不到人生的路標，因為心靈在出發時就已經迷路。

實際上，好與壞、成與敗、善與惡、榮與辱、順與逆等都有一個臨界點，如何找到這些臨界點，把握好其中的分寸，是對人生的一場嚴峻考驗。而魄力與專橫、自信與自負、敢做與硬做、堅韌與固執等之間，也並沒有一定不可逾越的鴻溝。此外，動機與效果、高尚與卑鄙、偉大與渺小、英雄與懦夫、流芳千古與遺臭萬年，也沒有絕對的界限，甚至就只是一念之差。

如果一個女人不清楚人生的臨界點，不懂得適當放手，可能會帶來無盡的遺憾。

一位德國的精神治療專家說過：「我們似乎創造了這樣一個社會，人人都拚命表現，期望獲得成功，達不到自己的目標，心裡便不痛快，便產生恥辱感。」這是一種被商品異化的心理和情緒，使人只看重金錢和物質，肆無忌憚擴張自己的貪欲。然而，越是如此被動生活，就越是找不到幸福快樂，也就變得更加狹隘和脆弱。

第十章 幸福心理學——平淡中感悟愛的真諦
第六節　會放手的女人最幸運

《至遊子》中則說：「天下賢愚，營營然如飛蛾之投夜燭，蒼蠅之觸曉窗，知往而不知返，知進而不知退。」當然，他們的追求還是有所區別，有的一生追求真理，可稱做「義無反顧」；有的一生追求私利，可稱做「利無反顧」。前者若是飛蛾，後者便是蒼蠅。但儘管如此，他們在忙碌的程度和強度卻是一致。

因此，輕熟的女人要抓住來之不易的機遇，也要在適當的時候放手，讓自己享受輕鬆。抓住與放手間，體現著妳對選擇與放棄智慧的理解與領悟。這中間的喜樂哀愁，體現了捨與得在人生中的奇妙作用。

輕熟女人，千萬記住，妳不可異化自己的人格，不可喪失自由的心靈，否則妳便沒有「我見青山多嫵媚，料青山見我亦如是」的情懷、「山光悅鳥性，潭影空人心」的淡遠、「白雲回望合，青靄人看無」的雅趣、「相看兩不厭，只有敬亭山」的從容，或是「沉舟側畔千帆過，病樹前頭萬木春」的胸襟，也就沒有了人生的快樂和幸運。

有一位登山隊員，他有幸參加了攀登珠穆朗瑪峰的活動，在六千四百公尺的高度，體力不支停了下來。當他講起這段經歷時，許多人都替他惋惜，認為他為何不再堅持一下呢？再咬緊一下牙關，再攀一點高度。

「不，我最清楚，六千四百公尺的海拔是我登山生涯的最高點，我一點都沒有遺憾。」他說。

這種境界值得人肅然起敬。對於人生來說，不怕爬高，就怕找不到生命的制高點。任何事情都存在極限，仰之彌高，攀登不止，那是愚蠢和貪婪，智者也許就從容下山了。如果說，勇敢挑戰是對生命的發揚，那麼，明智放手是另一種美好的境界，是對生命的愛惜和對幸福的尊重。

妳的輕熟時代
即使青春退場，也要繼續從容美麗

♪ 幸福小精靈

每一次默默放棄，放棄某個心儀已久卻無緣份的對象，放棄某種投入卻無收穫的事，放棄某種期望，就會傷感，然而這種傷感並不妨礙我們重新開始，在新的時空將音樂再聽一次，將故事再說一回，因為它富有超脫精神，即使傷感，也很美麗。

第七節　貪念少一點，灑脫多一點

♪ 輕熟有約

「人過留名，雁過留聲。」誰也不想默默無聞活一輩子。但輕熟的女人在求取功名利祿的過程中，還是要少一點貪念、多一點灑脫。

世界上有些東西確實非常誘人，但妳不能為了它，付出過高的代價。為了一點名利，一點虛榮，而讓塵土覆蓋了妳的真知真性，也讓妳心中的寶藏從此塵封，那才是妳最大的損失。

輕熟女人，不要被名利所累，不要把生命浪費在那些終究要化為灰燼的事物，只有智慧才能賦予生活意義，具有永恆的價值。

輕熟女人，放棄那些不適合自己的社會角色，放棄束縛妳的世故人情，放棄偽裝妳的功名利祿，放棄徒有虛名的奉承誇獎，放棄各種蒙住眼睛的布條。只有這樣，妳才能夠騰出手，用足夠的精力和智慧贏取妳真正應該擁有的東西。

♪ 心理課堂

有名譽感，就有了進取的動力；有名譽感的人同時也有羞恥感，不會玷汙自己的名聲。但什麼事都不能過分追求，如果過分追求，又不能一時獲取，就容易誤入歧途。

第十章 幸福心理學──平淡中感悟愛的真諦
第七節　貪念少一點，灑脫多一點

妳可能聽說過富蘭克林的《哨子》的故事，這個故事也同樣闡述了這樣一個道理：為名利付出太多真的不值。

我七歲時，有一次過節，大人為我的口袋塞滿了銅幣，我立即跑去一家賣兒童玩具的店鋪。半路上，我卻被一個男孩吹哨子的聲音吸引，於是我用所有銅幣換了他的哨子。回到家，我非常得意，吹著哨子滿屋子轉。

我的哥哥姐姐知道我這個交易後告訴我，我為這個哨子付出了比它原價高四倍的錢；他們還告訴我，用那些多付的錢不知道可以買到多少好東西。大家都取笑我傻，竟使我懊惱得哭了。回想起來，那個哨子給我帶來的悔恨，遠遠超過了給我的快樂。

不過，這件事情卻使我獲益良多。當我打算買一些不必要的東西時，我便常常對自己說，不要為「哨子」花費太多，於是便節省了錢。我走進社會後，觀察人們的所為，我發現很多人都有為了一個「哨子」，而付出過高代價的經歷。

故事中的「哨子」就是慾望、貪念。一個人過分熱衷於獵取恩寵榮祿，把自己的光陰犧牲在侍候權貴、謀求接見中，為了得到這種機會，他不惜犧牲自己的自由、品德甚至於自己的朋友。

當一個人沉迷於外表，或者是講究的裝束、高級的住宅、上等的家具、精緻的設備，這一切都遠遠超出了他的收入，為了得到這一切，他借債，最後被投進監獄告終，這個人為了他的私欲付出了太高的代價。

輕熟的女人一定要引以為鑒，放棄不該有的欲念。

♪ 幸福小精靈

完美是人類的理想，追求是人類的天性。我們讚美追求者，是因為他們的努力，使我們領略到收穫的欣喜。但是人生在世，最重要的

妳的輕熟時代
即使青春退場，也要繼續從容美麗

其實還是那些成色一般的玉石，比如生命，比如親情。而絕世美玉，我們只能不斷接近，但永遠可望而不可及！比如金錢，比如權利。

第八節　吃虧是福，心態平和

♪ 輕熟有約

輕熟女人，不要希望許多時候能貪小便宜，並不是沒有這些小便宜就沒辦法生活。

輕熟女人，要學會在生活中裝糊塗、吃點虧。吃虧往往是指物質上的損失，但是一個人的幸福與否，卻往往是取決於他的心境。如果我們用外在的東西，換來心靈上的平和，那無疑是獲得了人生的幸福，這便是值得。

輕熟女人，要懂得坦然面對吃虧，要收穫愚者的智慧、柔弱者的力量，領略人生的豁達和由吃虧忍讓帶來的寧靜，才可以在人生路上走得踏實快樂。

♪ 心理課堂

人言大智若愚，越是有大智者，越是癡傻，這些人也越容易被那些自認為是聰明者所捉弄；孰不知到最後卻常常是捉弄人者反自找麻煩。

唐代的寒山與拾得兩位智者曾有過這樣的一段對話：

寒山說：「今有人侮我、笑我、藐視我、毀我傷我、嫌惡恨我、詭譎欺我，則奈何？」拾得說：「但忍受之，依他、讓他、敬他、避他、苦苦耐他、不要理他。且過幾年，你再看他。」

由此可推想，那種高傲不可一世的人的結局一定很尷尬，而我們

第十章 幸福心理學——平淡中感悟愛的真諦
第八節 吃虧是福，心態平和

也一定可以想像得出拾得的勝利微笑。儘管這可能是一種超脫圓滑的微笑，但它的確會為生活帶來一些好處。

如果我們懂得福禍相倚，就應該採取「愚」、「讓」、「怯」、「謙」的態度來避禍趨福。

若一個女人處處不肯吃虧，處處都想占便宜，驕心日盛。而一個女人一旦有了驕狂的態勢，難免會侵害別人的利益，便起紛爭，最後在四面楚歌之下，又焉有不敗之理？

輕熟的女人要在「吃虧是福」的前提下，認識到兩點，一個是「知足」，另一個就是「安分」。

「知足」會對一切都感到滿意，對所得到的一切，內心充滿感激；「安分」則使人從來不奢望那些根本就不可能得到、或根本就不存在的東西，沒有妄想，也就不會有邪念。所以，表面上看來「吃虧是福」以及「知足」、「安分」會讓人有不思進取之嫌，但是，這些思想也是在教導女人成為一個對自己有清醒認識的人。

善於吃虧的女人一般平安無事，而且不會吃大虧，從長遠來看反而受益；相反，總愛貪小便宜的人最終不會獲利，而且還會留下罵名，甚至毀了自己，這就是所謂惡有惡報。

有些工作不是分得很清楚，如果大家都想占便宜，那肯定有許多事情沒有人去做，這樣的結果，是集體的名譽都受到影響，真所謂占小便宜吃大虧；如果大家都不怕吃虧，有什麼事情都搶著做，也許這次妳吃虧，也許下次他吃虧，但工作都完成了，大家感情融洽，工作氛圍很好，相比下來雖然吃點小虧，還是收穫了「福」。

朋友相處也是這樣，如果都想占別人的便宜，也許妳會得逞一兩次，可時間久了，誰還會相信妳？朋友講究的就是為對方考慮，雖然「為朋友兩肋插刀」是常人難以達到的境界，但凡事多為朋友著想，

妳的輕熟時代
即使青春退場，也要繼續從容美麗

就能得到一輩子的好友，這就是「吃虧是福」。

對待家人也是如此，親人心甘情願吃虧，自己也不能理所當然占便宜，要體會親人的真情，同時也要能為家人吃虧，大家都能讓上三分，就不會有家庭矛盾，這就是「吃虧是福」。

♪ 幸福小精靈

「吃虧是福」的信奉者，同時也一定是「和平主義」的信仰者。林語堂在《生活的藝術》一書中，對所謂的「和平主義者」這樣寫道：「和平主義的根源，就是能忍耐暫時的失敗，靜待時機，相信在萬物的體系中，在大自然動力和反動力的規律運行之上，沒有一個人能永遠占便宜，也沒有一個人永遠做『傻子』。」

第九節　喜歡自己，寵愛自己，徜徉幸福

♪ 輕熟有約

如果要把這世界上的女人分成兩種，那就是喜歡自己的人和不喜歡自己的人。不喜歡自己的女人，總有許多理由：太矮、有青春痘、不擅長交際、沒有學問、家境清寒、父母不體面等等；喜歡自己的女人，卻不一定說得出多麼冠冕堂皇的理由。她們喜歡自己，願意接受自己的一切優點和缺點，不企圖掩飾，不刻意改變，更不會癡妄羨慕旁人。

輕熟女人，妳無須換上漂亮的衣服，變成討人喜歡的面孔，說些迎合他人的言語，只要靜下心來，學習重視別人與自己，培養成熟獨立的個性，妳就向「喜歡自己」這個目標邁進了一大步。

輕熟女人，要學會喜歡自己，愉悅自己，寵愛自己，這是快樂的起點。喜歡自己，對生活的喜悅之情自然流露，就會有最吸引人的氣

第十章 幸福心理學——平淡中感悟愛的真諦
第九節 喜歡自己,寵愛自己,徜徉幸福

質。最幸福的女人,是了然於人生的不完美,卻又能在這不完美中,珍惜自己所擁有的一切。

心理課堂

心理學家發現,要讓別人喜歡真正的妳,就應該喜歡自己、寵愛自己的。也許妳會感到相當驚訝,因為一般人認為可以吸引人的美貌、魅力、人際關係等,並不是妳需要具備的特質。

生活中沒有女人能確切明白自己是不是真的受人歡迎,可是每一個女人都可以捫心自問:妳是不是喜歡自己?這個世界上有很多人既不美麗,又不富有,卻能受到朋友的喜愛。最重要的道理是:她們真心喜歡自己、寵愛自己。

如果妳能接納以下幾點建議,妳也能成為一個喜愛自己、寵愛自己的女人。

(1) 堅守原則

輕熟的女人,妳要相信自己是宇宙的唯一,堅守自己的人生原則。妳不需要模仿別人,也不必要扭曲自己。妳的人生只有遵循妳獨特的原則,才會活得恬適美麗。

(2) 面對孤獨

不論年齡幾何,能否面對孤獨,就對個人成熟的最佳考驗。輕熟的女人擁有獨立的自我,不需要時刻依賴他人,即使孤獨,也能夠堅強妥善處理問題,流露出成熟的自信。而這種成熟穩定的個性,正是一個人接納自己、相信自己的象徵。

(3) 尊重他人

有的女人喜歡冷嘲熱諷,其實這不僅不能證明自己的聰明,反而暴露了自己是一個氣度狹窄、自大無能的人,因為貶低別人不等於抬

妳的輕熟時代
即使青春退場，也要繼續從容美麗

高自己。

輕熟的女人要做一個真正受人尊敬的女人，懂得認識每一個人的價值，不會輕易毀壞他人的名譽，而這種自重、重人的態度，更是有信心的表現。

（4）拋開成見

有的女人常常在還沒有清楚認識一個人之前，就主觀先下結論：這個人一定很頑固；這個人恐怕不好相處；這個人說不定很挑剔⋯⋯這些先入為主的印象，往往阻礙了我們去認清人們的本來面目。拋開成見，可以贏得很多可貴的朋友。

（5）全力以赴

一個輕易妥協、容易放棄理想的女人，也許表面看來處處都很和氣，可是這種絲毫沒有個性的女人，往往不能得到人們佩服。自認為值得爭取的事，一定要全力以赴，這樣才能肯定自我的價值，進而喜歡自己的所作所為。

（6）付出友情

輕熟的女人應該明白：自私自利的人，很難感受到人情的溫暖。只有肯付出友情，肯幫助他人，樂於與人分享喜悅也能分擔憂愁的女人，才能體會到人生的美好。

（7）釋放心靈

生活中有的女人冷淡自持，這固然可以保護自己，可是與人交往，能用真心投入，產生同喜同悲的感受，這才是真正深厚的感情。不要怕流露感情，要努力培養正確的方法，表達自己。

（8）尋找快樂

女人的快樂要自己找，它不會從天上掉下來。生活中有許多讓人快樂的事物，妳都可以發掘。學習一門外語、和朋友分享新的想法、

第十章 幸福心理學——平淡中感悟愛的真諦
第九節 喜歡自己，寵愛自己，徜徉幸福

參加有意義的社團、抽空去度假，這些快樂的途徑所費不多，卻需要妳運用智慧享受。如果妳只會坐著抱怨生活枯燥，沒有積極為自己創造快樂，那麼很快就會變成一個令人討厭的人了。

總之，誰是這個世界上最重要的人呢？當然是妳自己。妳在忙著想贏得整個世界的肯定之前，別忘記先討好自己。

輕熟女人，學會喜歡妳自己、寵愛妳自己吧，這樣的妳才會一生幸福。

♪ 幸福小精靈

有的女人怨天尤人，對自己擁有的一切諸多挑剔，整天籠罩著不快樂的陰影。其實，只有喜歡自己的女人才知道，快樂的祕密不在於獲得更多，而在於珍惜擁有。輕熟女人，如果能深切珍惜自己所擁有的幸福，喜歡和寵愛自己，妳就是個被幸福包圍的女人。

國家圖書館出版品預行編目資料

妳的輕熟時代，歲月鎖不住的美麗，在職場和愛情中的優雅修練：即使青春退場，也要繼續從容美麗 / 陶尚芸 著. -- 第一版. -- 臺北市：沐燁文化事業有限公司, 2024.09
面；　公分
POD 版
ISBN 978-626-7557-40-2(平裝)
1.CST: 女性心理學 2.CST: 自我實現
173.31　　113013438

妳的輕熟時代，歲月鎖不住的美麗，在職場和愛情中的優雅修練：即使青春退場，也要繼續從容美麗

作　　者：陶尚芸
發 行 人：黃振庭
出 版 者：沐燁文化事業有限公司
發 行 者：沐燁文化事業有限公司
E - m a i l：sonbookservice@gmail.com
粉 絲 頁：https://www.facebook.com/sonbookss/
網　　址：https://sonbook.net/
地　　址：台北市中正區重慶南路一段 61 號 8 樓
8F., No.61, Sec. 1, Chongqing S. Rd., Zhongzheng Dist., Taipei City 100, Taiwan
電　　話：(02) 2370-3310　　傳　　真：(02) 2388-1990
印　　刷：京峯數位服務有限公司
律師顧問：廣華律師事務所 張珮琦律師

-版權聲明

原著書名《一不小心四十岁 成熟女人的心理呵护书》。本作品中文繁體字版由清華大學出版社有限公司授權台灣崧博出版事業有限公司出版發行。
未經書面許可，不可複製、發行。

定　　價：375 元
發行日期：2024 年 09 月第一版
◎本書以 POD 印製